ÉCRITS ESTHÉTIQUES

DU MÊME AUTEUR

De la méthode mathématique et *Correspondance avec Exner*, édition et traduction coordonnées par C. Maigné et J. Sebestik, 2008, 256 p.

Premiers écrits. Philosophie, logique, mathématique, édition et traduction coordonnées par C. Maigné et J. Sebestik, 2010, 288 p.

BIBLIOTHÈQUE DES TEXTES PHILOSOPHIQUES
NOUVELLE SÉRIE
Fondateur : Henri GOUHIER Directeur : Emmanuel CATTIN

BERNARD BOLZANO

ÉCRITS ESTHÉTIQUES

Choix de textes, traduits et annotés
par
Carole MAIGNÉ, Nicolas RIALLAND et Jan SEBESTIK

Introduits
par
Carole MAIGNÉ

PARIS
LIBRAIRIE PHILOSOPHIQUE J. VRIN
6, Place de la Sorbonne, V^e^

2017

Imprimé en France

ISSN 0249-7972

ISBN 978-2-7116-2726-4

www.vrin.fr

INTRODUCTION

L'EXIGENCE DE CLARTÉ : LES ÉCRITS ESTHÉTIQUES DE BERNARD BOLZANO[1]

« L'intérêt renouvelé pour Bolzano ne s'est jusqu'à présent pas attaché à ses écrits esthétiques. Ils sont restés oubliés. Peut-être sa force ne s'enracine-t-elle pas là ; le chercheur y trouve pourtant des idées dignes d'intérêt, particulièrement s'il possède le sens de l'histoire »[2]. Emil Utitz s'exprime là en 1908 de manière doublement juste. Il est certain que le grand œuvre de Bolzano (1781-1848) reste sa *Théorie de la science* (*Wissenschaftslehre*), acmé d'une puissance logique et mathématique peu commune. C'est à ce Bolzano là que Hans Hahn, Otto Neurath et Rudolf Carnap rendent par exemple hommage dans leur manifeste, *La conception scientifique du monde*, en 1929. Ses écrits esthétiques constituent néanmoins, si on possède donc le sens de l'histoire, un jalon important de l'esthétique, ici inscrite dans cette voie originale que représente la philosophie autrichienne des XIXe et XXe siècles. Il est bien probable de surcroît qu'ils fassent sens au présent.

Cet oubli n'est plus aujourd'hui tout à fait de mise sans que l'intérêt pour les textes esthétiques de Bolzano soit assez fort pour rendre le propos d'Utitz tout à fait caduc : Otto Neumaier en 1999, Paisley Livingston tout récemment en 2015, relèvent qu'au sein des études bolzaniennes, les textes

1. Je remercie vivement pour leur relecture précise et attentionnée, leurs remarques et leurs commentaires, Jan Sebestik, Kevin Mulligan et Nicolas Rialland. Je reste bien entendu seule responsable du résultat final de ce texte.

2. E. Utitz, « L'esthétique de Bernard Bolzano », *Formalisme Esthétique. Prague et Vienne au XIXe siècle*, trad. fr. et présentation de M. Theinhardt, C. Maigné (éd.), Paris, Vrin, 2012, p. 267.

sur l'esthétique n'ont retenu que modestement l'attention et sont parfaitement inconnus dans le cercle plus large du monde de la philosophie esthétique et de la philosophie de l'art[1]. L'ambition de cette introduction est de remédier à cet oubli dans le champ français, d'attirer l'attention sur un corpus qui a une évidente importance historique et argumentative. La traduction et l'édition inédite des deux textes majeurs de Bolzano sur ce sujet, *Du Concept du beau* et *De la division des beaux-arts* espèrent ouvrir la figure de Bolzano à des champs philosophiques où communément on ne l'attend pas, vu l'image finalement encore très logiciste et mathématique qui prévaut à son égard en France.

La perspective qui habite notre lecture se souciera d'histoire de la philosophie, en réinscrivant Bolzano dans une histoire de la philosophie germanophone, allemande et autrichienne du XIXe siècle[2], et dans la perspective d'une « esthétique autrichienne ». Cette voie autrichienne, désormais connue et souvent empruntée, entremêle un fil bolzanien et un fil herbartien : Bolzano se suffit certes à lui-même, la première réception de son œuvre et sa première diffusion dans l'empire austro-hongrois se met néanmoins en place dans une étonnante combinaison entre ses positions et celles de l'école de Johann Friedrich Herbart (1776-1841)[3]. Cette alliance de fond, de fait et de circonstance, mieux connue des études bolzaniennes que des études herbartiennes, se cristallise chez Robert Zimmermann (1824-1898), une figure que nous ne cesserons de croiser au cours des pages de cette introduction. Soulignons d'ailleurs que la première bibliographie conséquente sur ce dernier a été établie par Edgar Morscher[4]. Les études bolzaniennes ont engagé ce travail pionnier, dont elles tirent toutefois la figure d'un personnage opportuniste, qui abandonne Bolzano

1. O. Neumaier, « Die Kunst des bloßen Gedankens », *in* E. Morscher (éd.), *Bernard Bolzanos geistiger Erbe für das 21. Jahrhundert*, Sankt Augustin, Academia, 1999, p. 411 ; P. Livingston, « Bolzano on Beauty », *British Journal of aesthetics*, vol. 54, n° 3, juillet 2014, p. 269-284 et « An Introduction to Bolzano's Essay *on Beautiful* », *Estetika. The Central European Journal of Aesthetics*, LII/VIII, 2015, n°2, p. 203-228.

2. Nous renvoyons le lecteur aux introductions des deux autres volumes des *Œuvres choisies* de B. Bolzano parus antérieurement chez Vrin (*De la méthode mathématique* en 2008, *Premiers écrits* en 2010), notamment pour ce qui concerne la biographie de Bolzano et son contexte joséphiste.

3. L'anthologie de textes *Formalisme esthétique. Prague et Vienne au XIXe siècle* vise à faire saisir cette intrication.

4. H. Ganthaler et O. Neumaier (éd.), *Bolzano und die österreichische Geistesgeschichte*, Sankt Augustin, Academia, 1997, p. 193-220.

au silence que la censure avait déjà commencé de faire peser sur lui[1]. Zimmermann installe, il est vrai, après l'échec de la révolution de 1848, l'herbartisme officiel dans l'empire, dans une translation de Prague à Vienne, selon des modalités précises à définir, qui ne reflètent pas seulement les liens personnels complexes qui le liaient à son père spirituel. À travers l'herbartisme, il promeut un formalisme esthétique « autrichien », opposé à la tradition idéaliste et romantique allemande[2].

L'esthétique de Bolzano s'enracine dans le joséphisme, s'inscrit dans le cadre de sa *Théorie de la science*, sans ignorer la profonde transformation de l'esthétique du XVIIIe au XIXe. Les outils conceptuels dont il use le conduisent à penser le concept du beau selon un réalisme de la signification couplé à une réflexion originale sur l'ontologie de l'œuvre d'art.

LE CORPUS ESTHÉTIQUE DE BOLZANO

À la mort d'Anna Hoffmann en 1842, Bolzano perd sa protectrice, mais aussi le refuge intellectuel que représentait Tiechobuz, son lieu de résidence depuis sa destitution brutale de l'université en 1819 et son procès pour hérésie des années 1820-1825[3]. Bolzano retourne donc à Prague où il passera les dernières années de sa vie jusqu'en 1848. Ces années sont fécondes, Bolzano travaille sans relâche, participant activement à la vie de l'Académie des sciences. C'est dans ce contexte que s'inscrit son corpus esthétique[4]. Il consiste en deux textes principaux, écrits en cette fin de vie : *Du concept du beau* (*Vom Begriff des Schönen*) et *De la division des beaux-arts* (*Von der Einteilung der schönen Künste*), sur lesquels nous nous concentrerons, mais auxquels il faut adjoindre des opuscules, notamment

1. E. Morscher, « Robert Zimmermann – der Vermittler von Bolzanos Gedankengut ? Zerstörung einer Legende », *in* H. Ganthaler et O. Neumaier (éd.), *Bolzano und die österreischiche Geistesgeschichte*, *op. cit.*, p. 145-236.

2. C. Maigné, « L'esthétique autrichienne de l'école herbartienne », *Austriaca*, Rouen, Presses universitaires de Rouen et du Havre, n°78, 2015, p. 29-46.

3. E. Morscher, *Bernard Bolzano's Life and work*, Sankt Augustin, Academia, 2008, p. 151 *sq.* sur le « cercle » de Bolzano.

4. Dans sa présentation du *Concept du beau* dans la *Gesamtausgabe*, M. Gatzenmeier propose un historique détaillé p. 90. K. Blaukopf a livré lui aussi dans *Die Ästhetik B. Bolzano's* une histoire très informée de cette réception.

Sur le rire et le concept du risible (*Über das Lachen und den Begriff des Lächerlichen*)[1] et sur le sublime[2].

Il est probable que l'incitation à traiter ces thématiques vienne de Robert Zimmermann et de son père[3]. Bolzano consacre plusieurs années à ses publications esthétiques, ce dont témoigne sa correspondance avec František Přihonský (1788-1859) et Michael Fesl (1788-1864), deux disciples. En janvier 1842, il précise ainsi à Fesl qu'il rédige *Du concept du beau*, de manière discontinue mais efficace, puisqu'il en aborde la seconde partie, celle consacrée aux définitions de ses prédécesseurs[4]. En juin, le manuscrit est achevé[5], en octobre il est entre les mains de Franz Exner et Josef Jungmann, dans le but d'une discussion à l'Académie des sciences[6]. Publié en 1843, il reste à savoir qui solliciter pour en faire le compte-rendu. Bolzano manifeste son enthousiasme auprès de Přihonský et de Fesl à l'idée que Robert Zimmermann, vingt et un ans, écrive à ce sujet dans les *Österreichische Blätter*[7]. Malheureusement, Zimmermann est devancé (par un certain Franz Ficker 1782-1849)[8]. Bolzano justifie ce contretemps par le travail que fournit Zimmermann pour achever son opuscule sur la *Monadologie* de Leibniz et ses études de mathématiques et de physique[9]. Leurs échanges épistolaires sont alors intenses et réjouissent Bolzano : la figure du *Lieblingsschüler* se dessine à chaque page. Une information décisive pour l'histoire de l'esthétique de Zimmermann réside dans une lettre de Fesl à Bolzano du 6 septembre 1846, où Fesl affirme que Zimmermann

1. H. Bergmann (*Das philosophische Werk Bernard Bolzanos*, Prag, Niemeyer, 1909, p. 122-124) transcrit ce manuscrit de Bolzano, qui se trouvait dans les *Adversarien Bolzanos* du Königliches Böhmisches Landesmuseum.

2. Une lettre à Přihonský du 14 février 1842 l'atteste (E. Winter, *Der böhmische Vormärz in Briefen B. Bolzanos an F. Přihonský 1824-1848*, Berlin, Akademie Verlag, 1956, p. 213-232). Le texte sur le sublime a été rédigé et présenté à l'Académie des sciences, mais il est perdu.

3. Chr. Landerer, *Eduard Hanslick und Bernard Bolzano, Ästhetisches Denken in Österreich in der Mitte des 19. Jahrhunderts*, St. Augustin, Academia, 2004, p. 41.

4. E. Winter, *Wissenschaft und Religion im Vormärz. Der Briefwechsel Bernard Bolzanos mit Michael Josef Fesl (1822-1848)*, Akademie Verlag, Berlin, 1865, p. 314.

5. *Ibid.*, p. 317.

6. E. Winter, *Der böhmische Vormärz...*, *op. cit.*, p. 237.

7. E. Winter, *ibid.*, p. 258-259 (lettre à Přihonský du 21 octobre 1845) ; E. Winter, *Wissenschaft und Religion im Vormärz...*, *op. cit.*, p. 357 et p. 358 (lettre à Fesl d'octobre 1845 là encore).

8. Bolzano le cite au § 56 du *Concept du beau*.

9. E. Winter, *Der böhmische Vormärz...*, *op. cit.*, p. 260 (lettre à Přihonský du 12 novembre 1845).

« tient l'étude *Sur le concept du beau* comme le texte le plus parfait de Bolzano »[1].

Le texte *Sur la division des beaux-arts* est engagé sans attendre, Bolzano le termine en 1847, précisant à Přihonský qu'une partie importante était déjà achevée trois ou quatre ans auparavant[2]. Là encore il est destiné à être discuté au sein de l'Académie des sciences[3]. Il se trouve que Bolzano ne peut présenter son texte *Sur la division des beaux arts* le 31 janvier 1848 car Franz Exner propose son propre essai *Être et penser* (*Sein und Denken*), ce dont Bolzano ne conçoit aucune rancune[4]. Une évidente complicité les lie, ce que prouve d'ailleurs la correspondance que nous avons éditée. Exner expose les textes de Bolzano, quand ce dernier ne peut assister aux séances de l'Académie : il lit ainsi publiquement *Du concept du beau* en 1842 et au moins à titre privé *Sur la division des beaux arts*. Ces brèves anecdotes biographiques ici restituées voudraient faire saisir l'intimité du milieu pragois herbartien pour Bolzano, un milieu qui s'intéresse à ses textes, les lit et les diffuse, plus ou moins fidèlement et plus ou moins partiellement[5]. Cela reste pour Bolzano crucial vu la censure et la marginalisation qui le menacent sans cesse, ce dont témoigne son inquiétude à voir ses textes oubliés avant même d'être lus[6]. Il y a là le ferment de cette intrication bolzano-herbartienne des années ultérieures.

Saisie depuis son contexte, l'esthétique de Bolzano est une « esthétique joséphiste » pour reprendre les termes de Kurt Blaukopf[7]. Elle s'enracine dans le *Vormärz*, et dans cette atmosphère particulière qu'offrit la politique d'ouverture de Joseph II dans l'empire austro-hongrois. Bolzano, philosophe et prêtre, en est profondément imprégné, il participe de ce catholicisme de la réforme, rationaliste, tolérant et progressiste. Musicalement, Blaukopf voit cette approche esthétique cristallisée dans l'œuvre de W. A. Mozart et tout particulièrement dans la *Flûte enchantée*, un Mozart dont les liens avec la famille Thun montre combien perdure cet esprit

1. E. Winter, *Wissenschaft und Religion im Vormärz...*, *op. cit.*, p. 452.

2. E. Winter, *Der böhmische Vormärz...*, *op. cit.*, p. 279.

3. E. Winter, *Wissenschaft und Religion im Vormärz...*, *op. cit.*, p. 403.

4. *Ibid.*

5. P. Stachel, « Bernard Bolzano et l'épanouissement de l'herbartisme dans la monarchie habsbourgeoise », *in* C. Maigné et C. Trautmann-Waller (éd.), *Formalismes esthétiques et héritage herbartien. Vienne, Prague, Moscou*, Olms, 2009, p. 17-45.

6. E. Winter, *Wissenschaft und Religion im Vormärz...*, *op. cit.*, p. 330-331 (lettre à Fesl du 1er septembre 1843).

7. K. Blaukopf, *Pioniere empiristischer Musikforschung. Österreich und Böhmen als Wiege der modernen Kunstsoziologie*, Hölder-Pichler-Tempsky, Wien, 1995, p. 28-30.

malgré Metternich et la réaction postrévolutionnaire d'après 1848[1]. Les tenants de l'esthétique joséphiste sont tous des hommes des Lumières : Blaukopf rappelle l'importance à Prague d'August Gottlieb Meißner 1753-1807, Ignaz Jeitteles 1783-1843 (qui publie un célèbre *Ästhetisches Lexikon* 1835-1837 à Vienne) et Joseph Georg Meinert 1775-1844. Bolzano en hérite, ce dont témoigne en creux l'enquête de Thomas Hlobil sur les débuts de l'esthétique à l'université de Prague entre 1763 et 1805. Les éditions de Meißner se faisant rares, Hlobil a retrouvé des pages entières de ses cours dans divers fonds d'archives, et notamment dans celui de Bolzano[2]. Celui-ci suit donc les cours de Meißner en 1798-1799, plus de trois cents pages consacrées à la poétologie l'attestent. Ancrée dans le XVIIIe siècle, l'esthétique de Bolzano prend néanmoins acte des vastes mouvements de transformation qui la travaillent depuis Baumgarten, notamment chez Kant et chez Hegel. Il est en cela résolument un contemporain de Herbart, cherchant une autre voie que l'idéalisme et le romantisme allemands tout en s'y confrontant.

Quels sont les arts qui inspirent Bolzano? Le texte de Robert Zimmermann, intitulé sobrement *Le rapport de Bolzano à la poésie* (*Bolzano's Verhältnis zur Poesie*) et publié juste après la mort de Bolzano en 1849, est à ce titre instructif. Cet opuscule étonnant propose un portrait sensible, dont la visée assumée est de hisser Bolzano à l'égal de Kant et de Leibniz. Zimmermann veut donc montrer un Bolzano au-delà du logicien de la *Théorie de la science*, un homme dont les qualités intellectuelles exceptionnelles se conjuguent avec une sensibilité remarquable. Un poème retrouvé dans les archives de Bolzano, destiné à un recueil d'hommages consacré à Schiller (*Schillers-Album*)[3], se fait sous la plume de Zimmermann emblématique du vif penchant de Bolzano pour la

1. Il s'agit de Johann Josef Graf Thun (1711-1788) et de Leo Graf Thun-Hohenstein (1811-1888), ce dernier portant la réforme de l'enseignement en Autriche-Hongrie dans les années 1850, faisant appel à Franz Exner, mais aussi à Robert Zimmermann et Eduard Hanslick.

2. T. Hlobil, *Geschmacksbilsung im Nationalinteresse. Die Anfänge der Prager Universitätsästhetik im mitteleuropäischen Kulturraum 1763-1805*, aus dem Tschechischen von J. Ostmeyer übersetzt, Erlangen, Wehrahn Verlag, 2012, notamment p. 231-232, 234-235, 237-238, 258-260, 262-263, 437-438. Ce sont des archives bolzaniennes déjà connues de Helena Lorenzová.

3. *Schillers Album*, Eigenthum des Denkmal Schiller's in Stuttgart, 1837, ouvrage consultable à l'adresse suivante : http://openlibrary.org/books/OL6492790M/Schiller's_Album.

littérature[1]. L'admiration pour Schiller s'inscrit dans une réappropriation autrichienne du poète contre le romantisme allemand, réappropriation qui passe selon Bolzano par une éthique de la langue allemande qui ne saurait renoncer à la clarté. Il dénonce par exemple dans les dernières lignes de sa *Théorie de la science* le « brouillard » qui règne dans la philosophie allemande, où « qui veut attirer l'attention, doit parler par énigmes... Allemands ! Quand quitterez-vous cette confusion qui vous rend imbuvables et ridicules auprès de vos voisins ? »[2]. Bolzano désapprouve, sans surprise, le romantisme : « "Il n'y a là rien de clairement pensé", telle était son expression habituelle. L'envolée nébuleuse du sentiment, l'ironie, ce jeu enfantin du mot et de la rime poussé trop loin, derrière lequel se cachaient des sensations sans clarté et nerveusement épuisées au lieu de pensées fécondes, et même ce final déplorable où bien des tenants de cette école tombaient dans des extases de foi romaine, tout cela lui répugnait, lui qui s'était habitué si tôt à élever ses pensées jusqu'à la plus grande distinction possible »[3].

Quelques vers retiendrons notre attention : « Toi seul crée des œuvres d'art de ton cœur enthousiaste / des œuvres qui, comme tu l'as imaginé, resteront immortelles et éternelles / car elles ne t'inspirent pas seulement l'art mais aussi la vertu ». Schiller est un théoricien de l'art à part entière car il ne dissocie pas la vertu du beau, ce pourquoi Bolzano le plaçait au sommet de ce qui illustre « *die klassiche Ruhe* », en plus haute estime encore que Goethe[4]. Le caractère « didactique » de la poésie est crucial[5], ce

1. R. Zimmermann, *Bolzano's Verhältnis zur Poesie*, eine Reliquie, Prag, 1849. Nous avions consulté le très vieil exemplaire de ce texte à la réserve de la bibliothèque nationale de Prague, il est dorénavant en ligne : http://babel.hathitrust.org/cgi/pt ?id=nnc1.cu63227665 ; view=1up ;seq=1 ; Le poème de Bolzano est restitué par K. Blaukopf, *Die Ästhetik Bernard Bolzanos*, *op. cit.*, p. 10.

2. B. Bolzano, *Wissenschaftslehre* IV, p. 589 (cité par W. Künne, « Bolzano und Goethe », *Studien zu Geschichte, Theologie und Wissenschaftsgeschichte*, Akademie der Wissenschaften zu Göttingen (éd.), Berlin/Boston, De Gruyter, 2012, p. 83).

3. R. Zimmermann, *Bolzano's Verhältnis zur Poesie*, *op. cit.*, p. 6. Il n'est pas toujours aisé de savoir si Zimmermann rapporte bien des propos entendus de la bouche de Bolzano ou s'il les reconstitue.

4. *Ibid.*, p. 7 ; K. Blaukopf, *Die Ästhetik Bernard Bolzanos. Begriffschrift, Objektivismus, « echte » Spekulation und Ansätze zum Empirismus*, Sankt Augustin, Academia, Beiträge zur Bolzano-Forschung n°8, 1996, p. 10 (Blaukopf recopie le poème en entier).

5. R. Zimmermann, *Bolzano's Verhältnis zur Poesie*, *op. cit.*, p. 8. Kurt Blaukopf note lui aussi que Bolzano ne conçoit pas l'art ni le beau sans une attention particulière apportée à la *Bildung* (K. Blaukopf, *Die Ästhetik Bernard Bolzanos*, *op. cit.*, p. 23) ; voir aussi bien entendu, W. Künne, « Goethe und Bolzano », *Studien zu Geschichte, Theologie und Wissenschaftsgeschichte*, *op. cit.*, p. 91.

qui l'autorise à dire que les *Souffrances du jeune Werther* pervertissent la jeunesse[1]. Le poème de Schiller *Les artistes* (*Die Künstler*), cité au § 6 du *Concept du beau*, cristallise selon Bolzano une définition profondément humaine du plaisir esthétique, à la fois restreint à la finitude de notre être et susceptible d'éducation. Bolzano semble avoir eu constamment aux lèvres des poèmes de Schiller[2], et lorsqu'un étudiant lui rapporte de Iéna une image du mémorial dédié au grand écrivain, Bolzano place ce feuillet dans un livre qu'il lisait chaque jour quelques mois avant de mourir[3]. Au § 42 du *Concept du beau*, consacré à *La lettre sur l'éducation esthétique de l'humanité* de Schiller, Bolzano semble plus réservé : il conteste une contemplation du beau selon le jeu, car cela induit l'absence de finalité et d'intérêt dans l'usage de nos facultés. Un jeu fait passer le temps, contre l'ennui, or la contemplation du beau ne relève pas de ce genre de divertissement.

Le réinvestissement de la *Klassik* allemande se manifeste aussi dans le rapport que Bolzano construit avec Goethe. *Iphigénie en Tauride* est louée comme la plus grande œuvre qui soit, si bien que Bolzano envoie à Goethe son important ouvrage de 1810, *Contribution à un exposé mieux fondé de la mathématique*, espérant une réponse du « premier des poètes allemands »[4]. La rencontre entre les deux hommes n'a pas eu lieu, alors même que Goethe appréciait beaucoup la Bohème et y faisait de fréquents séjours[5]. Ils partagent une critique de l'héritage hégélien[6], mais aussi une certaine vision des liens entre la méthode mathématique et la création poétique :

> Il nous faut apprendre des mathématiciens à veiller méticuleusement à ordonner la série, à déduire chaque étape de la précédente. Et même si nous ne nous risquons pas à faire les comptes, nous devons procéder comme si nous avions à en rendre compte au plus sévère des géomètres. Car c'est la

1. W. Künne, « Goethe und Bolzano », *op. cit.*, p. 91.

2. R. Zimmermann, *Bolzano's Verhältnis zur Poesie*, *op. cit.*, p. 8.

3. *Ibid.*, p. 8.

4. *Ibid.*, p. 6 ; W. Künne, « Goethe und Bolzano », *op. cit.*, p. 81 ; *cf.* B. Bolzano, *Premiers écrits*, *op. cit.*, p. 73-138.

5. Goethe an Eckermann, 6 April 1829, *in* J. W. Goethe, *Sämtliche Werke nach Epochen seines Schaffens*, Münchener Ausgabe, K. von Richter (éd.), 33 Bde, 1985-1998, Bd. 19, p. 307 ; cité par W. Künne, « Goethe und Bolzano », *op. cit.*, p. 80.

6. W. Künne, « Goethe und Bolzano », *op. cit.*, p. 83-84. Künne cite un long passage des conversations avec Eckermann (21 et 28 mars 1827) où Goethe se désole, lisant Hinrich, disciple de Hegel, d'une langue allemande devenue incompréhensible aux Allemands eux-mêmes.

méthode mathématique qui, en raison de sa circonspection méticuleuse et de sa pureté, rend visible du même coup chaque saut dans l'assertion[1].

W. Künne désenclave Bolzano, l'insère dans un contexte intellectuel qui montre que le reclus de Tiechobuz cherchait constamment à dialoguer avec son temps[2]. Bolzano cite Goethe au § 34 du *Concept du beau*, en s'arrêtant sur la manière dont Goethe s'est approprié une citation de Frans Hemsterhuis (tirée de sa *Lettre sur la sculpture* de 1769) : « le beau dans tous les arts doit donner le plus grand nombre d'idées possibles, dans le plus petit espace de temps possible ». Bolzano remarque que « Goethe (*Werke*, B. 30, S. 239) a loué cette définition, l'a quelque peu modifiée et la faite sienne ». Goethe la commente ainsi, rapporte Bolzano : « ce qui est beau, c'est de voir la régularité du vivant dans sa plus grande activité et perfection, ce par quoi nous sommes tentés de la reproduire, et c'est de nous sentir nous-mêmes vivants et plongés dans la plus haute activité ». Bolzano est embarrassé car il reste profondément admiratif du poète. Il finit par ajouter deux lignes : « ne faudrait-il pas sinon demander si seul le vivant, la régularité du vivant, et cela dans son activité la plus noble et sa perfection, relève exclusivement de la beauté? Ce qui est mort, voire un cadavre, ne peut-il finalement être beau? ». Bolzano admet la contemplation du beau comme une activité qui nous est propre, un plaisir de se savoir actif et d'accroître nos facultés. N'est-ce pas tout simplement le principe morphologique goethéen qu'il récuse? L'organique ne concerne pas ici l'objet de l'art, Goethe envisage plutôt une activité artistique devenant elle-même comme organique, conjuguant art et nature dans une perfection qui en signe l'accord. Ce qui sépare ici Goethe de Bolzano, c'est finalement la lecture de la troisième *Critique* kantienne : elle n'est pas et ne saurait être pour Bolzano cette pièce lumineuse où Goethe aimait tant rentrer[3].

1. J. W. Goethe, « L'expérimentation comme médiation entre le sujet et l'objet » (1792-1823), trad. fr. D. Cohn, *Esthétique. Connaissance, art, expérience*, Paris, Vrin, 2012, p. 111 ; W. Künne, « Goethe und Bolzano », *op. cit.*, p. 82.

2. W. Künne, « Goethe und Bolzano », *op. cit*, p. 93, 97. Künne montre aussi qu'un certain nombre d'élèves de Bolzano ont rencontré Goethe ou en ont été des admirateurs fervents, tel Michael Fesl, déjà évoqué.

3. E. Cassirer, *Kants Leben und Lehre*, Berlin, Bruno Cassirer Verlag, 1921, p. 149.

La réception immédiate et la tradition esthétique à Prague et à Vienne

Robert Zimmermann et l'école herbartienne

L'œuvre esthétique de Bolzano s'inscrit dans une tradition esthétique autrichienne qui émerge dès les années 1850-1860[1]. R. Zimmermann traite de l'esthétique de Bolzano dans le dernier chapitre de sa *Geschichte der Aesthetik*, ouvrage remarquable à tous égards, paru en 1858, dix ans après la mort de Bolzano. Il s'agit là d'une des premières tentatives d'historicisation de l'esthétique, dans un ample mouvement qui va de sa fondation chez Baumgarten à la parution de l'ouvrage. Il s'agit certes aussi de revenir sur la critique que Bolzano a faite de Herbart au § 52 du *Concept du beau*. Après avoir souligné l'antipsychologisme de Herbart dans la définition du beau, et son refus de confondre l'esthétique et la morale, Bolzano y regrette l'imprécision du propos herbartien qui lui semble apparemment trop se rapprocher du jugement de goût sans concept que Kant pose en esthétique (ce qui est contestable au vu de ce que pense vraiment Herbart). Bolzano vise ensuite et surtout Griepenkerl qui ne parvient pas selon lui à justifier que le beau soit constitué d'une articulation entre des idées esthétiques et leur mise en œuvre dans des rapports entre éléments esthétiques concrets, négligeant ainsi le beau naturel.

Robert Zimmermann conjugue pourtant Herbart et Bolzano ensemble, au nom du « réalisme », dans un ultime chapitre à notre avis décisif de sa *Geschichte der Aesthetik*, en 1858, amorçant sa *Formwissenschaft* publiée en 1865. Il est clair que la conjonction des deux auteurs doit servir un formalisme que Zimmermann entend défendre, ce qu'il fera brillamment ensuite, pendant plus de trente cinq ans, à l'université de Vienne (de 1861 à 1896). Il y aurait beaucoup à dire sur ce texte et sur sa postérité, nous nous contenterons de comprendre en quoi Bolzano reste ici une référence importante dans la réflexion esthétique alors même que Zimmermann semble ne faire place qu'à Herbart, longuement cité et justifié. S'il déséquilibre les deux références, est-ce dans le but d'effacer Bolzano ? Pourquoi, dans ce cas, ne pas le faire tout à fait et que signifierait ce brutal effacement alors que Zimmermann a considéré *Du concept du beau* comme un texte remarquable, nous l'avons dit ? Zimmermann tente de faire avancer la cause du formalisme esthétique en construisant un front anti-kantien et anti-hégélien qui se nourrit grâce à cette double référence Bolzano-Herbart[2].

1. C. Maigné, « L'esthétique autrichienne de l'école herbartienne », *op. cit.*, p. 31-36.

2. K. Blaukopf, *Die Ästhetik Bernard Bolzanos*, *op. cit.*, p. 41 ; Blaukopf souligne ce lien mais n'en dit pas plus.

Il maintient l'exigence de distinction propre à l'esthétique bolzanienne, la combine à la psychologie scientifique de Herbart, apte à prendre en charge de manière efficace la part de l'obscur que Bolzano juge propre à tout jugement esthétique, une part que Zimmermann interprète comme un travail des représentations en-deçà du seuil de conscience promu par Herbart. Il rassemble les deux auteurs sur un point pour lui décisif : ce qui fait sens en esthétique, ce sont les rapports formels propres au jugement, qui s'adaptent bien à la régularité que Bolzano veut y trouver[1]. Lorsque Bolzano avance (*Du concept du beau*, § 6) que la contemplation esthétique relève d'« une propriété qui concerne la *forme* de nos contemplations et nullement leur *contenu* », il y a là une dimension que le formalisme esthétique herbartien cherchera à déployer activement.

La mémoire de Bolzano restera vive chez des disciples de Herbart qui tiennent la chaire d'esthétique à Prague au XIXe siècle[2]. Il participe d'une tradition qu'illustre la grande continuité de la chaire d'esthétique de l'université Charles, tenue par des herbartiens. Josef Nahlowsky (1812-1885), František Čupr (1822-1877), Josef Dastich (1835-1870), mais aussi Josef Durdík (1837-1902) et Otakar Hostinský (1847-1910) en assurent la longévité. Si l'herbartisme fut une philosophie officielle, Prague en fut un bastion, et notamment en esthétique, Bolzano étant toujours mêlé à cette filiation de manière plus ou moins transparente. À l'université de Prague, avant, mais même après, sa partition en tchèque et allemande en 1882, se succèdent sur la chaire d'esthétique Durdík, Hostinský, Zich et Utitz. Durdík fut un fin connaisseur de Bolzano, et rédigea d'ailleurs en 1881 un texte d'hommage pour le centième anniversaire de sa naissance[3]. Après un travail d'habilitation sur Leibniz (autre référence philosophique qui perdure et signe le caractère « autrichien » de la philosophie ici considérée), Durdík enseigne à partir de 1871 à l'université de Prague, où il devient professeur d'esthétique en 1874. Durdík et Hostinský sont tous

1. R. Zimmermann, *Geschichte der Aesthetik als Formwissenschaft*, Vienne, W. Barumüller, 1858, p. 802 ; K. Blaukopf, *Die Ästhetik Bernard Bolzanos*, *op. cit.*, p. 41-42.

2. C. Maigné, « Forme, formalisme, science de la forme », in *Formalisme esthétique. Prague et Vienne au XIXe siècle*, *op. cit.*, p. 7-51.

3. J. Durdík, *O filosofii Bernarda Bolzana*, Prague, Akademický čtenářský spolek, 1881 ; il est vrai toutefois qu'il ne fait aucune référence à Bolzano dans sa *Schönheitswissenschaft* (K. Blaukopf, *Die Ästhetik Bernard Bolzanos*, *op. cit.*, p. 18) ; nous renvoyons le lecteur à la présentation de cet auteur par Xavier Galmiche dans l'anthologie *Formalisme esthétique. Prague et Vienne au XIXe siècle*, *op. cit.*, p. 161-165.

deux considérés comme fondateurs de la musicologie pragoise[1], établissant une filiation jusque dans la genèse du Cercle de Prague[2].

E. Utitz et H. Bergmann

Au début du XXe siècle réapparait un intérêt concernant l'esthétique bolzanienne, à travers deux études écrites à Prague : celle de E. Utitz, déjà cité, et celle de H. Bergmann, qui dans sa monographie sur Bolzano consacre un chapitre entier à cette question en 1909[3]. C'est là un moment de réception marqué en arrière-plan par la présence de Brentano, Utitz et Bergmann ayant tous deux suivi son enseignement.

Utitz est un des artisans de la création de la *Zeitschrift für Ästhetik und Allgemeine Kunstwissenschaft* que fonde Max Dessoir en 1906, deux ans avant ce texte sur Bolzano, et l'année où Utitz publie son ouvrage sur *W. Heinse und die Ästhetik zur Zeit der deutschen Aufklärung*, issu de son doctorat dirigé par Christian von Ehrenfels. Cette revue est stratégique dans le développement de la *Kunstwissenschaft* et Utitz est un théoricien éminent de la discipline[4]. Ce qui nous semble remarquable, c'est la manière dont Utitz réfléchit sur des problématiques contemporaines propres à la *Kunstwissenschaft* en éprouvant le besoin de revenir sur les débuts de l'esthétique au XVIIIe siècle. Il renvoie ainsi à sa thèse de doctorat sur W. Heinse, tout en n'ayant de cesse de montrer la modernité des

1. K. K. Neumann, « Die *Allgemeine Ästhetik* von Josef Durdík. Ihr Einfluß auf die Genese einer positivistischen "Schönheitswissenschaft" und auf die moderne Kunst », *in* K. Blaukopf (éd.), *Philosophie, Literatur und Musik im Orchester der Wissenschaften*, Vienne, Hölder-Pichler-Tempsky, 1996, p. 106-130, notamment p. 120 ; sans oublier Guido Adler, qui officie à l'université allemande.

2. J. Stříteckỳ, « Vom Prager/Wiener Formalismus zum Prager Strukturalismus. Zu einer mitteleuropäischen Tradition », *in* Irmgard Bontinck (éd.), *Wege zu einer Wiener Schule der Musikssoziologie. Konvergenz der Disziplinen und empiristische Tradition*, Vienne, Guthmann & Peterson, 1996, p. 35-48.

3. H. Bergmann, *Das philosophische Werk B. Bolzanos mit Benutzung ungedruckter Quelle kritisch untersucht*, Halle, Max Niemeyer, 1909.

4. W. Henckmann, « Probleme der Kunstwissenchaft », in L. Dittmann (éd.), *Kategorien und Methoden der deutschen Kunstgeschichte 1900-1930*, Stuttgart, Steiner, 1985, p. 291-322. Henckmann estime que la part théorique et systématique du projet de la *Kunstwissenschaft* a été assurée par Utitz plus que par Dessoir (p. 279), et affirme même que Utitz serait au sens strict le premier et le seul théoricien de l'*Allgemeine Kunstwissenchaft*, cherchant à résoudre les problèmes et les questions laissés en suspens par Dessoir (p. 291-292). Un autre texte de Utitz est traduit (« Das Problem einer allgemeinen Kunstwissenschaft ») dans le dossier de la revue *Trivium*, n° 6, 2010 proposé par A. Bayer, D. Cohn et T. Vladova : « Esthétique et science de l'art », 2010, en ligne : http://trivium.revues.org/3675.

questions de Bolzano au début du siècle pour la constitution de la science de l'art[1]. Bolzano ignore évidemment la psychologie de Brentano, néanmoins, selon Utitz, ses analyses de la contemplation esthétique méritent attention. Plus encore toutefois, c'est l'articulation des deux opuscules de Bolzano qui fait selon Utitz sens. L'objectivité du jugement sur le beau se conjugue à un intérêt envers les œuvres d'arts elles-mêmes, ce sont là deux aspects explicitement articulés par Bolzano. Le second opuscule *Sur la division des beaux arts* montre ainsi que l'esthétique ne nie pas l'artistique, ne se construit pas contre. La modernité de Bolzano est de comprendre que l'esthétique est une science pratique, une science de la valeur, et donc une « heuristique ». De plus « notre auteur nous enseigne que l'esthétique et le beau ne sont pas identiques. Le beau peut être esthétiquement le plus précieux, il existe cependant également un précieux esthétique qui n'est pas beau ; par exemple le sublime, le ridicule, l'humoristique, le touchant, etc. Ces deux problèmes se trouvent encore aujourd'hui au centre de la discussion – de les avoir ainsi clairement reconnus constitue l'un des mérites de notre auteur. Je considère personnellement que Bolzano touche sur ces deux points de très près la vérité »[2]. Bolzano est donc lu à la fois comme tributaire d'un concept du beau issu du XVIIIe mais amorce aussi son détachement, faisant signe vers le XIXe siècle. Dans l'effervescence des débats de la *Kunstwissenschaft* institutionnalisée par Dessoir, une filiation germano-pragoise remonte telle une bulle à la surface de l'eau pour aussitôt éclater, ces textes esthétiques bolzaniens sombrant à nouveau dans l'oubli[3]. Utitz conclut ainsi, sans que cela soit vraiment suivi d'effet : « les traités d'esthétique de Bolzano contiennent des valeurs encore vivantes et pour cette raison, il serait déplorable que ses livres restent couverts de poussière dans les bibliothèques sans être consultés. Ils doivent être tirés de leur sommeil ! »[4]. Utitz revient, dans un leitmotiv très « autrichien », sur le souci de la clarté qui le distingue du devenir abscons de la philosophie après Kant :

1. E. Utitz, *J. J. Wilhelm Heinse und die Ästhetik zur Zeit der deutschen Aufklärung, eine problemgeschichtliche Studie*, Halle, Max Niemeyer, 1906, p. 2 : Utitz souligne que Dessoir invite à relire l'esthétique de l'Aufklärung pour les débats contemporains. Bolzano est cité rapidement p. 12, Zimmermann p. 2.

2. E. Utitz, « L'esthétique de Bernard Bolzano », *op. cit.*, p. 273.

3. E. Utitz, *Geschichte der Aesthetik*, Berlin, Junker & Dünnhaupt, 1932. La référence à Bolzano disparaît dans ce texte.

4. E. Utitz, « L'esthétique de Bernard Bolzano », *op. cit.*, p. 277.

> Si nous devions caractériser brièvement l'importance de Bolzano, il me semble que le meilleur résumé tiendrait dans ses paroles restées célèbres : « L'héritage de Kant est tombé entre les mains d'une humanité chancelante ». Le mérite de Bolzano réside dans le fait d'avoir su rester, à une époque de chancellement et d'ivresse généralisés, l'un des plus sobres et les plus réfléchis. Son appel incessant à la précision et à la clarté est également le notre. Seules la précision et la clarté rendront possible un progrès scientifique sain. Et celui-ci nous tient tous à cœur [1].

Hugo Bergmann ne loue pas autrement Bolzano en le qualifiant de « maître de la clarification » (*Meister des Verdeulichens*)[2].

Dans ce même numéro de *Deutsche Arbeit* en 1908, sont associés au texte de Utitz, un essai biographique de Franz Stephan Schindler et un essai sur l'œuvre philosophique de Bolzano par Hugo Bergmann. Un an après, lorsque paraît en 1909 la monographie du même Hugo Bergmann sur Bolzano, un bref chapitre est consacré à l'esthétique de Bolzano. Cet ouvrage, qui conserve encore aujourd'hui l'estime des spécialistes, s'attache à présenter Bolzano comme un philosophe classique à part entière et non comme un pur mathématicien ou logicien : il consacre une grande partie du livre à la logique et aux mathématiques, mais adjoint des chapitres sur l'esthétique, la psychologie, l'éthique, la métaphysique. Bergmann n'est pas non plus un jalon sans importance dans l'histoire de la philosophie qui nous intéresse ici. Ami de Franz Kafka et de Max Brod, il appartient au cercle du Café Louvre à Prague, c'est un disciple de Franz Brentano et de Martin Buber, et il travaille suffisamment avec Utitz pour citer sa thèse de 1906 sur Heinze dans son chapitre sur Bolzano et rendre visite à Brentano en sa compagnie à Schönbuhel.

La réception contemporaine

Une première réception contemporaine de l'esthétique de Bolzano est tchèque. L'étude pionnière de Karel Svoboda, *Bolzanova estetika* (1954), mobilise des sources manuscrites inédites[3]. Svoboda souligne l'importance que Bolzano accorde à l'éducation artistique et à la beauté quotidienne pour le développement harmonieux de la jeunesse : « Ce qui ne correspond pas aux lois de la morale n'est ni beau ni sublime, ou seulement dans une mesure minime, car c'est en contradiction avec le but suprême, le

1. *Ibid.*
2. H. Bergmann, *Das philosophische Werk B. Bolzanos*, *op. cit.* p. 115.
3. K. Svoboda, in *Rozpravy Československé Akademie věd*, 64, řada SV, sešit 2, Praha, Nakl. ČSAV, 1954, p. 1-27, trad. all. p. 27-59.

soutien du bien-être général, et n'est pas subordonné à la loi de la vertu» (p. 2). Suit l'analyse des deux textes majeurs de Bolzano sur l'esthétique. Svoboda juge que l'analyse du concept de beau de Bolzano est «très claire, attentivement réfléchie et ingénieuse, bien qu'elle soit chargée de l'intellectualisme wolffien» (p. 14), insistant donc sur l'héritage du XVIIIe siècle chez Bolzano. Quant à la division des arts: «sa classification génétique des arts est originale et ingénieuse. Elle est logiquement exacte, tout à fait empirique, elle est fondée sur la physique et la psychologie et laisse une place ouverte aux arts non encore établis et à leurs liaisons» (p. 23), un jugement qui sera rejoint par les analyses de K. Blaukopf. Ajoutons que ce beau commentaire de Bolzano fut jugé en ce temps-là, le stalinisme des années 1950, par le rapporteur M. Novák comme ayant un «caractère objectiviste», avec toutefois la circonstance atténuante que l'étude directe des sources permettra au chercheur futur «d'expliquer l'esthétique de Bolzano à partir des contradictions de classe de son temps et de ses échos idéologiques» (p. 26), ce qui a permis sa publication.

L'esthétique de Bolzano fut un thème de prédilection de Helena Lorenzová, qui l'a traité dans plusieurs textes dont certains en anglais[1]. Son dernier livre *Hra na krásný život*, contient trois parties. La première décrit les origines de l'enseignement de l'esthétique à l'Université de Prague, en particulier l'œuvre de Karl Heinrich Seibt et celle d'August Gottlieb Meissner. Ce dernier fur l'éditeur de la revue *Apollo*, destinée à animer la vie culturelle et sociale de Prague selon le modèle des revues de Leipzig et de Berlin et à présenter la culture des pays tchèques, essentiellement allemande, à l'étranger. La deuxième partie de l'ouvrage contient une grande étude «Význam díla Bernarda Bolzana v dějinách estetiky» («L'importance de l'œuvre de Bernard Bolzano dans l'histoire de l'esthétique») où l'auteur analyse les deux grands traités de Bolzano en soulignant la netteté de ses distinctions conceptuelles et en insérant Bolzano dans le contexte de son temps. Cette partie se termine par une confrontation de l'esthétique de Bolzano avec celle du *XXe siècle*. La troisième partie du livre de Lorenzová traite de l'esthétique du *Biedermeier*, avec l'analyse des concepts de diététique de l'âme et de calobiotique ou *die Kunst schön zu leben*, l'art de vivre de manière belle[2].

1. Par exemple «Bernard Bolzano – estetik», *in* K. Trflifajová (éd.), *Osamělý myslitel Bernard Bolzano*, Praha, Filosofia, 2006. – *Hra na krásný život. Estetika v českých zemích mezi lety 1760 – 1860* (*Jeu d'une vie belle. L'esthétique dans les pays tchèques entre 1760 - 1860*, Praha, KLP a Ústav dějin umění AV ČR, 2005) est un panorama général de la *kalobiotiké* dans les pays tchèques.

2. Ces deux paragraphes sont dus aux lectures de Jan Sebestik en tchèque.

C'est finalement assez récemment, à partir des années 1980-1990, que le débat s'enracine, sans toutefois rivaliser avec le foisonnement des études bolzaniennes consacrées à la logique, aux mathématiques et à la théorie de la connaissance. Il faut saluer ici le travail remarquable de Kurt Blaukopf (1914-1999), musicologue autrichien, exilé forcé pendant la seconde guerre mondiale du fait de son origine juive, rentré dès après la guerre en Autriche, où il développera tout un pan sociologique de cette discipline. On lui doit beaucoup sur l'articulation étroite entre héritage bolzanien et herbartien dans l'histoire de l'art de la fin du XVIIIe et du XIXe siècle. Il est rejoint sur ce point par Christoph Landerer, Peter Stachel, Achim Vesper et Edgar Witte. Maria Reicher l'insère dans une postérité autrichienne plus analytique, tournée vers le XXe siècle, vers Meinong, Ehrenfels et Witasek, une perspective que l'on retrouve chez Edgar Morscher ou Michael Stöltzner, MacCormick faisant tendre lui les arguments de Bolzano vers Ingarden.

LE CONCEPT DU BEAU

Définition de l'esthétique

Bolzano l'admet d'emblée : pour définir, il faut décomposer un concept, lent travail qui noircit bien des pages. Cette adresse au lecteur signe la spécificité de la démarche suivie : il faut définir. Ce souci de la définition structure le texte, il engage l'enquête des vingt-cinq premiers paragraphes, il impose, dans un deuxième temps, de confronter la définition obtenue à celles qui l'ont précédée. Comme le § 1 le stipule en toute clarté, la réflexion sur l'esthétique se fait exclusivement dans le cadre de la *Théorie de la science*, elle est donc comprise au sein de la vaste réforme de la logique et des mathématiques, qui pour Bolzano est « transformation totale de toutes les sciences »[1].

En son sens général, définir est avant tout un travail de distinction (*Deutlichkeit*) de nos représentations. C'est une exigence fondamentale du propos bolzanien, car aucun concept ne doit flotter dans l'indécision de sa définition. Il y a là une rupture assumée avec une certaine manière de philosopher, un certain type d'histoire de la philosophie et un certain type d'objets philosophiques. Définir suppose en effet d'avoir compris qu'une définition livre les composantes (*Bestandteilen*) du concept. S'il s'avère que ce concept n'est pas simple, il faut le décomposer en représentations

1. J. Sebestik, *Logique et mathématique chez Bernard Bolzano*, *op. cit.*, p. 115.

des caractères (*Merkmalen*) ou propriétés définissantes (*Beschaffenheiten*) de son objet (*cf.* § 1). Il convient en effet de ne pas confondre l'objet de la représentation et la représentation de son objet, ce qui reviendrait à confondre le sens et les choses, ce qui est pensé en soi et ce qui est, comme l'écrit Bolzano à Zimmermann dans une lettre du 11 mars 1846 :

> Quant à l'essentiel, l'idéalisme repose uniquement sur la confusion de l'objet d'une représentation avec la représentation elle-même, et il faut déjà accuser Leibniz, mais encore plus nettement Kant, Fichte, Schelling et Hegel, dont les systèmes reposent sur une confusion permanente du concept de ce qui est pensé en soi ou du concept objectif avec l'objet [1].

C'est pourquoi, contre Hegel qui y voit barbarie, il faut résolument affirmer un travail de décomposition des concepts en simples ou composés, et trouver la combinaison de ces éléments simples entre eux [2]. Il faut donc lutter contre le poids de l'enfance, de l'acquis, contre la répétition plus ou moins fiable de l'usage des mots, contre la diversité des pensées qui habitent les locuteurs dans cet usage. Définir engage donc une prise de position sans concession de Bolzano sur la philosophie de son temps et conséquemment aussi, sur l'esthétique et la philosophie de l'art. C'est de ce point de vue qu'il évalue les concepts que la tradition lui livre, et c'est ainsi qu'il ouvre des horizons philosophiques sur une tradition « autrichienne ». La longue note du § 10 du *Concept du beau* est à cet égard très explicite : la « vraie spéculation » est inséparable de bonnes définitions, et ce qui pourrait sembler un truisme prend un relief particulier face à l'idéalisme allemand :

> Niera-t-on que nos philosophes modernes prennent justement les mots et les expressions qui jouent dans leur système le rôle le plus important dans des significations si indéterminées, si obscures et si fluctuantes, que la confusion n'a jamais été aussi grande : l'absolu, l'identité de la différence, certitude et vérité, concept et objet, représentation et idée, jugement et conclusion, négation, dépassement, liaison, contradiction, possibilité, réalité et nécessité, fini et infini, essence, substance, personnalité, liberté, éternité et autres encore ?

1. B. Bolzano, *Brief an Zimmerman*, 11 märz 1846, *Gesamtausgabe* Reihe IV, Bd 2, p. 186, cité par J. Laz, *Bolzano critique de Kant*, Paris, Vrin, 1993 p. 33 et J. Sebestik, *Logique et mathématique chez Bernard Bolzano*, *op. cit.*, p. 144.

2. Il existe toutefois des concepts simples et inanalysables, tel le concept du devoir. Bolzano se pose donc la question de savoir s'il faut tout définir : J. Sebestik, *Logique et mathématique chez Bernard Bolzano*, *op. cit.*, p. 138.

Le devoir de la distinction (*Pflicht der Deutlichkeit*) qui doit habiter la philosophie, permet de comprendre, poursuit Bolzano dans cette note, que la rigueur logique et mathématique s'applique à tout objet, esthétique y compris, ce que Bolzano pensait entrevoir chez Goethe (nous l'avons vu ci-dessus) et qu'il n'a jamais trouvé chez Hegel. L'originalité de la démarche réside dans le traitement méthodique de l'objet plus que dans l'objet lui-même (le beau) : Bolzano ne prétend pas faire surgir un concept inconnu de nous (§ 1), ne prétend pas inventer des entités jamais imaginées, il se concentre sur un concept reçu, un concept maintes et maintes fois pensé et analysé avant lui. Sa méthode implique (§ 1) de renoncer à toute philosophie qui voit dans le « *passage d'un concept à un autre* », le « *revirement* de ce concept en son contraire », la « *progression dialectique* des concepts et des représentations » le cœur du travail philosophique, ou encore à toute comparaison de « points de vue », pire encore à tout perspectivisme.

Définir (*definieren, erklären*) un concept, c'est donc mettre au jour les composantes de ce concept, qui représentent *certaines* propriétés des objets rassemblés sous lui. La philosophie ne pense pas d'abord les choses mais leur sens, comme chez les stoïciens[1] et le § 1 nous explique :

> Nous ne devons pas imaginer, comme certains logiciens continuent de le croire, que chaque *caractère* (*Merkmal*) attribué aux *objets* d'un concept soit aussi une *composante* (*Bestandtheil*) de ce concept. Car il est tout aussi vrai que la plupart des composantes constituant un concept représentent des caractères relevant de son objet : or chaque concept qui nous représente la propriété (*Beschaffenheit*) de certains objets, ne doit sûrement pas entrer comme composante dans le concept de ces objets. Si c'était le cas, il faudrait en conclure que le contenu de chaque concept est infini, parce que l'ensemble (*Menge*) des propriétés qui relèvent d'un objet ou même de chaque espèce d'objets est infini.

Ce faisant, Bolzano rompt avec l'idée d'une vérité comme correspondance entre proposition et objet, ce que démontre le § 64 de la *Wissenschaftslehre*. La scolastique avait résumé ce principe à travers l'axiome : *nota notae est nota rei ipsius* (« les marques d'un concept sont les marques de la chose elle-même »). Cet axiome a gouverné la métaphysique classique, pour laquelle la présence d'un concept dans l'esprit s'accompagne en même temps de la présence des qualités des objets qu'il subsume. Cette limite est aux yeux de Bolzano à la fois celle de Leibniz (dans sa

1. J. Sebestik, *Logique et mathématique chez Bernard Bolzano*, *op. cit.*, p. 128 et H. Sinaceur, « Bolzano et les mathématiques », *in* E. Barbin et M. Caveing (dir.), *Les philosophes et les mathématiques*, Paris, Ellipses, 1996, p. 157.

caractéristique universelle), mais aussi de Kant, qui tenait fermement à cet axiome, comme l'atteste le § 63 de sa *Logique*[1].

Que signifie donc ce niveau de l'« en soi » (Bolzano a souvent regretté cette expression malheureuse, sujette à bien des malentendus), présupposé dès le § 1 de notre texte ? Le sémantisme de Bolzano s'appuie sur ce qu'il appelle la connexion objective des vérités, pivot de sa philosophie. Il y a un univers objectif des entités logiques indépendant de notre conscience, et ce sont les vérités et propositions en soi qui le composent. La proposition en soi se distingue du jugement, car ce dernier relève de la proposition pensée, et se distingue de l'énoncé, qui relève de la proposition exprimée dans un langage. L'expression « en soi » ici ne vise aucunement à doter ces entités d'une propriété nouvelle, cela signifie simplement, et rien d'autre, leur pureté[2]. Cet univers objectif n'« existe » pas, car exister, c'est se réaliser dans le monde empirique. Il y a donc des propositions en soi, distinctes de nos évènements mentaux, relevant d'un univers objectif indépendant des lois spatio-temporelles.

Dans le cas du beau, il faut donc viser, nous dit le § 1, « la détermination du *concept en son sens objectif* » et donc un concept unique et « immuable » (*unwandelbar*). Définir prend donc un sens précis chez Bolzano qui distingue un sens étroit (*Erklärung/Definition*) et un sens large de la définition (l'entente sur le sens : *Verständigung*)[3]. Les deux acceptions sont convoquées dans notre texte sur le beau. Bolzano distingue ce qui est de l'ordre de la détermination exclusive (quand à chaque représentation en soi on peut assigner une et une seule définition) et ce qui relève de l'accord sur le sens, donc de l'accord contextuel, donnant donc un cadre logique inédit à ce dernier. Il y a un degré de distinction qui peut rester objectif tout en étant de l'ordre de la paraphrase (voir § 1.3 et § 1.4). Le concept du beau ne sera jamais aussi achevé que peut l'être une vérité mathématique, mais ce qui importe est qu'il tende vers ce type d'objectivité. Une conséquence

1. E. Kant, *Logique*, trad. fr. L. Guillermit, Paris, Vrin, 1997, p. 134 : « Le principe sur lequel repose la possibilité et la validité de tout syllogisme catégorique est le suivant : *Ce qui convient au caractère d'une chose convient également à la chose elle-même ; ce qui contredit au caractère d'une chose contredit aussi à la chose elle-même* (*nota notae est nota rei ipsius : repugnans notae, repugnat rei ipsius*). [...] Les concepts de genre et d'espèce sont donc les caractères universels de toutes choses qui leur sont soumises – D'où la règle : *ce qui convient ou répugne au genre ou à l'espèce, convient ou répugne également à tous les objets qui sont contenus sous ce genre ou cette espèce*. » ; J. Sebestik, *Logique et mathématique chez Bernard Bolzano*, *op. cit.*, p. 150.

2. B. Bolzano, *Théorie de la science*, trad. fr. J. English, Paris, Gallimard, 2011, § 57, p. 163.

3. *Ibid.*, p. 139.

cruciale en découle : ce concept n'est pas le produit d'une subjectivité, car aucun concept en soi ne l'est, la subjectivité saisit ce concept mais ne le construit pas[1]. La philosophie de Bolzano assume une critique du sujet, comme celle de Herbart d'ailleurs, et il rejette comme lui l'esthétique et la logique transcendantales de Kant[2]. Le concept du beau n'est pas non plus métaphysique, ni psychologique, il est une signification. Il ne faut pas confondre, précise Bolzano, le concept du beau en tant que tel et celui que nous réalisons en nous : la philosophie n'enquête pas sur notre concept changeant et subjectif du beau mais sur son concept objectif, détaché de son effectuation psychologique. L'objectivité du concept du beau, son atemporalité, le refus de son ancrage dans une subjectivité constitutive sont autant de traits saillants de la position bolzanienne sur l'esthétique : il existe une sphère objective du beau, logique et *a priori*.

Ce qui frappe, c'est la radicale sécularisation du beau : l'objectivisme de Bolzano est aussi une manière d'échapper à la métaphysique, à toute forme de transcendance (métaphysique ou religieuse), ce qui n'est pas un paradoxe chez ce prêtre[3]. Le beau est ancré dans une objectivité qui est celle de l'en soi, qui lui-même ne dépend de personne, ni de rien : les lois logiques *a priori* s'imposent comme chez Leibniz à Dieu lui-même. Le rationalisme de Bolzano autorise une théorie empiriste de la science : c'est bien cette compatibilité que relève Otto Neurath dans son éloge de Bolzano comme précurseur du Cercle de Vienne[4]. C'est aussi ce qui a intéressé Kurt Blaukopf : le refus d'une esthétique mystique ou spéculative du sentiment permet à Bolzano d'ouvrir la porte d'une science de l'art (*Kunstwissenschaft*) empirique[5]. Blaukopf justifie sa démarche en s'appuyant sur l'éloge de Zimmermann, en 1849, prononcé lors du dépôt des archives de Bolzano à l'Académie des sciences de Prague :

> Ici, où a prévalu pendant longtemps un canon, selon lequel les concepts esthétiques peuvent bien être ressentis mais non définis, où de ce fait on répugnait et où l'on répugne encore à incorporer les doctrines du beau et de l'art aux sciences empiriques, la sonde aigue de Bolzano a su atteindre dans le traitement rigoureusement scientifique du travail et de la décomposition

1. J. Sebestik, *Logique et mathématique chez Bernard Bolzano*, *op. cit.*, p. 117.

2. B. Bolzano, *Contributions à un exposé mieux fondé de la mathématique*, in *Premiers Écrits*, *op. cit.*, et notre introduction avec Jan Sebestik dans ce même volume, p. 33 et p. 42 *sq*.

3. K. Blaukopf, *Die Ästhetik B. Bolzanos*, *op. cit.*, p. 22.

4. O. Neurath, *Einheitswissenschaft und Psychologie* (1933), *in* R. Haller und H. Rutte (eds.), *Gesammelte philosophische und methodologische Schriften*, Bd. 2, Vienne, Hölder-Pichler-Tempski, 1981, p. 597 ; *cf.* aussi B. Bolzano, *Premiers Écrits*, *op. cit.*, p. 18.

5. K. Blaukopf, *Die Ästhetik B. Bolzanos*, *op. cit.*, p. 88.

> de ses concepts, un degré encore inconnu jusqu'alors, et même justement souvent mal vu[1].

Quelle conséquence pour la réflexion esthétique? De même que les mathématiques ne s'occupent pas de l'existence des objets mathématiques, mais donne leurs conditions de possibilités formelles, non contradictoires[2], de même une enquête sur le concept du beau ne s'occupe pas d'abord de l'existence des objets beaux mais de la teneur du concept de beauté en tant que tel. L'incidence de cette distinction se retrouvera chez Zimmermann pour qui l'esthétique ne pense pas ce qui est, mais ce qui plaît. Chez Bolzano, elle permettra de libérer la classification des arts des arts existants, d'envisager des arts de la pure pensée et même des arts à venir, comme une conséquence empirique de cette vérité objective.

Terminons ce premier moment d'analyse par une question que se pose Bolzano lui-même au § 1 de *De la division des beaux-arts* :

> Vu que, dans le premier de ces *Traités d'esthétique*, j'ai considéré comme nécessaire de discuter de manière très détaillée le concept du *beau*, on devrait s'attendre à ce que l'*esthétique* ne soit pas pour moi grand chose d'autre qu'une « *théorie du beau* » – comme c'est le cas pour la plupart de ceux qui en traitent actuellement.

Ce point est décisif concernant la nature de l'esthétique. Il y a des recherches esthétiques qui débordent le cadre du beau : par exemple l'humoristique, le risible, le sublime, le ridicule, etc.; il y a aussi ce qui relève de l'histoire de l'art (authenticité de telle œuvre, biographie de tel artiste, etc.). Il faut ainsi finalement distinguer (§ 1) deux acceptions de l'esthétique, l'une large et l'autre étroite : elle est « une *collection scientifique et ordonnée* de toutes les vérités dignes d'intérêt qui, ou bien *concernent directement* le beau, ou bien *dépendent si bien* de lui que soit il ne pourrait pas du tout être compris sans elles, soit elles ne pourraient pas du tout l'être sans lui ». Il faut remarquer avec P. Livingston que par le sous-titre de l'opuscule *Du concept du beau*, Bolzano propose un mémoire (*Abhandlung*), sans chercher à établir un manuel (*Lehrbuch*) qui engagerait systématicité et exhaustivité des concepts étudiés, selon une

1. R. Zimmermann, *Über den wissenschaftlichen Charakter und die philosophische Bedeutung Bernard Bolzanos*. Gastvortrag in der Sitzung vom 17. Oktober 1849, Sitzungsberichte der kaiserlichen Akademie der Wissenschaften. Philosophisch-historische Klasse, Jg. 1849, Zweite Abteilung, p. 163-174 (cité par K. Blaukopf, *Die Ästhetik B. Bolzanos*, *op. cit.*, p. 89).

2. B. Bolzano, « Contributions à une exposition mieux fondée des mathématiques », § 8, *Premiers Écrits*, *op. cit.*, p. 82.

distinction qu'il établit dans sa *Théorie de la science*[1]. Le concept du beau ne suffit donc pas à faire de l'esthétique une science, il est un des concepts les plus communs qu'il convient d'éclairer pour aller vers elle. Ceci découle du souci bolzanien de délimiter le champ même de l'esthétique : comme la jurisprudence, dit-il au § 5 de sa *Théorie de la science*, l'esthétique ne peut se comprendre depuis un concept qui lui soit extérieur, elle recouvre des vérités, des propositions et des jugements qui ne peuvent gommer leur dimension historique et relative[2].

Souvenons-nous ici de l'importance qu'accorde Utitz à ce passage et à l'articulation des deux opuscules. Collection scientifique et ordonnée de vérités, l'esthétique ne s'épuise pas dans une théorie du beau ni de l'art, et cela pour deux raisons de fond. La première a trait à ce que l'on entend par « théorie d'un objet » : la théorie d'un objet n'est pas seulement celle de vérités connues mais est ouverte aux vérités à venir encore, l'esthétique ne concorde pas nécessairement avec des œuvres d'art existantes, pas plus qu'avec la psychologie d'une période donnée. Bolzano ouvre l'esthétique vers ce que nous ne créons pas, ni ne pouvons créer encore, de même que le monde mathématique n'est pas seulement celui des vérités mathématiques connues de nous. Il maintient aussi un niveau de l'esthétique indépendant de l'artistique : cela permet de comprendre le passage à une « science de la forme » chez Zimmermann, science des formes esthétiques fondamentales qui préexiste à une science des œuvres d'art dans leur empiricité. La seconde raison est la dimension éthique de l'esthétique : l'esthétique n'est pas seulement une science théorique, elle a une dimension pratique intrinsèque. Bolzano lie en effet intimement esthétique et calobiotique : il faut entendre par ce dernier terme un art de bien vivre, popularisé par Wilhelm Bronn, qui séduit beaucoup notre auteur[3].

Réalisme de l'en soi et travail d'introspection : le statut de la contemplation

Bolzano insiste sur la dimension conceptuelle du beau mais prône en même temps la conviction intime (*Du concept du beau* § 1), effort d'attention à soi que l'auteur juge d'emblée difficile. C'est à ce prix que se forme la certitude propre à une décomposition bien menée. Le travail

1. P. Livingston, « An Introduction to Bolzano's Essay *on Beautiful* », *op. cit.*, p. 212 (Bolzano distingue dans sa *Théorie de la science* § 713 entre manuel et mémoire).

2. *Ibid.*, p. 213-214.

3. W. Bronn, *Für Kalobiotik als neu ausgestecktes Feld menschlichen Strebens*, 2 vol., Vienne, K. Gerold, 1835-1838, mais aussi *Kalobiotik, Kunst schön zu leben*, Leipzig, R. Binder, 1844.

d'introspection se décline non seulement dans le regard sur le for intérieur, mais aussi dans le fait de ne pas mentir (§ 19), de convaincre autrui, de s'entendre sur le sens. L'écriture de Bolzano se fait prudente, lente, dialogique aussi, dans un style plein de circonvolutions comme une pensée dépliée soigneusement et lentement. Le niveau de la signification objective des vérités se conjugue à une description de notre progression vers le concept et des difficultés de ce cheminement : nous sommes en quelque sorte face à un traité de la méthode sur la construction pour nous d'un concept de ce genre. Puisqu'il y a conviction intime, faut-il envisager une part de croyance dans la définition proposée, faut-il même interroger le statut de la preuve ici proposée ? Comment comprendre que Bolzano prône à la fois un antipsychologisme strict, distingue si nettement entre sens subjectif et objectif, pour ensuite sembler dissoudre cette distinction ? Ne redouble t-il pas ce problème en insistant sur la manière dont il use d'un concept quotidien (§ 1), s'appuyant sur l'usage de la langue pour travailler en philosophie, établissant un lien entre les aberrations conceptuelles et les aberrations linguistiques, notamment les néologismes abusifs ? Bolzano ne défend pourtant pas un quelconque relativisme de l'expérience esthétique[1]. Il faut noter d'emblée que tout le travail mathématique repose lui aussi sur ce regard intérieur : « Une remarque peut nous consoler : dans la majorité des cas où nous élaborons des concepts *dans leur contexte scientifique*, on n'a pas besoin que notre définition présente réellement dans toutes ses parties le concept associé aux mots choisis pour le désigner; il importe que ce soit un concept utile, un concept qui, là où nous l'établissons, mérite d'être pris en considération, et soit mis aux fondements des doctrines que nous enseignons à son sujet » (§ 1).

La quête d'une définition du concept du beau s'accompagne d'une analyse de la contemplation (*Betrachtung*) esthétique. « Vers quoi orientons nous nos pensées en ressentant la beauté d'un objet ? » (§ 5). Il y a un type particulier d'observation engagé dans notre rapport à l'objet beau : Bolzano se soucie de le caractériser et pour ce faire renvoie à des séquences de représentations particulièrement rapides et aisées, des séries de représentations qui ne parviennent jamais à une conscience claire. La fluidité des représentations est ici garante d'un type de contemplation particulier[2].

1. P. Livingston, « An Introduction to Bolzano's Essay *on Beautiful* », *op. cit.*, p. 205.

2. A. Vesper, « Contempler, distinguer. Bolzano sur la conceptualité de la perception esthétique », *in* Ch. Morel (éd.), *Esthétique et Logique, de Leibniz aux contemporains*, Villeneuve d'Asq, Presses du Septentrion, 2012, p. 61 : Vesper estime que Bolzano ici dissout l'opposition entre contempler et distinguer, ce qui lui permet de faire de l'esthétique le paradigme de l'usage non distinct de nos concept.

Le beau existe-t-il sans cette contemplation[1] ? Bolzano ancre le beau dans notre sensibilité humaine finie en maintenant un antipsychologisme rigoureux. Le beau relève donc d'une objectivité indépendante de ce que nous en pensons, ce qui n'empêche pas d'en faire une expérience concrète. Ces aspects psychologiques vont se combiner chez Zimmermann avec une psychologie de l'attention herbartienne[2] : il interprétera ces séquences, trop rapides pour que notre conscience les saisisse, depuis un seuil de conscience herbartien, où la représentation et la conscience de la représentation sont dissociées, de sorte qu'une psychologie des profondeurs pourra ici s'installer[3].

Peut-on universaliser cette contemplation esthétique (§ 6) ?

> Lorsque nos *sens* jouissent de la beauté d'un objet, *ils ne visent pas un simple rapport qui existe exclusivement entre l'objet et notre individualité.* Dès que nous déclarons un objet *beau*, jamais nous ne lui attribuons cette propriété dans son *exclusive relation à nous*, mais nous nous autorisons à attendre que d'autres hommes, engagés dans de tous autres rapports avec cet objet, puissent et même doivent lui attribuer cette propriété comme nous le faisons. Tous ceux qui se préoccupent de l'esthétique présupposent, comme l'a déjà remarqué *Kant* – (et toute leur science repose sur cette supposition) –, *que notre jugement sur la beauté prétende pour ainsi dire à la validité universelle*. Je dis bien, *prétende à*, et on devine aisément que la recherche du vrai concept du beau serait grandement facilitée si nous cherchions à déterminer avec la plus grande précision possible de quelle espèce est cette *validité universelle* présupposée.

La contemplation esthétique entraîne l'individu qui contemple vers autre que lui. Mais l'universalité est d'abord une prétention à l'universel, et cette prétention demande une preuve conceptuelle claire. Bolzano ne refuse pas la démarche kantienne, il la reformule et sa réponse est anthropologique : il en va de la nature humaine face à d'autres natures, animaux, anges et Dieu. La contemplation nous est propre en tant qu'êtres doués de sensibilité, perfectibles, donc elle s'accroît grâce à l'éducation. Il convient néanmoins de noter un élément décisif : la contemplation n'est pas pure intuition (§ 7), elle est le fruit de toutes nos facultés. Il n'y a pas une faculté du goût qui explique le rapport qui se crée face à l'objet dans la contemplation, ce sont toutes les facultés qui s'impliquent, à ce titre et contre Kant,

1. E. Morscher, *Bernard Bolzano's Life and work*, *op. cit.*, p. 107.

2. C. Maigné, *Herbart*, Paris, Belin, 2007.

3. M. Podro, *The Manifold in Perception. Theories of Art from Kant to Hildebrand*, Oxford, Clarendon, 1972.

la contemplation esthétique a une dimension cognitive intrinsèque, mais aussi imaginative, mnémonique, etc.[1].

Le plaisir esthétique de l'obscur parce qu'obscur

Le plaisir particulier qui caractérise la saisie esthétique concerne donc « la forme de notre contemplation et nullement son contenu » précisément parce que la série de pensées ne nous mène pas à une conscience distincte (§ 6). La définition du beau est la suivante (§ 14) :

> un objet dont la contemplation peut procurer une satisfaction chez tous les hommes dont les facultés de connaître sont éduquées, et ceci pour la raison suivante : après la saisie de certaines de ses propriétés, former son concept n'est pas trop aisé, sans pour autant exiger l'effort de la pensée distincte ; concept dont un examen approfondi fait deviner les propriétés qui sont encore à percevoir, mais en ne portant l'habileté de leurs facultés de connaître qu'à une intuition pour le moins obscure.

Le beau doit se présenter comme une énigme (§ 11), il donne à penser, selon le modèle des arts du langage et notamment de la poésie. Le beau n'est pas seulement reçu par nos facultés, il les projette vers l'avenir : il ne nous borne pas à ce qui est actuellement perçu, il sollicite notre imagination pour qu'elle invente d'autres propriétés semblables, il nous invite à « anticiper » ce qui n'est pas strictement donné (§ 7). Il y a là un point qui peut se conjuguer avec la théorie du sens interne chez Herbart et qui ouvre vers la psychologie : nos facultés ne se contentent pas de recevoir le beau, elles accomplissent un exercice critique, celui de deviner ce qui n'est pas explicitement dit (§ 14, § 23). Bolzano insiste comme Herbart sur l'horizon d'attente, sur un plaisir esthétique qui est plaisir de la découverte, non tant d'un objet que de notre réaction face à lui, ce pourquoi Bolzano (comme Herbart) recommande un exercice de la perception esthétique (§ 7). La contemplation évoquée dans ce § 14 est donc définitivement active, et elle relève d'une forme de détachement face à l'objet sans être le désintéressement kantien : nous avons bien un intérêt à l'objet, nous désirons son retour.

La particularité intrinsèque du beau est de s'intensifier grâce à l'obscurité de nos représentations. Comme le montre la définition du § 14, l'obscur (*dunkel*) n'est pas une contradiction non résolue, n'est pas un reste insolvable, c'est ce qui pourrait être développé mais ne l'est pas, ce qui a

1. Kurt Blaukopf en conclut que Bolzano inaugure une esthétique de la réception : active et non passive, impossible à limiter à la seule intuition singulière, Bolzano engagerait ici une validation sociale et culturelle du beau (*Die Ästhetik Bernard Bolzanos*, *op. cit.*, p. 35-37).

une valeur esthétique d'autant plus grande qu'il puise dans cette possibilité sans la réaliser : « la beauté exige que les séquences de pensées que l'objet beau provoque en nous, se développent avec une aisance telle que *nous serions en mesure* de les développer et de les mener à leur terme, *sans être conscients* de chacune de ces pensées » (§ 5). L'obscur *doit* se maintenir pour que l'on reste dans le champ du plaisir esthétique (§ 10), en comprenant que ce qui est obscur n'est pas sans raison, il est logique, mais selon des modalités propres[1]. La clarté n'est pas nécessaire : ce qui prime reste l'aisance, l'habileté (§ 7), l'absence d'effort, la rapidité et conséquemment la satisfaction que cette facilité provoque en nous. Etudier un poème reste possible, cela ne dissout pas sa beauté. Il suffit de rappeler que « si nous définissons comme beau un poème ou tout autre objet, nous ne disons pas que *toute* contemplation, mais qu'une *certaine* contemplation de cet objet peut être plaisante » (§ 20). Il est possible d'imaginer une érudition qui, par sa dimension cognitive, affine le plaisir esthétique, sans que ce dernier se confonde avec elle[2]. Le degré du plaisir nous dit Bolzano au § 13, augmente avec notre habileté et l'exercice de cette disposition habile.

Le concept de série, de séquence de représentations permet d'envisager l'obscurité d'un processus sans avoir à basculer dans le registre de l'ineffable, de l'indicible, critères trop souvent associés au beau (§ 16) : « C'est pourquoi, on a souvent cru et on croit encore ici et là, que ce jugement s'imposait *immédiatement*, qu'on ne pouvait le référer à aucun concept ni à aucune règle, et qu'il procédait de prémisses *indicibles* ». L'indicible surgit d'une banale confusion entre l'immédiat et le rapide, entre le résultat d'un processus et le processus lui-même. Le plaisir esthétique s'ancre dans notre nature sensible finie, il est un sentir et de ce fait ne peut être un jugement qui doit rendre compte de ses propres conclusions (§ 10). Ce plaisir manifeste une habileté dans l'obscur, et non une obscure habileté, ce dont se réjouit Bolzano au § 10 :

> C'est au fond la satisfaction prise à notre *propre contemplation*, plaisir que nous transposons nécessairement à son *objet*, comme si sans sa médiation nous ne pouvions exercer nos forces. Nous le *transposons* d'autant plus

1. À ce titre, le beau n'est pas un « je ne sais quoi » comme le précise P. Livingston, l'indistinct n'est pas le confus, *cf.* « An Introduction to Bolzano's Essay *on Beautiful* », *op. cit.*, p. 208 et p. 211 ; voir aussi la discussion sur l'obscurité de nos représentations dans « Bolzano on Beauty », *op. cit.*, p. 276 *sq.*

2. Bolzano assume, comme le montre A. Vesper, « Contempler, distinguer. Bolzano sur la conceptualité de la perception esthétique », *op. cit.*, p. 69, une asymétrie argumentative fondamentale au sein de l'esthétique : on peut argumenter *en faveur* de jugements esthétiques, mais on ne peut pas argumenter *contre* eux.

> nécessairement que nous ne faisons que *sentir* le progrès effectué, sans le porter à une conscience distincte, sans pouvoir nous le *représenter* et donc sans pouvoir non plus le *juger*. Si cette explication concernant la manière dont émerge notre satisfaction au beau est vrai, voilà un merveilleux exemple de la manière dont l'homme est capable, même à partir de représentations obscures, de tirer des conclusions exactes.

Conclure juste de ce qui est pourtant saisi confusément, il y a là une perspective qui fait signe vers l'ambition de Baumgarten (cité au § 26) : il visait bien à établir une science de la connaissance sensible qui ne soit ni pure raison, ni pure sensation, mais gnoséologie inférieure, conséquemment logique des facultés inférieures (§ 1 de son *Aesthetica*). Bolzano affiche sa proximité avec cette école « leibniziano-wolffienne », soucieuse de clarté, mais malheureusement affaiblie par son ignorance de la distinction entre caractère et propriété d'un concept (c'est précisément ici que Bolzano renvoie à sa *Théorie de la science* I, § 64). L'unité dans le multiple, l'obscur ancré dans le rationnel, l'aisance de la saisie qui provoque le plaisir sont autant de propriétés du concept du beau. L'écart se situe dans le rapport aux propriétés de l'objet : il n'y a pas d'harmonie préétablie entre la chose et son concept, ce que nous avons déjà évoqué ci-dessus.

Ni ineffable ni indicible, le beau n'est pas non plus irrationnel, ce que Bolzano conteste chez Christian Weisse (§ 22) : l'obscur n'est pas sans règle, n'est pas sans structuration interne, précisément parce qu'il n'est pas sans rapport avec la cognition. Ce qui rapproche le plaisir de la démonstration mathématique du plaisir esthétique, sans jamais pouvoir les identifier puisque le souci de la clarté les sépare, c'est la joie de ce qui exerce et aiguise nos facultés (§ 10). Plus encore, ce qui se produit dans le plaisir esthétique participe d'une attitude générale pratique : « cette habileté à penser juste, au moyen de simples représentations obscures quoique faciles, n'est pas sans valeur ni même sans utilité plus générale pour la vie pratique » (§ 10). Agir et vitalité vont ici de pair, sentir et se sentir sentir participent d'un sentiment vital épanoui.

Ce registre du plaisir ne conduit pas vers une esthétique du sentiment, mais bien plutôt à une logique du plaisir esthétique qui n'abandonne jamais sa dimension cognitive et rationnelle. La part sensible ne s'installe pas ici comme l'envers du concept. Kevin Mulligan inscrit Bolzano au sein d'une longue tradition de la philosophie autrichienne préoccupée par la réflexion sur les émotions[1]. La part cognitive de l'émotion assure son intentionnalité, c'est ainsi qu'elle «colore» la pensée. L'originalité de cette tradition est d'interpréter cette coloration en démultipliant ce qui la porte : une croyance, un jugement, un souvenir, une perception non conceptuelle et de la distinguer de la sensation ressentie (*Gefühlsempfindung*) comme telle (celle de la douleur par exemple). K. Mulligan considère que Bolzano le premier accorde une place centrale à la *Funktionsfreude* au sein de l'esthétique autrichienne, citant le § 10 du *Concept du beau* qui insiste sur le plaisir que nous prenons à notre propre contemplation dans l'expérience esthétique[2]. Le § 17 évoque même une « puissance magique » propre au beau. Dans le cadre de l'esthétique joséphiste de Bolzano, cette magie n'est pas mystère insondable, elle est ce jeu de la régularité qui sait ne pas s'imposer jusqu'à devenir carcan (§ 21), qui sait surprendre, déstabiliser le spectateur par un degré d'incertitude (§ 22) ni trop fort ni trop faible, le juste degré qui pousse notre plaisir à son maximum. Profondément rationnelle et rationaliste, l'esthétique bolzanienne promeut la régularité, mais non comme une horloge bien agencée (§ 21) : elle sert l'intensité et l'intensification du plaisir esthétique qui ne peut pas s'installer dans l'incohérence, sans toutefois renoncer à l'imprévu qui à son tour le renforce.

Concept du beau et histoire de l'esthétique

Le texte de Bolzano s'articule ainsi en un premier moment de recherche définitionnelle (§ 1-25) puis passe en revue les différentes définitions du concept du beau afin d'en dégager les erreurs à l'épreuve de sa propre tentative (§ 26-57). Utitz notait que Bolzano présentait là « une histoire intéressante de l'esthétique qui rappelle certaines œuvres déjà tombées dans l'oubli »[3]. Mais que joue Bolzano dans l'historicité qu'il convoque? L'histoire ici présentée offre une chronologie, mais ce n'est nullement par souci de donner une signification particulière à cette succession : s'il faut bien un principe d'ordonnancement, il ne s'agit pas de décrire la réalisation

1. K. Mulligan, «De la philosophie autrichienne et de sa place», *in* K. Mulligan et J-P. Cometti (éd.), *La philosophie autrichienne de Bolzano à Musil*, Paris, Vrin, 2001, p. 16 : Bolzano, Brentano, Meinong, Witasek, Ehrenfels, Höfler, Bühler, Musil, Witgenstein, etc. Notons que Emil Utitz s'ajouterait aisément à cette liste : *Die Funktionsfreude im aesthetischen Verhalten*, Halle, Max Niemeyer, 1911, travail d'habilitation publié sous l'égide d'Anton Marty à Prague et Franz Erhardt à Rostock, dédié à Max Dessoir ; un travail où de nouveau Bolzano est complètement effacé.

2. K. Mulligan, « De la philosophie autrichienne et de sa place », *op. cit.*, p. 18.

3. E. Utitz, «L'esthétique de Bernard Bolzano», in *Formalisme Esthétique. Prague et Vienne au XIXe siècle*, *op. cit.*, p. 277.

progressive d'une définition qui culminerait chez Bolzano, il n'y a pas de principe téléologique à l'œuvre, pas plus qu'il n'y a de principe dialectique, rien n'est au sens strict dépassé par autre chose, ce qui compte est le vrai. Certes les définitions des autres peuvent aider à construire la sienne propre, par différence : mais ce n'est pas au titre de l'histoire que leur aide s'avère féconde, c'est au titre de leur consistance logique. Le § 26 propose spontanément d'abord « de se tourner vers les analyses les plus remarquables » dessinant une parenté entre Bolzano et la tradition Baumgarten-Leibniz, puis entame une analyse proprement historique « au fil du temps » § 27. Le décrochage entre ces deux paragraphes est significatif. Le parcours ici convoqué est en fait anhistorique, les définitions du beau sont saisies depuis le principe de leur constitution interne et de leur validité logique. Il y a eu au cours de l'histoire des définitions plus ou moins claires, plus ou moins pertinentes, qu'il convient de restituer pour conforter ou non la justesse de celle de Bolzano. Le seul vrai écart entre Bolzano et ses prédécesseurs, c'est la *Théorie de la science* et ce qu'elle induit dans le travail des concepts, le § 26 le rappelle. Cet écart ne fait pas de Bolzano l'aboutissement d'une lignée qu'il ramasserait et dépasserait, de même que la radicalité de l'édifice de la *Théorie de la science* ne se veut autre chose, titre son § 3, que l'exposé d'une science connue de tous et élaborée depuis longtemps déjà sous des noms différents et de même, son § 7 procède à l'examen d'autres définitions de la logique, selon une procédure ici répétée dans *Du concept du beau*. Bolzano prétend, ce qui n'est pas rien et signe même la seule vraie originalité possible, proposer une clarification des définitions qui lui préexistent, à l'aune de l'outillage logique qu'il promeut, sans inventer, nous l'avons déjà vu. Cette enquête sur les définitions du beau ne se préoccupe pas non plus d'histoire de l'art : les définitions sont parfaitement découplées de ce que produit l'art de leur époque.

Les arguments antikantiens

La critique de Kant est un moment crucial du texte de Bolzano (§ 37-39a) où s'engage une analyse serrée de la *Critique de la faculté de juger*. Le jugement général de Bolzano est sans concession (§ 40) : « j'ose dire ouvertement que les définitions du beau qui ont été mises au jour depuis la parution de la *Critique de la faculté de juger* et sur la formation desquelles elle a exercé une influence, ne surpassent en rien ce qui a été produit auparavant, mais soit répètent ce qui a déjà été dit depuis longtemps en inventant de nouvelles expressions, soit sont seulement plus imprécises et plus erronées ».

Bolzano suit pas à pas les quatre définitions, dont la multiplicité prouve par avance la confusion que Kant génère. Bolzano refuse (§ 37) de penser notre absence d'intérêt envers l'existence de l'objet beau. Sans confondre le beau et l'agréable, il ne voit pas en quoi le plaisir du beau impliquerait indifférence envers l'existence de l'objet. Le lien posé par Kant entre intérêt et existence lui semble tout à fait curieux : car nous sommes par exemple intéressés à ce qui n'existe pas, les vérités mathématiques, de même que sans nous soucier de son utilité, nous souhaitons que l'objet beau existe, parce que nous souhaitons voir notre plaisir augmenter par sa fréquentation. Vouloir que l'objet existe n'implique pas pour autant que le jugement esthétique dépende de son existence : il y a une beauté qui existe sans s'incarner, ce que prouvent les arts de pure pensée développés dans le second texte de Bolzano *De la division des beaux-arts*.

La deuxième définition, discutée au § 38, concerne la beauté qui plaît universellement sans concept. La démonstration est pour Bolzano, « complètement manquée [...]; à qui pense vraiment Kant sous ce terme “chacun” dans sa conclusion, selon laquelle nous aurions le droit d'exiger de tout homme la satisfaction à l'égard de la beauté d'un objet ? ». La définition kantienne présuppose un homme éduqué[1]. Mais en outre, comment passer de la satisfaction éprouvée dans une représentation à son universalité ? Le fait de se sentir libre, comme le dit Kant, ne change rien au problème. La singularité de ce qui est senti ne garantira jamais l'extension universelle, car pour Bolzano, l'intuition est une singularité incommunicable. En refusant le concept dans le jugement de goût, Kant bloque toute extension possible à l'universel. Il reste à distinguer son degré de clarté ou d'obscurité, car au sens strict seul un concept est intrinsèquement communicable.

L'absence de finalité du jugement de goût atteint pour Bolzano (§ 39) les sommets de la confusion conceptuelle : la troisième définition de Kant confond la forme de la finalité et la découverte d'une régularité, la similitude psychologique des deux ayant probablement généré cette confusion. Il n'y a pas besoin d'introduire une fin quand suffit une règle[2]. Si la tulipe est belle, ce n'est pas parce qu'elle suggère en nous une finalité que nous ne

1. MacComick souligne ici que Bolzano mésinterprète le texte kantien : Kant ne dit pas que ce qui est jugé comme beau sera jugé tel par tous (« Bolzano and the Dark Doctrine. An essay in Aesthetics », *in* B. Smith (ed.), *Structure and Gestalt. Philosophy and Literature in Austria-Hungary and her successor States*, Amsterdam, J. Benjamins B. V., 1991, p. 99). Il reste que la nécessité exemplaire de Kant pose problème.

2. Comme le dit clairement MacCormick, il ne s'agit pas ici pour Bolzano de fin mais de règle (« Bolzano and the Dark Doctrine. An essay in Aesthetics », *op. cit.*, p. 84).

pouvons expliquer, il n'y aurait alors pas de plaisir esthétique mais du dépit! La perception de la finalité suppose la représentation d'une fin, et si nous ne soupçonnons pas la fin, nous ne percevons aucune finalité. Le plaisir esthétique n'est ni dans l'incompréhension, ni dans la déception, il est dans la découverte d'un ordre, et donc dans la représentation d'une fin, quoique confusément.

Enfin, Kant veut voir dans sa quatrième définition le beau comme ce qui est reconnu sans concept comme l'objet d'une satisfaction nécessaire. Bolzano rétorque au § 39a que personne ne sera jamais en mesure de fournir une règle universelle du beau puisque précisément il y entre de la confusion, et cela intrinsèquement. L'idée d'une nécessité exemplaire est pour Bolzano erronée : nous n'approuvons pas quelque chose parce qu'il exemplifie une règle, nous l'approuvons parce qu'il est vrai et donc nécessaire. Le fait même d'adhérer à une règle suppose l'explicitation possible de cette règle : personne n'adhère sans raison, personne n'adhère sans concept. Le sentiment chez Kant veut avoir les propriétés du concept. Or si « sentir » nous apprend quelque chose, l'obscurité de nos représentations doit toujours pouvoir tendre vers leur explicitation, puisque nous l'avons dit, une pure intuition est singulière. De surcroît, Bolzano estime que la communicabilité du jugement ne justifie pas le beau : le beau peut très bien exister sans nous, son objectivité est telle qu'il ne dépend pas du fait d'être partagé avec autrui.

Les arguments antihégéliens

La charge de Bolzano à l'égard de Hegel est plus radicale encore, Hegel cristallisant à peu près tout ce qu'il déteste en philosophie, à commencer par l'absence radicale de toute clarté et pire, le refus délibéré de s'y soumettre[1]. Il y a là un axe fort qui unit Bolzano et Exner, l'ironie complice dont ils font preuve dans leur correspondance en témoigne[2], un axe qui unit aussi Bolzano et Zimmermann, dont la *Geschichte der Aesthetik* comme l'*Allgemeine Aesthetik* sont des manifestes anti-hégéliens, et plus

1. B. Bolzano, *Qu'est-ce que la philosophie ?*, trad. fr. D. Macabrey, Québec, P.U.L., 1975, p. 14 : « Hegel, à sa mort toujours persuadé qu'il avait par sa philosophie amené le bon Dieu à prendre une conscience achevée de lui-même, vous explique que la philosophie est la science de la raison, dans la mesure où elle est consciente d'elle-même comme de tout être, ou encore qu'elle est la science absolue de la vérité, comme la connaissance absolue du concret, etc. ».

2. B. Bolzano, *De la méthode mathématique*, *Correspondance avec F. Exner*, *op. cit.*, p. 145, 150, 225. Bolzano cite ainsi Exner et sa *Psychologie der Hegelschen Schule* de 1842 en note du § 55 du *Concept du beau* contre Hegel et son école.

largement un axe entre Bolzano et l'herbartisme. Le très long § 54 du *Concept du beau* propose de longues citations de Hegel, plus ou moins abrégées qui débouchent ensuite sur une critique acérée. Si l'on en croit la toute fin du § 54, Hegel emprunte, répète et ne définit jamais, il n'apporte rien à l'esthétique ni à la philosophie de l'art, contrairement à ce que son succès laisse supposer.

Les arguments de Bolzano tournent autour de plusieurs problèmes qui touchent tous, nous semble t-il, à la définition du concept, à sa nature et plus largement à la nature de la logique. L'absence de définition est un manque rédhibitoire de tous les textes hégéliens et pas seulement de ses textes esthétiques. Le refus de la décomposition du concept, et conséquemment aussi de son analyse en composantes, implique une confusion majeure et maintes fois répétée : Hegel confond le concept d'une chose et la chose même. Hegel confond le concept et le réel, prône l'unité des deux et ignore ainsi une distinction cruciale : celle qui existe entre le concept de quelque chose et la réalité de cette chose, autrement dit il ignore ce que signifie avoir un objet pour un concept. Bolzano lui oppose trois types de concepts : sans objet, un seul objet ou plusieurs objets. Parler d'un concept qui se réalise, qui s'incarne, parler du réel rationnel, c'est identifier le logique et le réel, et donc confondre le niveau de la connexion objective des vérités et celui de l'empirie. C'est là évidemment un point dirimant de l'opposition des deux auteurs.

C'est pourquoi aussi l'usage du terme « totalité » et surtout « totalité concrète » pour définir l'idée fait problème. Bolzano ne surprend pas en affichant son impossibilité à comprendre ce que serait un mouvement dialectique : l'idée d'une négation du concept et de son dépassement en une autre totalité lui semble juste pur non-sens, un jeu de mots où le langage fonctionnerait indépendamment de tout contenu de pensée. Le refus bolzanien de mêler beauté et vérité repose sur deux arguments : d'une part, un concept n'est ni vrai ni faux, la vérité surgit d'une proposition où ce concept est inséré au titre de composante. C'est au niveau de la proposition que se joue le critère du vrai, non au niveau du concept. D'autre part, on ne doit pas identifier beauté et vérité, même s'il faut pour cela aller contre toute une tradition, car il n'y a pas d'immédiateté du vrai dans le beau. Le talisman de l'immédiat irrite passablement Bolzano car prôner l'immédiateté revient ici à prétendre pouvoir passer outre la médiation propre à tout phénomène de conscience. Le mouvement dialectique entre le concept et le réel présuppose une unité factice et sa rupture tout aussi factice pour ensuite mieux s'assurer de la surmonter par le travail du négatif.

La division des beaux-arts

Ce texte reprend bien entendu les arguments développés antérieurement dans *Du concept du beau*. L'étude de ce concept ne suffit pas, nous l'avons déjà vu, pour définir une science esthétique. *De la division des beaux-arts* montre que l'esthétique ne se réduit pas non plus à une théorie des arts. Bolzano s'explique clairement sur ce point : on pourrait être tenté, et certains le font, de confondre théorie des arts et esthétique (§ 1), mais la définition même du beau offerte au § 14 du *Concept du beau*, ne permet pas cette superposition. L'œuvre belle n'est qu'*un* des objets dont s'occupe l'esthétique. Interroger le concept d'un bel art (§ 2) ou d'une belle œuvre, fait donc sens en se comprenant d'abord comme une réflexion sur la production du beau. Ce qui est ici induit, c'est l'exigence de saisir le processus (*Verfahren*) à l'œuvre, le *comment* de la belle œuvre et non son *pourquoi* : Bolzano n'interroge pas la nature de l'œuvre d'art depuis une signification qui lui serait externe, mais il pose cette question depuis sa constitution même, indissociablement liée au plaisir spécifique qu'elle provoque (ce privilège du *comment* est là encore un point de convergence avec Herbart dont Zimmermann tirera pleinement parti).

L'enjeu est certes d'abord moral : comme tout le monde ne sera pas artiste, l'esthétique vise au-delà des œuvres d'art l'enseignement de la manière de bien vivre (la calobiotique). Savoir comment produire le beau pour bien éduquer est ainsi décisif (§ 1). Plus profondément encore, Bolzano entend ne pas enfermer les arts dans une idée de l'art, mais les évaluer comme le produit d'un faire humain, d'une activité dont il faut saisir la diversité. L'artiste est ainsi celui qui possède « l'aptitude à produire par son activité libre et intentionnelle des objets dépendant avec certitude du concept du beau, de telle manière que leurs belles qualités sont la conséquence directe du procédé de production qu'il a agencé précisément à cette fin et pas à une autre » (*De la division des beaux arts*, § 2). Bolzano n'envisage plus la seule définition du beau mais la diversité des œuvres que nous jugeons belles, beauté qui ne peut relever du hasard, comme une éponge jetée sur un tableau[1]. Il croise ainsi deux objectifs intimement liés : d'une part, analyser cette production spécifique qui procure

1. K. Blaukopf, *Die Ästhetik Bernard Bolzanos*, *op. cit.*, p. 47 et p. 49-50. Blaukopf considère que ces deux textes reposent sur une division bolzanienne importante entre vérités conceptuelles et vérités empiriques, Bolzano proposant une « définition de l'esthétique (qui) englobe les vérités conceptuelles comme les vérités empiriques et correspond ainsi aussi à une saisie bien ultérieure des tâches de la recherche en art (*Kunstforschung*), qui inclut les aspects techniques, anthropologiques et même aussi sociologiques ».

un plaisir particulier, de l'autre, diviser ces productions, le principe de constitution de l'œuvre engageant évidemment le principe de classification.

L'œuvre d'art selon son faire

Deux critères définissent les beaux-arts : intentionnalité (*Absichtlichkeit*) et singularité du procédé[1]. C'est précisément parce que l'artistique n'est pas le naturel que l'œuvre d'art les requiert. Ainsi, la théorie de l'art « doit nous dire avec le plus de distinction possible *comment* les belles œuvres d'art adviennent; elle doit décrire l'artiste, en partie comment il procède pour les produire, en partie comment il devrait procéder pour à l'avenir les produire encore plus parfaitement » (*De la division des beaux arts*, § 3). Comme le souligne O. Neumaier, l'art est d'abord un pouvoir de faire, l'artistique est d'abord un type d'activité poïétique avant d'être la caractéristique d'un objet[2]. Bolzano va du processus à l'œuvre, si bien que l'œuvre d'art n'est pas d'emblée posée ni reconnue comme telle : il s'agit de saisir progressivement ce qui la distingue d'autres objets et non de poser *a priori* sa spécificité, voire son aura, aurait-on envie de dire. La question de savoir *comment* se détermine un objet pour devenir œuvre d'art se distingue donc de celle de savoir *quand* un objet n'est plus seulement objet pour être œuvre d'art. C'est dire que Bolzano engage ici de manière pionnière une réflexion sur l'ontologie de l'œuvre d'art, réflexion qui sera poursuivie par R. Ingarden par exemple. L'œuvre d'art n'est pas toujours saisie du point de vue du plaisir esthétique, elle peut être saisie depuis d'autres critères : matériel, économique, moral, etc.[3]. L'intentionnalité du processus suppose aussi celle du regard posé sur l'objet, si bien que la saisie esthétique de l'œuvre n'épuise pas l'objet dans sa dimension artistique.

Puisque l'art se définit depuis un faire particulier, il est clair donc que l'art s'enseigne (*De la division des beaux-arts* § 4), il en va de la possibilité même d'une science et de la visée morale que Bolzano ne perd jamais de vue, et si l'art s'enseigne, c'est qu'il répond à une logique du faire, donc à des règles, ce que dénote l'usage répété des termes « prescription » (*Vorschrift*) et « directive » (*Anweisung*). Il va de soi que prescrire n'est pas tant démontrer ni proposer une recette qu'obtenir une cohérence, et que cela vise surtout à montrer que le travail de l'artiste est un travail conceptuel : il réfléchit, apprend, choisit et fait. Bolzano insiste sur la

1. K. Blaukopf, *Die Ästhetik Bernard Bolzanos*, *op. cit.*, p. 52.
2. O. Neumaier, « Die Kunst des bloßen Gedankens », *op. cit.*, p. 411-412.
3. *Ibid.*, p. 413.

manière dont il est possible d'embellir le quotidien, principe même de la calobiotique : il se soucie constamment de ce qui pourrait être mieux « agencé » (*eingerichtet*), disposé, afin d'accroître notre plaisir, sans toutefois tomber dans un esthétisme exagéré (§ 4). Agencer est ce qui autorise à saisir la règle, à saisir l'intention qui préside à la décision et à la fabrication, savoir agencer est la marque même du travail humain dans son long apprentissage, c'est ce qui permet cette jouissance de nous même comme être humain dans le beau. Le génie est ainsi celui qui a appris (toujours au § 4), et Bolzano est bien loin de lui accorder comme le suggérait Kant la jouissance de règles ancrées dans les arcanes mystérieuses de la nature. Un génie autodidacte ne parvient toujours qu'à l'incomplétude du style insiste Bolzano, sa disposition naturelle aurait gagné à apprendre les règles.

Cette ontologie de l'œuvre selon l'intention, le procédé et la règle de fabrication permet de comprendre le principe de division des arts que suit Bolzano. Comme le souligne H. Bergmann, l'artiste fournit au fond le principe de division des arts[1] : si l'art est d'abord un faire, une activité poétique, s'il faut connaître, disions-nous, l'intentionnalité et le procédé qu'il convoque pour répondre à cette idée, les propriétés des œuvres en découlent et ainsi les critères de division : le but, les moyens, les dispositions corporelles sollicitées. Ce principe reste toujours celui qui guide toute décomposition conceptuelle : il faut dégager le simple du composé. Comment définir un art simple ? Bolzano avance aux § 6 et 7 plusieurs arguments : l'art simple est un procédé d'exécution simple, à savoir accompli par un seul, et des directives simples, qui créent une cohérence propre. Comme le montrent les § 8 et 9, la spécificité des moyens engendre une spécificité des fins : tous les arts ne répondent pas à une même fin, ce pour quoi ils ne sont pas identiques, et les moyens utilisés (les flacons de couleurs ou l'instrument de musique) déterminent ces fins. Le simple est donc ici spécifique, et non pas général, et le procédé (*Verfahren*) éminemment discriminant.

Il convient de noter ici l'écart radical avec le propos hégélien que Bolzano connaît donc bien : les arts ne sont pas ordonnés comme des formes transitoires qui toutes ouvrent vers celles qui leur succèdent, selon une progression de l'architecture à la poésie en passant par la sculpture, la peinture, la musique, et encore moins ordonnés en vue de la réalisation dialectique du concept qui ensuite les dépassera en annonçant la fin de l'art. Il n'y a pas ici de progression vers l'abstraction, ni d'émancipation de

1. H. Bergmann, *Das philosophische Werk Bernard Bolzanos*, *op. cit.*, p. 118.

la matière vers l'esprit, il y a une distribution en quelque sorte horizontale, qui laisse à chaque art toute son autonomie propre face à la philosophie. S'il y a bien des règles de l'art, Bolzano n'érige pas la philosophie en juge de cet art, ne soumet rien de l'artistique au philosophique, lui même expression d'un esprit absolu. Robert Zimmermann se souviendra de cette leçon face aux hégéliens qu'il accusera de nier l'art à force d'en soumettre la nature au concept philosophique. Si ce qui compte, c'est « l'absolu en tant qu'activité éternelle », la spécificité de ce qui est produit n'importe plus[1]. Le « boa constrictor »[2] de la dialectique chez Hegel suppose que l'œuvre en tant qu'œuvre s'efface, qu'elle ne vaille que par ce qu'elle permet de la réalisation de l'esprit.

Un système des arts ?

Les arts de la simple pensée

Classer les arts n'implique pas, et c'est là une originalité de Bolzano, que notre réflexion se limite aux arts existants : « Toute œuvre d'art doit être quelque chose de réel mais elle n'a pas besoin d'être un objet existant dans la *réalité extérieure*, c'est-à-dire un objet qui peut être perçu par les *sens externes* » (*De la division des beaux arts*, § 11), car certains arts sont des productions propres à notre intériorité, par exemple la poétique. Ce point présuppose la *Théorie de la science* à laquelle Bolzano nous renvoie. Il ne s'agit pas de dire qu'une simple volonté, un désir ou un sentiment sont des œuvres d'art, le concept d'œuvre ne peut valoir que de propositions ou de représentations pensées. Il s'agit plutôt de dégager des productions intentionnelles qui n'ont pas besoin de leur incarnation dans le réel pour être des œuvres : il y a donc en ce sens, autant d'arts du sens interne qu'il y a d'arts des sens externes, Bolzano exhibe, sur le modèle de la musique, des œuvres d'arts qui existent d'abord en pensée avant d'être effectuées, et qui peuvent aussi subsister comme simples pensées. Il estime ainsi qu'il existe des arts de la simple représentation (*Künste der blossen Vorstellung*). Le but de Bolzano n'est pas d'inventer une sphère de l'art en soi, ni de l'idéalité des œuvres, contre l'œuvre incarnée, mais plutôt de dégager la manière dont un processus fixe les choses, partant d'une intention représentée pour conduire à la réalité extérieure de l'œuvre[3]. S'appuyant sur l'*Encyclopädie der Aesthetik* de Hebenstreit, Bolzano s'intéresse tout particulièrement à l'article concernant la partition

1. R. Zimmermann, *Geschichte der Aesthetik*, *op. cit.*, p. 666.
2. *Ibid.*, p. 734.
3. K. Blaukopf, *Die Ästhetik Bernard Bolzanos. op. cit.*, p. 57.

musicale : l'œuvre musicale existe en son caractère artistique propre avant son exécution instrumentale ou vocale. Le concept de proposition est ici décisif : la poésie est art de la pensée comme la musique, car se dégagent finalement un langage, qui ne dépend pas pour exister de sa prononciation, de son exécution. Le résultat en est finalement une conception très ouverte de ces arts de la simple pensée : philosophie, mathématiques, récits, mais aussi arts de démontrer des vérités empiriques et de provoquer des sentiments chez autrui (le § 15 les énumère). Ce curieux statut d'œuvre d'art répond à l'obsession bolzanienne d'éclairer le confus : dès nos représentations et nos propositions, il y a clarification de l'obscur, mise en ordre du divers. Ces arts de la pensée ont une vraie utilité pédagogique : ils donnent de l'attrait au vrai, ils convainquent, ils aident à agir moralement (§ 16). Bolzano reconnaît toutefois l'incomplétude de ce genre d'œuvres : l'œuvre doit s'incarner car c'est là le seul moyen de communiquer avec autrui, de l'émouvoir, la dimension du plaisir esthétique imposant la médiation concrète de l'objet.

Bolzano n'est-il pas « le premier et jusqu'ici le seul théoricien qui ait considéré la possibilité d'un art dont les œuvres n'existent que dans l'esprit humain »[1] ? Bolzano serait à ce point notre contemporain qu'il aurait anticipé notre avant-garde, permettant par exemple de distinguer entre œuvre musicale et œuvre acoustique factuelle que promeut la musique du XXe siècle. Il serait donc capable d'envisager une sorte de statut non sensible de l'œuvre, un pouvoir artistique des seules représentations. La question reste ouverte toutefois quant à cette extrême modernité : l'extension maximale que donne Bolzano à ces arts de la pure pensée semble faire signe tout autant vers un modèle finalement classique de la poésie et de la rhétorique, bref un modèle des arts porté par la nature du langage poétique (cf. *De la division des beaux arts* § 13), modèle qui irrigue toute sa conception de l'art.

Les arts des sens externes

La catégorie des arts de la pensée s'articule autour de la spécificité des sens externes, conjuguée à la spécificité du *medium* utilisé, nous ne quittons pas le souci du procédé déjà évoqué. Cette classification est pour Blaukopf une manière décisive de transformer l'esthétique spéculative en recherche empirique : Bolzano ne cherche pas tant une classification *a priori*, qu'une organisation des arts en fonction de ce qu'ils font. Les arts sont des présentations dans le monde extérieur (*Darstellungen in der*

1. O. Neumaier, « Die Kunst des bloßen Gedankens », *op. cit.*, p. 417.

Aussenwelt), conformément à leur statut de vérités empiriques[1]. Nous savons que seuls la vue et l'ouïe provoquent un plaisir esthétique, nos autres sens sont trop uniformes pour qu'un plaisir en surgisse (*Du concept du beau*, § 16; *De la division des beaux arts*, § 19). Puisque le beau résulte de l'activité de notre sens interne autant que de ce que l'objet offre, Bolzano classera les arts selon l'œil et l'oreille. Chaque art composé se spécifie comme chaque art simple, il faut distinguer les processus à l'œuvre, les fins visées, etc. Il faut donc se demander si les œuvres d'art sonores (ou arts toniques) durent ou non (§ 18), sont libres ou contraintes (§ 21), développent une ou plusieurs voix, vocales ou instrumentales, etc. Les arts de l'œil ou arts optiques se divisent en arts des formes ou des couleurs, etc. Des combinaisons entre les arts sont envisagées, par exemple une œuvre chromatique comme le clavier des couleurs de Castel, une musique oculaire (§ 29) qui jouerait de l'influence magique de la musique sur nous, sans oublier le diorama.

Le principe de la classification s'appuie sur les arts existants, mais la laisse par principe ouverte: un peu sur le principe de la combinatoire leibnizienne, il ne faut pas s'interdire d'envisager des arts encore inexistants, le champ des possibles n'est pas le champ du réel effectif. Bolzano ne propose pas tant un système des arts[2], clos, hiérarchisé en arts mineurs ou majeurs, qu'une sorte de combinatoire parfaitement horizontale, qui s'étonne et s'enthousiasme (mais toujours rationnellement!) de l'infinie diversité du faire humain. L'historicité des arts n'est pas la matrice de leur division, toutefois Bolzano est capable d'ouvrir le concept d'art à l'histoire : la règle chez Bolzano n'est pas ancrée dans une naturalité inamovible, par exemple celle du système tonal[3]. Parce que Bolzano assume une réelle importance du sujet qui fait, parce qu'il envisage un processus d'apprentissage, il ouvre aussi vers une évolution des règles du faire, reprises et ré-agencées au fil du temps : c'est là la part de ce qui relève du beau tel que nous l'effectuons pour nous.

Bolzano défend une prééminence de l'oreille sur l'œil, car l'oreille a un rapport plus intime à la pensée, ce que prouve la sonorité première du langage (*De la division des beaux arts*, § 19). Cela nous entraîne vers Hanslick, sans perdre tout à fait Herbart[4], et permet d'inscrire Bolzano, à

1. K. Blaukopf, *Die Ästhetik Bernard Bolzanos. op. cit.*, p. 53.

2. Ch. Landerer, *Eduard Hanslick und Bernard Bolzano, op. cit.*, p. 79.

3. *Ibid.*, p. 100-103.

4. Ne serait-ce que parce que Hanslick cite explicitement Herbart au début de son analyse comme un prédécesseur dans le refus d'une définition du beau par le sentiment (E. Hanslick, *Du Beau musical*, trad. fr. A. Lissner, Paris, Hermann, 2012, p. 74).

nouveau dans l'histoire de l'esthétique du XIXe siècle, et de manière plus indirecte, dans l'histoire du formalisme esthétique en tant que tel[1]. Hanslick reprend en effet un certain nombre des traits de l'esthétique bolzanienne : l'objectivité du beau, l'idée de règles propres à chaque art, et radicalise finalement ce que Bolzano reconnaît déjà, à savoir la nécessité d'accorder à chaque *medium* artistique son autonomie propre, dans un propos qui là aussi sonne de manière anti-hégélienne[2]. Hanslick place Bolzano en filigrane de ses analyses, quand il définit le beau musical comme entrainant l'usage de toutes nos facultés et ceci dans une rapidité telle que notre conscience n'en déplie pas les médiations[3], mais aussi lorsqu'il en affirme l'objectivité selon une modalité de l'en soi qui s'appuie sur l'antipsychologisme bolzanien : « Le beau est et reste beau, même quand il n'éveille aucun sentiment, même quand personne ne le voit ni ne le contemple; et il n'existe certes que pour la satisfaction d'un sujet qui le regarde mais non par suite de ce plaisir »[4]. Dans un intéressant § 17 du *Concept du beau*, Bolzano se confronte à la question de la musique en défendant la musique instrumentale pure, ce sur quoi s'appuie le *Beau Musical*. On se souvient comment Bolzano a interprété (*Du concept du beau* § 37) la beauté libre de l'arabesque que l'on trouve dans la *Critique de la faculté de juger* : la beauté libre, crée du plaisir non pas tant parce qu'elle serait un libre jeu de nos facultés que parce qu'elle suscite la découverte d'une règle. L'arabesque ne peut ainsi être en soi une fin (*De la division des beaux arts*, § 35) et elle n'est pas ici référée au jugement réfléchissant d'un sujet transcendantal kantien. Hanslick partage l'exigence pour l'auditeur de pouvoir suivre mais aussi anticiper la phrase musicale[5]. C'est enfin peut-être plus encore dans la définition d'une sorte de sémantique musicale

1. K. Blaukopf, *Die Ästhetik Bernard Bolzanos. op. cit.*, p. 67 : Blaukopf insiste sur l'importance de ce modèle musical chez Herbart et Bolzano et sur l'importance de Doppler pour expliquer les connaissances acoustiques de Bolzano (*ibid.*, p. 68-69) ; Blaukopf nous rappelle aussi que le texte de Hanslick paraît seulement onze ans après celui de Bolzano sur le beau (p. 43-44).

2. Ch. Landerer, *Eduard Hanslick und Bernard Bolzano*, *op. cit.*, p. 125 : Hanslick dénonce la dépendance servile des esthétiques spéciales à l'égard de la métaphysique et la manière dont Hegel a considéré la musique pure comme intériorité vide.

3. E. Hanslick, *Du Beau musical*, *op. cit.*, p. 68 : « L'imagination n'est néanmoins pas seulement contemplation du beau mais encore contemplation accompagnée de raison, donc de représentations et de jugements, et cela bien sûr avec une telle rapidité que chaque processus ne peut espérer parvenir à notre conscience ; on finit alors par commettre l'erreur de croire que ce qui en vérité dépend de la médiation de multiples opérations psychiques se produirait instantanément ».

4. E. Hanslick, *Du Beau musical*, *op. cit.*, p. 66-67.

5. Ch. Landerer, *Eduard Hanslick und Bernard Bolzano*, *op. cit.*, p. 108.

que l'influence de Bolzano semble nette : en refusant de faire de l'expression du sentiment le critère d'évaluation du beau musical, Hanslick propose aussi une réflexion sur le sens des mots en musique. *Le Beau musical* défend l'idée que parler de la musique est en parler par métaphore car le langage des mots et celui des sons ne fusionnent jamais. Si tel morceau de musique nous semble héroïque, triste ou charmant, ce n'est pas que la musique est triste ou charmante, cela ne dit que notre état face à elle. Expliquer la musique par le sentiment, c'est expliquer le vin par l'ivresse qu'il procure, c'est surtout confondre ce que présente (*darstellen*) la musique et les représentations que nous nous en faisons (*vorstellen*) en pensant qu'elle exprime (*ausdrücken*) ce que nous ressentons[1].

Pour conclure ce travail introductif, insistons sur l'originalité de la démarche bolzanienne dans l'histoire de l'esthétique. Il nous semble bien déceler là une troisième voie qui s'invente entre Kant et Hegel, sans pour autant maintenir tout à fait celle de Baumgarten. Il est certain qu'il reste difficile de saisir l'influence directe de Bolzano sur une constellation autrichienne de penseurs alors même qu'il la nourrit incontestablement : les circonstances de publication de son corpus, souvent paru anonymement, les difficultés de tous ordres qu'il a rencontrées (notamment politiques et religieuses) ont un rôle évident dans la difficulté à saisir la cartographie d'une influence directe[2]. Il est vrai aussi que ses positions seront reprises, et conséquemment aussi déformées, sous les couleurs de l'herbartisme, philosophie officielle de l'empire, alors que Bolzano connaît des années d'exil intérieur et une situation constamment précaire. Néanmoins, il y a peut-être là dans ce champ de l'esthétique plus de traces directes à suivre qu'ailleurs, en prenant le temps de démêler l'écheveau des intrications bolzaniennes et herbartiennes, chez R. Zimmermann notamment. Il s'avérera aussi probablement alors que l'histoire du formalisme esthétique, dans cette double composante, est partie prenante d'une histoire plus large, celle de la science de l'art en tant que telle.

1. E. Hanslick, *Du Beau musical*, *op. cit.*, p. 61, p. 71, p. 82-83.
2. Morscher E., *Bernard Bolzano's Life and work*, *op. cit.*, p. 153 *sq*.

BERNARD BOLZANO

ÉCRITS ESTHÉTIQUES

DU CONCEPT DU BEAU [1]
UN MÉMOIRE PHILOSOPHIQUE

| AVANT-PROPOS V

Avoir noirci autant de pages à décomposer un seul concept mériterait aux yeux de beaucoup de présenter mes excuses. Je ne puis avancer que ceci : ce concept m'est apparu être d'une extrême importance et décomposer un concept est une entreprise qui exige finalement d'assez vastes recherches. Pourquoi ne pas *dire* tout simplement que l'on pense avoir établi ce concept depuis ses parties, et qu'ainsi on pense convaincre aisément les lecteurs, au moins dans une certaine mesure, et leur prouver que les autres explications jusqu'ici tentées se sont avérées plus ou moins erronées ? J'ai accompli tout cela pour le premier et le plus important concept de l'*esthétique*, je ne considère pas comme nécessaire de procéder avec autant de minutie dans les essais suivants.

| § 1 7

Mon intention est de livrer dans cet essai une *définition* (*Erklärung oder Definition*) d'un concept très courant, connu de nous tous, à savoir celui que nous associons au mot *beau*, dès que nous le prenons en sa

1. Nous traduisons le texte original : B. Bolzano, *Über den Begriff des Schönen. Eine philosophische Abhandlung*, tiré à part, Prague, 1843, *Abhandlungen der königlichen böhmischen Gesellschaft der Wissenschaften*, 5. Folge, 3 Bd. (1843-1844), Prague, 1845 ; Bernard Bolzano *Gesamtausgabe*, I – 18, *Mathematisch-Physikalische und Philosophische Schriften 1842-1843*, G. Gabriel, M. Gatzenmeier, F. Kambartel (éd.), 1989, p. 87-238 (nous signalons la pagination de l'original, indiquée en marge dans la *Gesamtausgabe*). Les notes précédées d'un astérisque sont de Bolzano, celles précédées de chiffres sont des traducteurs. Traduction de C. Maigné, relue et corrigée par J. Sebestik et N. Rialland.

signification propre, tout particulièrement dans les *manuels d'esthétique*. Mais par cette définition, je ne conçois rien de nouveau sinon une recherche pour savoir si le concept dont il s'agit est simple ou composé, et dans ce dernier cas, qu'une décision pour savoir de quelle combinaison d'autres concepts il provient et de quelle manière ils le composent. Ces pages ne cherchent pas du tout à élaborer ni à introduire un concept nouveau, encore inconnu des lecteurs, mais simplement à indiquer les composantes à partir desquelles ils ont eux-mêmes formé un concept, car si ce concept est présent depuis longtemps dans leur conscience, c'est sans qu'ils soient distinctement conscients de son usage, ou sans qu'ils s'en souviennent. Cela nous concerne aussi d'ailleurs, nous ne savons pas toujours indiquer les parties d'un concept que nous avons pourtant nous mêmes formé. Les exemples les plus courants en témoignent. D'où viendrait sinon cet embarras qui est le nôtre à chaque fois qu'on nous enjoint d'expliquer un concept parfaitement quotidien ? Et d'où viendrait que nous ne puissions que très rarement nous accorder sur des définitions semblables ? À qui ai-je besoin de dire que le concept de *beau* est aussi de ceux-là, alors qu'on en a tenté jusqu'à aujourd'hui les définitions les plus diverses et qu'il est considéré comme un des concepts les plus difficiles ? J'estime d'ailleurs de mon devoir d'évoquer au cours de cet essai les définitions majeures jusqu'ici données et d'indiquer les raisons qui font que je n'en ai retenues aucune.

Avant de commencer ma recherche, il m'apparaît nécessaire d'indiquer quelques points que je considère comme autant de convictions à fixer d'avance chez mes lecteurs : car si d'emblée ils ne pouvaient s'accorder avec moi, on attendrait en vain que je m'entende (*Verständigung*) avec eux sur le sens de ce qui suit.

1. En réfléchissant ou en formant une pensée, nous *changeons* et *modifions* avec rapidité et fréquence nos représentations ; nous *passons*
8 souvent d'un jugement que nous venons de former à son | exact *contraire* ; c'est là un événement que nous pouvons appeler *un revirement de nos pensées*, néanmoins sans conséquence, voire même inévitable, quand nos connaissance doivent se rectifier ou s'accroître. Il reste que tout ce que je nomme *propositions et vérités en soi*, ou *propositions et vérités objectives*, comme ce que je nomme *concepts et représentations en soi*, ou *concepts et représentations objectifs*, ne relève nullement d'un *renversement* ou d'un *revirement* de ce genre. Ces propositions ou représentations *en soi* au sens *objectif* sont faciles à distinguer des propositions et représentations *subjectives* ou *pensées* (des jugements, etc.), qui en sont les *phénomènes* dans l'esprit d'un être pensant ; tout le monde connaît cette différence.

Chacun me comprend en effet quand par exemple je dis : « Il n'y a qu'un seul *concept en soi* que le mot *Dieu* désigne en philosophie. Par contre, les *individus* nouent ce mot Dieu à des *concepts* et des *représentations* en nombre infini, pas toujours semblables les uns aux autres, plus ou moins différents, pensés plus ou moins distinctement, parfois même faux » ; je parle d'abord du concept de Dieu en son sens objectif, puis en son sens subjectif. Pour autant, à ce jour, on s'est gardé d'éclairer correctement cette différence qui s'impose à nous et tout particulièrement de soumettre à un examen détaillé les propriétés qui appartiennent aux propositions et aux représentations objectives. Si bien que cette tentative que j'opère dans les deux premiers volumes de ma *Théorie de la science*, n'a trouvé jusqu'à maintenant aucun successeur *. Cette différence une fois saisie et acceptée, on m'accordera, je l'espère, ce qui suit : des propositions et des représentations *pensées*, qui surgissent à un moment déterminé chez un individu pensant déterminé, peuvent être soumises à une modification, changer et se transformer en leur contraire, mais il ne peut aucunement en aller de même pour les *propositions en soi* et leurs composantes, les *concepts et représentations en soi*. Car ceux-ci ne sont rien d'*existant* ni d'*étant*, ne sont rien de *réel* (*nichts Existirendes oder Seiendes*, *Wirkliches*) et ne peuvent en conséquence subir nul *changement*. Aussi souvent que nous parlons de *concepts* et de *représentations au sens objectif*, nous ne devons jamais parler du *passage d'un concept à un autre*, d'un *revirement* de ce concept en son contraire, d'une *progression dialectique* des concepts et des représentations qui se trouvent devant nous. Nous devons présentement définir le concept du *beau*, et non ce concept subjectif et à vrai dire changeant, que nous avons nous-mêmes associé à ce mot au cours des différentes périodes de notre vie (enfance, adolescence, etc.), mais le concept unique et
immuable qui est | et *doit* être lié à ce mot dans les manuels d'esthétique : 9
c'est pourquoi nous avons ici affaire à la détermination du *concept en son sens objectif*, qui doit certes exister comme phénomène dans notre esprit, à savoir comme concept subjectif, pour que nous puissions le juger. Le concept dont il est ici question, celui que nous devons *définir*, c'est-à-dire décomposer en ses parties (s'il s'avère qu'il est vraiment composé), est un *concept en soi*. Nous n'avons ainsi rien à dire de son mouvement, de son passage progressif en un autre, de son soudain revirement en son contraire et de toute autre chose de ce genre.

* Il découle pourtant clairement de cette recherche, à ce que je pense, que le πρῶτον ψεῦδος de la philosophie récente est provoqué par un manque de saisie claire du concept correct de ce qu'est un concept en soi et par sa confusion tantôt avec la pensée, tantôt avec la chose qui est son objet.

2. Si nous voulons prévenir au mieux des confusions dans notre propre réflexion et ne pas être nous même responsable, en communiquant notre pensée à autrui, de sa mécompréhension et d'une confusion que nous lui aurions nous même enseignée : nous devons-nous prescrire une règle, celle de ne pas appliquer à un seul et même mot tantôt telle signification, tantôt une autre, c'est-à-dire ne pas désigner tantôt tel concept, tantôt tel autre par ce même mot. Nous ne livrerons ainsi qu'une seule *définition* de chaque mot, plus exactement, du *concept* qu'il désigne. Je déplore que tant de philosophes, particulièrement à notre époque, dressent plusieurs définitions d'un seul et même *concept* ou *mot*, en indiquant, comme par exemple I. H. Fichte avec le concept d'*absolu*, que la définition ultérieure est toujours *plus riche* que la précédente, ou que l'une est tirée d'un certain *point de vue*, une autre d'un autre point de vue. Il ne s'agit pas, comme ils le disent, d'un seul et même concept, mais de plusieurs. Les définitions données ne divergent pas à cause d'une expression arbitraire ou d'une abondance plus ou moins grande de détails, ni parce que dans l'une on indique les composantes les plus proches, dans l'autre les composantes les plus éloignées. Il y a là *plusieurs* concepts, que ces philosophes croient pouvoir désigner par un seul et même mot, provoquant ainsi nécessairement la confusion. Considérons le cas le plus favorable qui puisse se produire : les définitions, qu'on nous montre successivement, présentent des concepts, que j'appelle *concepts réciproques* ou *concepts équivalents*, à savoir se référant aux mêmes objets. Or ce sont toujours des concepts *différents*, et cela porte préjudice de les confondre les uns avec les autres en les prenant pour un seul, au lieu de maintenir toujours sous nos yeux leurs différences internes, souvent essentielles. Expliquons ce qui vient d'être dit au vu de la démarche d'une science, qui par son exactitude fut considérée pendant des siècles comme un modèle et même comme un modèle inaccessible à d'autres : en mathématiques, on n'a jamais autorisé des concepts réciproques, comme par exemple « un quadrangle, qui a des côtés opposés *de même longueur* » ou « un quadrangle qui a des côtés opposés *parallèles* » pour définir un seul et même concept de parallélogramme. Un seul de ces concepts pouvait être pris comme définition et on pouvait simplement dire de l'autre qu'il avait la même extension. Qu'on nous
10 permette la même exactitude quant au concept du | *beau!* Et quand nous croirons avoir trouvé une définition, indiquant, selon le témoignage de notre conscience, de quelles représentations ce concept provient : nous ne voulons pas, comme certains le font, ajouter une deuxième ou une troisième définition, c'est-à-dire affirmer que d'autres encore développent ce même concept par des caractères essentiellement différents.

3. Ce n'est pas barbarie (comme Hegel aimait à la qualifier), mais c'est bien plutôt une théorie parfaitement conforme à la vérité, étayée par notre conscience la plus intime et par les exemples les plus éclairants : les concepts (et même les représentations) se divisent en *simples* et *composés*, et ces derniers proviennent d'une certaine liaison des plus simples entre eux. Notre conscience n'atteste-t-elle pas avant tout que nous acquérons certains concepts par liaison avec d'autres ? Ainsi quand tu regardes un pot en terre cuite, sa couleur ou peut-être sa fragilité te rappelle du caoutchouc que tu as vu récemment, et les produits qu'on fabrique à partir de lui. Tu es cependant clairement conscient que cela te mène à la pensée d'un pot, qui au lieu d'être en terre, serait en caoutchouc ; c'est dire que tu assembles à partir des concepts de pot et de caoutchouc, le nouveau concept de *pot élastique*. Dans bien des cas, nous ne sommes pas aussi distinctement conscients des concepts que nous assemblons à partir de parties, tout particulièrement quand nous les avons formés dans la prime enfance, par modifications progressives et non d'un seul coup, ou quand nous tirons la signification d'un mot de l'observation répétée de son usage. Nous ne pouvons sérieusement douter que ces concepts soient simples ou composés d'autres concepts, auxquels s'ajoutent parfois des intuitions. Car d'où viendrait une représentation que nous ne reconnaissons pas comme simple, si ce n'est d'autres représentations ?

Nous ne devons pas imaginer, comme certains logiciens continuent de le croire, que chaque *caractère* attribué aux *objets* d'un concept soit aussi une *composante* de ce concept. Car il est tout aussi vrai que la plupart des composantes constituant un concept représentent des caractères relevant de son objet : or chaque concept qui nous représente la propriété de certains objets, ne doit sûrement pas entrer comme composante dans le concept de ces objets. Si c'était le cas, il faudrait en conclure que le contenu de chaque concept est infini, parce que l'ensemble des propriétés qui relèvent d'un objet ou même de chaque espèce d'objets est infini. Par exemple, le concept de « *corps humain* » est uniquement le corps que possèdent les hommes, à savoir les habitants de la terre doués de raison et de sensibilité. Que ce corps ait des membres de telle taille agencés de telle sorte, voilà des concepts de propriétés qui s'attribuent bien entendu aux objets de ce concept, or on ne les mentionnera pas dans le contenu de ce dernier. Si nous devons définir un concept, nous devons déterminer si ce concept| est 11
simple ou composé, et dans ce dernier cas, indiquer *toutes ses composantes*, nullement dénombrer *toutes les propriétés* que ses objets partagent ; nous devons par contre énumérer les propriétés qui apparaissent de fait dans le concept à définir. Il nous faudra procéder de la même manière avec

le concept du *beau*. Nous devons indiquer s'il est un concept simple ou un concept composé de plusieurs autres représentations, mais en aucun cas il ne nous appartient de donner une définition où soient nommément recensées *toutes* les propriétés du beau. Il suffit que celles qui ne sont pas indiquées dans la définition, s'en laissent déduire.

4. Concluons de ce qui vient d'être dit que ce n'est pas une tâche facile d'expliquer un *concept en soi*, donné comme l'est le concept du beau, ni de convaincre ensuite autrui de la justesse de sa définition. Si nous déclarons le concept comme *simple*, nous ne confortons notre affirmation qu'en prouvant que produire ce concept à partir d'autres concepts échoue ; et nous ne sommes en mesure de le faire qu'en montrant en quoi la définition tentée contient dans l'un de ses termes le concept à définir encore non décomposé, ou du moins en quoi elle n'expose pas le concept donné mais un autre, intrinsèquement différent. Si nous déclarons ce concept comme *composé* et si nous indiquons ses composantes et leur liaison, nous devons alors avant tout prouver que le concept qui résulte de la combinaison de ces parties n'est ni plus *étroit* ni plus *large* que celui qu'il s'agit de définir. Nous ne pouvons l'attester qu'en montrant comment ce concept s'étend à tous les objets que le concept donné inclut et à aucun autre. C'est pourquoi, chaque propriété (*Eigenschaft*) attribuée aux objets de ce concept donné, se déduit aussi du nôtre, et c'est aussi pourquoi inversement, chaque propriété (*Beschaffenheit*) qui se déduit de notre concept se trouve en vérité dans les objets du concept donné. Mais même si nous réussissons tout ceci : il n'est toujours pas acquis que le concept que nous avons formé comme indiqué soit vraiment *le même* que celui qui est donné, car il pourrait être aussi un simple *concept réciproque*. Afin de lever ce dernier doute, nous n'avons pas d'autre moyen de *nous convaincre nous-mêmes*, que de considérer ce que nous dit notre propre conscience en l'interrogeant de façon adéquate. Et pour *convaincre le lecteur*, nous n'avons qu'une requête : qu'il tente la même chose ! La juste manière d'interroger la conscience consiste à diriger notre attention avec autant d'effort que possible sur notre for intérieur, pour prendre conscience de ce qui se passe en nous quand nous pensons ce concept, et pour savoir si nous ne nous représentons pas quelque chose d'autre que ce que la définition avancée nous dit. Plus nous répétons cette plongée du regard en nous mêmes et plus notre conscience
12 atteste de manière déterminée qu'en pensant ce | concept nous ne pensons pas autre chose : et c'est avec d'autant plus de vraisemblance que nous pourrons admettre avoir trouvé la vraie définition. Mais personne n'aime plonger le regard en son for intérieur, et on n'y parvient qu'en s'y exerçant dès le plus jeune âge, sans jamais se permettre d'y dissimuler *exprès* ce qui

s'y passe. Nous pouvons déjà dire que celui qui n'est pas exercé à ce type d'attention à soi ou qui ne manifeste aucune bonne volonté, répliquera, et répliquera en un certain sens avec vérité, qu'il ne trouve pas du tout dans sa propre conscience ce que nous avançons dans notre définition. Il est regrettable que tout dépende du seul témoignage de notre conscience quant à la définition des concepts, comme si ce concept pouvait être celui-ci ou un autre. Une remarque peut nous consoler : dans la majorité des cas où nous élaborons des concepts *dans leur contexte scientifique*, on n'a pas besoin que notre définition présente réellement dans toutes ses parties le concept associé aux mots choisis pour le désigner; il importe que ce soit un concept utile, un concept qui, là où nous l'établissons, mérite d'être pris en considération, et soit mis aux fondements des doctrines que nous enseignons à son sujet – voilà une question qui nous conduit naturellement à des considérations d'une toute autre nature, mais nous pouvons souvent aisément en décider pour d'évidentes raisons qui ne souffrent aucune contradiction.

§ 2

Après ces éclaircissements préliminaires, j'entame la détermination du concept de beauté en établissant d'abord un certain nombre de *propositions négatives* à son sujet. J'écarterai donc tout d'abord certaines notions qu'à coup sûr nous *ne nous représentons pas* par ce concept. J'affirme donc que le concept du beau n'est identique ni à celui du *bien*, ni à celui de l'*agréable*, ni à celui du *charmant*; aucun de ces concepts n'a la même *extension* que celui du beau, c'est-à-dire ne lui est *réciproque*; encore moins peut-on dire qu'il possède les mêmes composantes (le même *contenu*).

1. En ce qui concerne le *bien*, je ne veux d'emblée ni affirmer ni contester que tout ce qui est *véritablement bon*, donc ce qui est *moral* possède également une sorte de beauté. Je veux aussi résolument déclarer qu'on doit toujours dénier la vraie beauté à tout ce qui est *moralement mauvais*, précisément parce qu'il l'est. Néanmoins, entre les deux domaines, celui du beau et celui du bien, subsiste une différence telle qu'on ne peut, à mon avis, la méconnaître. Il s'ensuit de là tout naturellement qu'on doit distinguer aussi les composantes de ces deux concepts. Il est indéniable que nous trouvons *beaux* une quantité d'objets sans les penser en rapport avec les lois de la morale. | Lorsque nous admirons par exemple 13
la beauté d'un paysage, d'un bâtiment, d'une fleur ou d'une musique pleine d'harmonie, qui pourrait partout y déceler l'observation de certaines lois

morales qui font que nous les définissons comme *beaux?* Peut-être la beauté la plus parfaite appartient-elle uniquement aux êtres qui non seulement sont capables de la perfection morale, mais la possèdent, ce qui est le cas de l'homme et d'autres esprits supérieurs. Si de tels êtres manquent de moralité, on n'est ni séduit ni satisfait de leur imparfaite beauté, il faut s'en féliciter. À l'inverse, ne craignons pas de faire entorse à la vertu en reconnaissant un degré inférieur de beauté chez des êtres qui n'appartiennent pas au domaine de la moralité. Le champ du beau inclut donc bien d'autres objets que ceux qui sont moralement bons.

2. La différence entre le concept du *beau* et celui de l'*agréable* est tout aussi patente. Sans nécessité et contrairement à l'usage dominant du langage, Kant restreint le concept d'*agréable* à "ce qui plaît par l'intermédiaire des sens" – ce que nous appelons à juste titre l'*agréable sensible*. Ce concept inclut tout objet qui nous agrée, quelle qu'en soit la raison et la manière, c'est-à-dire cause une *satisfaction*. Nous supposons sans doute que tout ce qui est *beau* peut nous agréer, quand il attire notre attention et que nous le concevons comme il convient. Nous ne voudrons jamais estimer beau ce qui ne nous offre pas de satisfaction. Le beau est donc sans conteste un objet qui, sans être agréable, *peut au moins le devenir*. En revanche, tout ce qui, dans certaines circonstances, est ou peut nous être agréable, ne mérite pas pour autant d'être appelé *beau*. Ce qui nous divertit en suscitant une modification de nos organes sensoriels et en sollicitant une activité de *l'âme* à peine supérieure à celle qu'on suppute chez les *animaux*, ce qui n'est donc agréable qu'à nos *sens*, ne peut être considéré comme beau par ceux qui en connaissent le concept adéquat. Ceux-là trouvent donc incorrect que quelqu'un veuille par exemple appeler beau le goût d'une pomme uniquement parce qu'il est agréable aux sens. Par conséquent, le concept de l'*agréable* ou plutôt le concept de *ce qui peut devenir agréable* se comporte à l'égard de celui du *beau* comme un concept supérieur à l'égard de son concept subordonné.

3. Enfin, contre ce que Kant a dit, je n'hésite pas à définir tous les objets ou du moins la plupart des objets beaux comme *charmants* c'est-à-dire à
14 affirmer qu'ils éveillent en nous aussi un |certain *désir*. Quoi de plus naturel que de désirer la répétition d'un plaisir laissé par un objet, dont la beauté nous a déjà plu à plusieurs reprises? Car si notre but est de créer facilement en nous une représentation suffisamment vive du bel objet, nous avons besoin de sa présence visible, et ce désir en entraînera un autre, celui de l'avoir près de nous. Si donc nous appelons *charmant* tout ce qui laisse en nous un certain désir, nous pourrons difficilement contester que les

objets beaux soient également charmants; l'expression *le charme de la beauté* est en effet très courante. Nous n'avons pas besoin de beaucoup nous étendre en revanche, pour montrer l'impossibilité de la réciproque, à savoir que tout objet charmant soit beau. Comme ils sont nombreux ces objets qui charment notre sensibilité sans que quiconque (ayant conçu le concept du beau) ne leur accorde la beauté !

§ 3

Si ce que nous venons de voir est vrai, à savoir que tout ce qui est beau peut devenir dans certaines circonstances *agréable*, source d'un plaisir propre, nous nous demandons à bon droit sous quelles conditions, de quelle manière et pour quelles raisons, ce plaisir que l'objet beau peut nous offrir, surgit et doit surgir pour mériter le nom d'objet *beau*. Je crois pouvoir répondre que ce plaisir du beau ne doit résulter de rien d'autre que de la simple *contemplation* de l'objet. Nous devons mettre complètement de côté ce qui suit : ce que l'objet pourrait susciter comme autres sensations, en le laissant agir sur nous au-delà de ce que requiert sa *représentation* et l'exigence de s'y consacrer; ce que ces sensations pourraient être en nous si nous acceptions une sorte *d'action réciproque* entre l'objet et nous, comme si sa *contemplation* exigeait cette réciprocité; ce que nous *changerions* dans cet objet selon notre bon vouloir en nous plaçant en *relation* avec lui, etc. Si nous voulons juger de la beauté *pure*, nous devons tout d'abord examiner cette seule question : l'objet est-il apte à nous plaire par sa seule contemplation, c'est-à-dire (j'insiste encore une fois) par la simple saisie de la *représentation* qu'il engendre en nous par son action et par la seule *prise en compte* de cette représentation ? Si ce n'est pas le cas, nous pouvons tout dire de lui sauf dire qu'il est beau.

§ 4

Ce *caractère* du beau que nous venons de trouver n'appartient-il pas à son *concept* et bien plus, ne suffit-il pas à le présenter ? Si tel est le cas, il faudrait définir comme beau | tout ce qui est *tel qu'il peut nous procurer* 15
du plaisir par sa seule contemplation. Est-ce vrai ? Je ne le crois pas du tout, car il existe d'innombrables choses dont la contemplation nous procure du plaisir bien qu'on ne leur attribue pas le moindre degré de beauté. Ce qui est agréable aux *sens*, ce qui promet un *avantage* important, et surtout ne le

promet qu'à nous : ne le contemplons-nous pas justement avec plus ou moins d'agrément ? N'est-ce pas aussi pour cette raison que nous le pensons beau ? Le Robinson de Campe[1] a certainement considéré avec la joie la plus vive la pierre pointue qu'il a trouvée sur son île, pourvue d'un trou sur son côté le plus large. Il a pu nommer cette trouvaille *précieuse*, *magnifique* et même *incomparable*. Mais il ne l'a sûrement pas déclarée *belle* au sens auquel nous prenons ce mot en esthétique. Nous voyons donc que le concept que nous propose ce seul caractère du beau est encore trop large, et nous devons donc songer à le restreindre en y ajoutant quelques autres caractères. Notre plus grand espoir consiste à les trouver soit en déterminant plus précisément la *propriété* de cette contemplation dans laquelle nous plonge un objet beau ; soit en trouvant ces caractères dans une indication plus exacte du *type de plaisir* ressenti en le contemplant, par exemple en indiquant la raison particulière à la source de ce plaisir. Peut-être aurons-nous besoin de tenir compte des deux.

§ 5

Concentrons nous d'abord sur la *propriété particulière* de cette contemplation propre à la jouissance de la beauté d'un objet ; interrogeons nous notamment sur son *contenu*. Vers quoi orientons nous nos pensées en ressentant la beauté d'un objet ? Le fait que nous puissions questionner ces circonstances, le fait qu'elles ne nous soient pas connues d'elles-mêmes, ceci nous renseigne immédiatement sur la *singularité* de cette contemplation. Cela nous prouve en effet que la *séquence de pensées* qui se présente à notre âme dans la contemplation du beau, est formée avec une telle aisance et doit s'évanouir si vite qu'elle n'atteint habituellement pas une conscience distincte. Si c'était le contraire, si nous avions une intuition de ces représentations, de ces jugements et de ces inférences que nous développons en nous en contemplant un bel objet ; si nous nous *disions que nous les possédons* ; si cette intuition ne se produisait même que sur une partie de nos pensées, sur cette partie qui précisément contient ce qui est *commun* et mis en avant dans la contemplation de *tous* les objets beaux en notre âme : ne serions-nous pas alors capables d'indiquer sans trop hésiter, à quoi nous pensons dès que nous trouvons un objet *beau ?* Voilà qui relève
16 donc du caractère du beau : un bel objet nous procure du | plaisir quand

1. J. H. Campe, *Robinson der Jüngere. Ein Lesebuch für Kinder*, 2 vol., Hambourg, 1779-1780.

nous le contemplons *avec une aisance et une rapidité telles que nous n'avons jamais besoin de prendre distinctement conscience des pensées qu'il génère*. En me servant de cette expression choisie à dessein, j'avance déjà mon opinion : je ne dis pas qu'un objet cesse de nous procurer le plaisir de la beauté dès que la séquence de représentations qui se produit dans notre âme s'élève à une conscience distincte. Ce n'est pas du tout le cas, quoique beaucoup l'aient exprimé ainsi et que certains aient vraiment compris les choses de cette façon. Ce que j'ose affirmer, c'est simplement ceci : la beauté exige que les séquences de pensées que l'objet beau provoque en nous, se développent avec une aisance telle que *nous serions en mesure* de les développer et de les mener à leur terme, *sans être conscients* de chacune de ces pensées ; c'est-à-dire (pour le dire encore une fois) sans juger que nous les avons, sans nous représenter une intuition propre s'y rapportant. Ce plaisir particulier que la contemplation d'un objet nous procure appartient nécessairement, je pense, à ce que nous appelons *la satisfaction du beau*.

Car si l'objet a une propriété telle que la séquence de pensées qu'il provoque en nous progresse avec lenteur et difficulté, si c'est à ce prix que les inférences et les jugements que nous en formons parviennent à une conscience distincte : nous n'aurions pas idée de parler d'une satisfaction passée, ni d'appeler notre satisfaction *un plaisir* (*Lust*) *du beau*. M'accorder cela, c'est accorder par là-même à la beauté discutée ici un caractère *universel* (*allgemeingültig*). Décider si nous devons néanmoins le considérer en tant que tel comme une composante de notre concept du beau, dépend d'abord de ceci : forme-t-il, lié aux composantes déjà acceptées auparavant, un concept qui n'a *rien de redondant*? Et, s'il s'avère que ce concept continue de se présenter à nous comme *trop large*, sera-t-il possible avec les caractères qu'il faut que nous cherchions encore, de former un concept où tout ajout serait vain et redondant? De toute évidence, le concept que nous obtenons en choisissant cette liaison est celui-ci : nous appelons *beau* un objet *qui peut nous satisfaire par sa seule contemplation*, et cette contemplation doit s'accomplir *avec une aisance telle que nous n'avons jamais besoin de prendre distinctement conscience des pensées singulières qu'elle génère*. On pourra certes difficilement affirmer que ce concept contient des parties superflues – (on ne parle pas ici des *mots*, car une certaine forme de redondance est inévitable si on ne veut pas heurter toutes les règles d'usage de la langue), mais il apparaîtra néanmoins bien vite qu'il est toujours trop large. Car assurément, tout objet qui nous satisfait par sa seule contemplation n'est pas beau, quand bien même cette contemplation se déroulerait avec la plus grande aisance et la

17 plus grande rapidité. | Notre Robinson n'avait pas besoin d'une réflexion longue et laborieuse pour saisir quel service hautement important cette pierre pouvait lui rendre ; c'est avec ravissement qu'il l'a sûrement contemplée, bien que, comme nous venons de le remarquer, cette même pierre n'eut pas pour autant besoin d'être belle.

§ 6

Nous devons donc continuer à chercher de nouveaux caractères du beau. Si, pour ce faire, nous jetons à nouveau un regard en arrière sur la manière dont nous avons abouti au caractère que nous venons de dégager, il apparaît que nous ne l'avons pas trouvé en cherchant à répondre à la question soulevée au début du § précédent, mais simplement en examinant d'où venait que nous *puissions* poser ainsi la question. Nous nous sommes demandé : *quel est le contenu* de la contemplation où nous nous plongeons lorsque nous jouissons du beau ? Et, parce que nous avons pu *poser* cette *question*, nous en avons conclu que la séquence de pensées qui défile rapidement devant notre âme ne doit pas nous conduire à une conscience distincte. C'est visiblement une propriété qui concerne la *forme* de nos contemplations et nullement leur *contenu*. Il n'en demeure pas moins que nous avons adopté cette propriété qui nous a permis de découvrir un caractère nouveau et important du beau. Or, comme nous l'avons vu, nous manquons encore de tels caractères, il faut consacrer notre zèle à répondre à la question déjà soulevée. Chaque réponse correcte que nous obtenons nous apprendra en effet un nouveau caractère du beau. Finalement, que visent nos pensées d'un bel objet quand nous contemplons sa seule beauté ? La première détermination que j'ose présenter en tant que réponse à cette question est la suivante, purement négative : lorsque nos *sens* jouissent de la beauté d'un objet, *ils ne visent pas un simple rapport qui existe exclusivement entre l'objet et notre individualité*. Dès que nous déclarons un objet *beau*, jamais nous ne lui attribuons cette propriété dans son *exclusive relation à nous*, mais nous nous autorisons à attendre que d'autres hommes, engagés dans de tous autres rapports avec cet objet, puissent et même doivent lui attribuer cette propriété comme nous le faisons. Tous ceux qui se préoccupent de l'esthétique présupposent, comme l'a déjà remarqué *Kant* – (et toute leur science repose sur cette supposition) – *que notre jugement sur la beauté prétende pour ainsi dire à la validité universelle*. Je dis bien, *prétende à*, et on devine aisément que la recherche du vrai concept du beau serait grandement facilitée si nous cherchions à

déterminer avec la plus grande précision possible de quelle espèce est cette *validité universelle* présupposée. Aucun spécialiste de l'esthétique n'a sans doute soutenu que chaque objet que | *nous autres hommes* trouvons 18
beau devrait être *perçu* sans aucune exception comme beau par tous les êtres sensibles. On a nié depuis toujours, dans un accord presque général, que les êtres inférieurs à l'homme, les *animaux*, soient réceptif au sentiment du beau. Or, on n'a jamais douté que même *entre les hommes* il y ait de nombreuses et de grandes différences quant à la finesse et à la justesse de leur goût. On a toujours supposé que la capacité de juger du beau et de trouver une vraie jouissance à sa contemplation devait être acquise progressivement et qu'il fallait pour cela que toutes nos facultés, tout particulièrement celle du *connaître*, soient naturellement *éduquées* et correctement *exercées*. Enfin, si on n'a jamais osé nier que les êtres considérés comme des *esprits* qui nous sont *supérieurs* puissent avoir une *connaissance* du beau, si on n'a jamais nié qu'ils puissent juger du beau et le distinguer de ce qui ne l'est pas, on a pourtant douté que la contemplation du beau leur apporte de la *joie*. Plusieurs personnes ne l'ont pas seulement mis en doute, elles l'ont même résolument contesté*.

C'est seulement par la suite qu'on pourra juger si certaines ou même toutes les déterminations que nous venons d'indiquer peuvent être appliquées pour former notre concept du beau de telle sorte que nous les acceptions comme ses *composantes*. On peut néanmoins déjà prévoir que ces remarques, scrutées de près, devraient nous offrir des éclaircissements très utiles sur l'essence de la beauté. *D'un côté* nous envisageons le beau comme ce qui est destiné à l'évaluation et au plaisir de l'homme, une fois ses facultés de connaissance développées à un certain degré et proprement exercées ; *d'un autre côté*, nous envisageons le beau comme ce qui pourrait être affaibli sinon détruit par des facultés supérieures – non pas qu'on ne puisse plus alors le *juger*, mais on n'en tirerait plus de *plaisir*. En envisageant ces deux aspects et en réfléchissant sur leur cause, nous devrions obtenir les éclaircissements les plus attendus, l'un sur la question de savoir quel est le *contenu* de notre contemplation du beau, l'autre sur la question de savoir quelle est la *source* d'où jaillit notre plaisir du beau. Qu'on nous permette d'essayer de répondre à ces deux questions.

* Qui ne se souvient de la parole d'un des plus perspicaces juges du beau qui était en même temps l'un des plus grands et des plus charmants maîtres pour le produire ? – « ta science tu la partages avec des esprits supérieurs ; mais l'art, ô homme, toi seul tu le possèdes ». Visiblement, ici on peut comprendre par art uniquement l'art lié à la perception. Seul l'agrément qui accompagne la considération du beau doit être la propriété exclusive de notre espèce (Friedrich Schiller, *Die Künstler* [Les artistes]).

19 | § 7

Interrogeons nous donc encore une fois : que visent nos pensées en contemplant le beau ? Mais interrogeons nous en usant de la lumière que jette sur cette question notre capacité d'évaluer comme de jouir du beau, dès que nos facultés sont tant soit peu développées et exercées dans ce but. Que faisons nous généralement quand, n'étant pas poussés par un besoin urgent, nous ne cherchons pas à considérer un objet comme un moyen pour satisfaire ce besoin ? Que faisons-nous dans ce type de contemplation où nous n'envisageons justement rien d'autre qu'une *simple contemplation* ? Nous pouvons dire sans doute aucun, que dans de tels cas, nous nous imposons seulement d'apprendre *ce qu'est cette chose qui existe*. Or demander ce qu'est cette chose qui se trouve là, ce n'est rien d'autre que chercher un *concept*, ou ce qui revient au même, une *représentation* ou une *règle*, d'après lesquelles se déduisent les agencements et les propriétés de la chose. N'est-ce pas aussi ce que nous nous imposons quand nous contemplons tout objet *beau ?* Ne devons-nous pas nous occuper ici aussi – que nous en ayons une conscience parfaitement distincte ou non – de développer une représentation, qui soit immédiatement nous indique l'ensemble de ses propres composantes, soit les détermine d'une manière telle que nous pouvons les en déduire ? Il devrait incontestablement se produire quelque chose de ce genre en contemplant le beau. Ne devrions nous pas cependant aller jusqu'à indiquer quelle est la propriété de la représentation à développer ? Est-elle une représentation *simple*, faite de telle sorte qu'elle représente *exclusivement* l'objet qui se trouve là ? Et donc suffit-il d'une simple *intuition* de cet objet ? Ou est-elle nécessairement une représentation *composée ?* Doit-elle dès lors être un concept *mixte* ou *pur ?* Cela apparaîtra dès que nous analyserons le contexte qui se présente à nous. Il en ressort aussitôt que développer une simple *intuition* présentant l'objet beau ne peut suffire; car les enfants et même les animaux peuvent se procurer de simples intuitions. Si la contemplation par laquelle nous appréhendons le beau et le distinguons du laid, n'est rien d'autre qu'une simple représentation, une simple intuition de celui-ci, il faudrait alors leur reconnaître à eux aussi un sens du beau. C'est exclu. Seul un homme dont les facultés de connaître ont été développées et exercées reconnait le beau. Pour ce faire, il faut que toutes les facultés orientées vers la connaissance – c'est-à-dire outre *l'intuition*, la faculté de *mémoire*, *d'imagination*, *d'entendement*, notre faculté de *juger* et même notre *raison** – agissent de concert dans cette contemplation du beau. Pour reconnaître un objet comme beau, nous devons bien sûr commencer – s'il s'agit d'un | objet perçu par sensation – par créer certaines *intuitions* qui s'y rapportent. Ces intuitions sont soumises à des *concepts* par *l'entendement*, c'est-à-dire conduisent à la représentation qu'il y a ici un objet qui a telles ou telles propriétés ; mais nous ne devons pas en rester là. Nous ne devons pas nous borner non plus à ces propriétés simplement *perçues* : nous devons au contraire par notre imagination tenter d'inventer d'autres propriétés de ce type, de telle sorte qu'elles offrent, par leur liaison avec les précédentes, un *concept* (peu importe qu'il soit mixte ou pur) ; les propriétés de l'objet proposées par une observation ultérieure s'en déduisent d'elles-mêmes, et en quelque sorte nous les anticipons. Nous n'y parvenons pas par hasard, mais en ayant su faire un choix pertinent, grâce à notre *faculté de juger* et à notre *raison*, au sein de la foule de propriétés et d'agencements que l'imagination nous présentait. Et tout ceci doit finalement nous venir si aisément à l'esprit et être si vite jugé, que nous n'avons pas besoin de le mener à une conscience distincte, ni de nous dire que nous le faisons. Le § 5 nous a appris de quel droit nous ajoutons cette dernière précision. En vérité, une fois tout ceci requis, on comprend comment l'homme peut *progressivement* avoir cette habileté à reconnaître le beau et à en éprouver de la joie, comment cela suppose un certain *développement* de toutes ses forces visant cette connaissance, et enfin aussi un *exercice* propre de cette activité. Car, lors de la contemplation d'un objet, seule une imagination riche qui produit et présente *en grand nombre et avec variété des agencements et des propriétés possibles* de cet objet, nous peindra par avance ceux qui s'y trouvent vraiment. Seule une *faculté de juger* et une *raison* déjà développées sauront quelles propriétés il faudrait privilégier ici. Seules des facultés déjà souvent sollicitées, déjà exercées, agiront avec une aisance et une rapidité telles que les représentations, les jugements et les inférences singulières que nous établirons à leur sujet ne parviendront pas à une conscience distincte.

* Mentionner de nombreuses facultés de l'âme se justifie (je l'espère) par ce que j'ai dit ailleurs dans la *Théorie de la science*. Ce préjugé qui veut que l'on fasse comme si on avait déjà *défini* un phénomène en ayant présupposé le concept d'une *force* particulière qui le produit, a porté préjudice à bien des sciences, et avant tout au perfectionnement de la *psychologie*. Il reste vrai néanmoins que ceux qui ne veulent plus parler de facultés au pluriel, notamment chez des êtres aussi simples que notre âme, vont trop loin.

§ 8

N'avons-nous pas à présent déterminé de plus près quel doit être le
21 *contenu* – non distinctement conscient – de notre contemplation | lorsque nous jouissons du beau ? Nous avons découvert un nouveau caractère universellement valide du beau. Examinons maintenant si celui-ci, joint aux précédents, ne suffirait pas à déterminer le beau, afin que, si un besoin légitime s'en faisait sentir, nous progressions dans la résolution de notre deuxième tâche (§ 6). Nous y arriverons si je montre comment, en rassemblant tous les caractères trouvés jusqu'ici, nous obtenons un concept toujours plus large que celui qu'il faut définir. Il s'agit une fois encore de nommer un seul objet qui ait tous les caractères choisis et qui cependant ne soit nullement un objet beau. J'espère seulement que les lecteurs m'accorderont qu'une reproduction fidèle d'un personnage historiquement remarquable, dont l'apparence ne présente rien de particulièrement beau, offre l'exemple de ce type d'objet. Car si l'original n'a rien de beau en soi, nous n'accorderons pas plus de beauté à sa copie (*Abbild*), si cette copie est fidèle ; et ceci devrait valoir pour tous les caractères que nous avons jusqu'ici décrits. Car personne ne niera que contempler un tel portrait produit en nous une satisfaction propre, notamment parce que l'exposition si fidèle des traits du visage d'une personne aussi remarquable, d'une part étend et étaie notre connaissance physionomique, d'autre part nous permet bien des conclusions sur son caractère propre. Il est tout aussi incontestable que pour éprouver cette satisfaction, nous n'avons pas besoin de parvenir à une conscience distincte de la plupart des pensées particulières qui traversent notre âme en contemplant cet objet. Nous ne sommes d'ailleurs pas toujours en mesure d'indiquer avec certitude, même quand nous nous efforçons de le faire, à quels traits nous reconnaissons tel ou tel caractère. Il est certain en outre, au moins dans le cas que j'évoquais précédemment, que notre plaisir à l'égard de l'objet ne surgit aucunement d'un rapport qui ne vaudrait que pour notre seule et unique individualité (*Individuum*). Car nous nous réjouissons de cette copie si réussie non pour un avantage que nous serions seuls à avoir, mais parce qu'elle satisfait un intérêt que des centaines d'autres peuvent et doivent avoir. Nous pouvons ainsi exiger ici de toute personne éduquée, comme cela le fut pour l'objet beau, qu'elle se réjouisse en commun avec nous de l'existence et même de la contemplation de cette copie. Les lecteurs m'accorderont certainement qu'en fait un portrait n'est pas un objet si simple, qu'au contraire il y a ici un nombre considérable de parties et d'agencements, dont les uns ne sont pas déterminés par les autres,

et que c'est bien pourquoi aussi la formation d'un concept, qui inclut toutes ces propriétés, n'est pas une chose si facile. [Ils m'accorderont] que quand nous exigeons que le spectateur élabore la *singularité* et la *signification* de chaque trait du visage, il faut pour cela nécessairement un certain développement de toutes nos facultés, surtout celles visant à connaître, mais aussi beaucoup d'expérience et d'exercice. Nous avons ainsi prouvé que nous ne connaissons toujours pas autant de caractères du beau qu'il le faudrait pour former un concept ayant au moins la même extension que celui du beau.
| Il nous faut donc chercher encore. Dans ce but, poursuivons ce que nous 22
avons déjà entrepris, il semble difficile de faire mieux.

§ 9

Puisque nous voulons chercher *la source du plaisir du beau*, il semble judicieux de partir d'une question plus générale : *quelle est pour nous et pour tous les êtres finis la source de la joie et du plaisir*? Nous ne parlons que des êtres *finis*, c'est-à-dire limités dans leurs facultés. Car il en va tout autrement d'un *être infini* et *parfait*, que nous pensons comme *doué de sensation* et en possession de *la plus haute béatitude* (*Seligkeit*) qui soit, et de nous autres, êtres finis, ses créatures. Nous pensons à juste titre la béatitude de *Dieu*, comme se perpétuant toujours par elle-même et en lui seul, fondée dans la conscience de sa perfection, de sorte que nous ne pouvons participer ni à l'augmentation, ni à la diminution des êtres qui se trouvent en dehors de lui. Nous n'avons d'ailleurs pas plus ce pouvoir sur nous mêmes, nos forces limitées peuvent tantôt croître, tantôt de nouveau diminuer. J'affirme ici que tout *accroissement* de nos forces est ressenti comme de la joie, toute *diminution* comme de la *douleur*. Du fait que le simple *devenir conscient* (*das Bewusstwerden*) d'une force ou d'une capacité d'agir disponible en nous est en soi déjà une certaine augmentation de nos facultés, notamment parce que seul ce devenir conscient nous met en situation de faire un usage vraiment profitable de notre force, on comprend bien en quoi tout ce qui nous *fait connaître* nos propres forces, nous réjouit et nous agrée; par exemple, quand nous avons l'intuition d'un *effet* que nos forces ont produit. Plus une force est noble et importante, plus nous ressentons de joie à son accroissement, même sans en être conscients; et d'autant plus quand nous le sommes. Employer nos forces, sans trop d'aisance ni de difficulté, et sans que cela ne perdure trop au point d'aller au terme de leur affaiblissement et de leur altération, nous procure du plaisir. Ainsi nous réjouit particulièrement toute réflexion qui ne soit pas trop

astreignante, quand toutes nos forces agissent en vue de la connaissance, et nous offrent enfin le succès de n'avoir pas commis d'erreur dans notre jugement. Notre plaisir est d'autant plus grand que nous n'avons pas besoin en réfléchissant de mener chaque pensée à une conscience distincte; que nous procédons avec une telle aisance et une telle rapidité, sans savoir indiquer comment nous le faisons et cependant découvrons que nous avons produit un résultat vrai. S'il y a encore un seul événement à attendre de ce type, tel que nous promettions joie et satisfaction quand il survient : il est clair que nous réjouit tout ce qui se présente comme un *moyen* pour
23 provoquer cet événement, et même tout ce qui | sera seulement un *signe* de son arrivée imminente. Nous sommes en mesure de nous réjouir de tout ce bien moral que nous ou autrui réussissons à accomplir, et même de nous réjouir de chaque objet qui trahit une certaine aptitude à promouvoir des fins morales, à la condition que les commandements du devoir soient devenus la norme de notre volonté; que nous soyons convaincus que tout affaiblissement de notre devoir ne nous procurera aucun bien-être, mais ne fera que le perturber; que nous nous élevâmes à la conscience de la vérité générale, c'est-à-dire à la conscience qu'il y a d'autant plus de félicité pour chacun dans ce monde que nous observons les lois de la morale comme sacrées.

§ 10

Mais assez de ces remarques générales. Appliquons les à la tâche qui nous occupe. Nous devons donc découvrir la *source* d'où surgit le plaisir du beau. Et notre fil directeur est de n'accorder la réceptivité de ce plaisir qu'à *l'homme éduqué*, considérant que les *animaux* en sont *incapables* et que les êtres *supérieurs* sont *au-delà*. Il apparaît évident que cette satisfaction au beau ne vient assurément pas de la *pensée* qu'un objet beau, soit a déjà procuré, soit promette ou même présente des avantages, à nous ou à d'autres, aussi importants qu'ils puissent être. Il est certes vrai que la pensée d'avantages importants qu'un objet nous a offerts ou qu'il nous promet, peut entraîner que nous le contemplions avec un certain plaisir; mais le plaisir du beau ne peut justement pas venir d'un tel plaisir, car on ne comprendrait pas du tout alors comment nous avons pu douter que des êtres supérieurs considèrent le beau avec plaisir. Car ces êtres supérieurs, du moins bien disposés, nous les pensons toujours tels qu'ils trouvent du plaisir à ce qui est bon et fécond, si ce n'est pour eux, au moins pour les autres. Comment pourraient-ils considérer d'un œil indifférent le beau s'il

nous apportait un avantage? Comment ne pas croire que leur plaisir est d'autant plus grand qu'ils y reconnaissent distinctement et clairement ce qui est vraiment salutaire? Notre sentiment intime réfute néanmoins lui aussi cette représentation de la nature du beau et de l'émergence de notre plaisir. Si c'était la pensée d'une utilité que l'objet beau provoquait en nous ou chez d'autres qui appelait notre plaisir : ne serions nous pas alors en situation, si la considération se répétait, par une réflexion et une recherche sérieuse et pénible de mener enfin à une claire conscience cette utilité qui flotte si obscurément? Or nous n'en sommes pas capables. Il y a au contraire des centaines d'objets que nous trouvons beaux et que nous contemplons avec la plus vive satisfaction, sans pouvoir décrire la moindre utilité pour nous ou pour d'autres, même après avoir réfléchi à la justification | de notre préférence. Chacun nommera beau l'arc en ciel coloré, 24
sans penser à son utilité. Nous tous déclarons l'herbe piquée de couleurs plus belle que les tiges de blé, même si nous savons que la première ne sert à rien et que les secondes nous sont si utiles. Nous découvrons le tigre avec horreur, quand nous pensons qu'il s'est échappé; enfermé dans sa cage, nous contemplons sa beauté avec plaisir. Encore une fois, ce n'est pas dans l'aptitude imaginée d'un objet en vue de certaines fins, qui pour nous sont importantes, que se trouve la raison de notre plaisir à son égard, quand nous le nommons beau; où peut donc bien se trouver cette raison? Si elle ne se trouve pas dans *ce que le beau nous donne à connaître* lorsque nous le contemplons, elle ne peut donc se trouver *que dans ce que nous faisons nous-mêmes en le contemplant*, dans cette *contemplation* qui permet à nos forces de tendre vers le savoir. Si ni les créatures douées de facultés moindres, ni celles douées de facultés supérieures à nous ne ressentent le même plaisir au beau : visiblement, cela doit être conditionné par le rapport entre l'objet beau et *nos* facultés de connaître. Il émeut parce qu'il sollicite toutes ces forces et les met dans une activité qui ne leur est ni trop aisée, ni trop pénible, et par cette adéquation nourrit leur *accroissement*. Nous éprouvons cet accroissement de nos forces, et nous l'éprouvons *avec joie*, même dans le cas où nous n'en sommes pas distinctement conscients. Et ce sentiment de joie, c'est le plaisir que nous trouvons à contempler le beau.

N'étant pas tourmentés par des besoins urgents, à l'instant où notre œil – spirituel ou corporel – rencontre un objet, les premières représentations qu'il éveille en nous attirent notre attention et nous invitent à le contempler de plus près. Nous sommes confrontés à une foule d'agencements et de propriétés que nous ne savons pas déduire immédiatement les uns des autres. Nous décidons alors – sans avoir à nous le dire explicitement, c'est-à-dire sans porter cette décision à une conscience distincte – de former un

concept qui présente cet objet exhaustivement. Notre imagination connaît aussitôt une très vive activité et nous dépeint un grand nombre de propriétés que nous avons déjà rencontrées sur des objets de ce type, mais sans les remarquer sur celui-ci. Quand notre faculté de juger et notre raison tentent un choix adéquat parmi elles, nous ajoutons les caractères choisis à ceux déjà trouvés. Nous produisons ainsi un concept que nous comparons et confrontons à cet objet, en poursuivant notre observation. S'il s'avère en fait que l'objet devant nous est tel que notre concept l'indique; si cette observation plus avancée nous montre donc des agencements et des propriétés que nous avions déjà pressentis ou qui se laissent déduire de ceux que nous avions présumés : nous tenons la preuve que nous avons jugé avec justesse. Et nos forces toutes orientées vers la connaissance *progressent*, car elles sont confortées comme justes dans leur manière de
25 procéder. Ce n'est donc pas miracle | si, dans cette contemplation achevée, nous éprouvons un plaisir de cette sorte. Néanmoins, s'il n'y a pas de spécificité plus précise du beau que d'être une activité qui *exerce et renforce* nos facultés de connaître : ne doit-il pas être identique au plaisir que nous éprouvons dans toute recherche profonde couronnée d'un résultat juste, par exemple en examinant en détail une *preuve mathématique ?*

Pourtant nous faisons très bien la différence. Tandis que presque tous les hommes présentent une réceptivité au plaisir du beau, il n'y en a que peu dont les facultés soient développées de telle sorte qu'ils trouvent leur contentement dans des raisonnements mathématiques et une *vraie spéculation**. D'où cela vient-il? Quand dans une recherche mathématique ou

* Je dis intentionnellement : « à une *vraie* spéculation », et j'entends par là une spéculation où nous nous efforçons d'élever chacune de nos pensées à la conscience la plus distincte possible de son contenu et de ses raisons. C'est une chose qui se produit la plupart du temps dans les recherches mathématiques, mais cela doit être le cas à un degré encore supérieur dans les recherches philosophiques, si nous voulons éviter les conclusions fausses ou illusoires nous menaçant de toutes parts. Car de toutes les erreurs qui ont régné de tout temps – au moins dans cette partie de la philosophie qui prétend forger ses thèses non de l'expérience mais de la seule raison -, la faute incombe à mon avis à deux choses : *le manque de concepts distincts* et (dans des cas singuliers) une *passion* obscurcissant la faculté de juger. Il m'apparaît certain que jamais on n'a réussi tout à fait à rendre distincts les concepts et les doctrines, de même qu'on n'a jamais été assez exigeant dans l'amour très pur de la vérité, pour ne pas tomber très souvent dans l'erreur. Bien que je pense que l'on ne soit pas parvenu à un concept distinct de ce qu'est et de ce qu'exige la vraie distinction des concepts, j'ose cependant affirmer que précisément à notre époque et dans cette philosophie qui se présente comme la seule légitime, on a négligé le devoir de distinction à un degré peut-être jamais atteint, voire refusé de le reconnaître. Je ne veux pas savoir ce qui a provoqué cela, même si c'est peut-être simplement le dégoût devant la manière plate et vaine dont Wolff et quelques autres ont prétendu répondre à ce devoir : le fait est, je pense, sans conteste. Niera-t-on que nos philosophes modernes

même spéculative, nous comprenons, nous faisons quelque chose de tout autre que quand nous nous plongeons dans la contemplation d'un bel objet. Dans le premier cas, nous cherchons à agencer nos idées les unes par rapport aux autres *aussi distinctement que possible*, et nous progressons d'un concept, d'une proposition, et d'une conclusion à une autre avec une claire conscience. Dans le second cas au contraire, notre souci n'est pas de distinguer consciemment ce que nous pensons. Nous nous précipitons aussi vite que possible d'une pensée à une autre ! Nous voulons parvenir à un concept qui nous présente un objet dans la totalité des parties et des agencements qu'on peut y esquisser, que ces derniers proviennent d'une contemplation antérieure ou d'une autre encore à venir. Là notre adresse
s'exerçait et s'améliorait dans une pensée *claire et | distincte*, ici au 26
contraire, c'est *au moyen* de représentations *obscures*. C'est pourquoi il est clair que notre satisfaction dans un cas est toute autre que dans l'autre. Cette habileté à penser juste, au moyen de simples représentations obscures quoique faciles, n'est pas sans valeur ni même sans utilité plus générale

prennent justement les mots et les expressions qui jouent dans leur système le rôle le plus important dans des significations si indéterminées, si obscures et si fluctuantes, que la confusion n'a jamais été aussi grande : l'absolu, l'identité de la différence, certitude et vérité, concept et objet, représentation et idée, jugement et conclusion, négation, dépassement, liaison, contradiction, possibilité, réalité et nécessité, fini et infini, essence, substance,
personnalité, liberté, éternité et autres encore ? | Niera-t-on que l'un accuse les autres de ne pas 26
l'avoir compris, sans permettre à quiconque de réussir à s'entendre au moins sur le sens de ses mots et à dénombrer les composantes du concept qu'il veut décrire grâce à elles ? Mais ce qui est plus décisif encore, c'est que l'histoire de la philosophie a érigé en exemple un homme auquel le don de la pensée distincte faisait défaut à un point tel qu'il était incapable de comprendre [*auffassen*] les preuves mathématiques les plus simples – ce qu'attestent des documents –, quoique, suivant son propre aveu, il s'y soit efforcé pendant près de vingt-cinq ans, et que cet homme, G. W. F. Hegel, soit parvenu à bénéficier dans le champ de la philosophie d'un aussi grand prestige ! Ma question est : ne croyez-vous pas à un miracle, un miracle plus grand et plus incroyable que tous ceux que Strauss a contestés en pensant obtenir ou même en attendant encore d'hommes tels que celui-ci, aussi peu clairs sur leur propre pensée, un système philosophique qui soit « la vérité et toute la vérité », et même plus, « la vérité devenue transparente à elle-même » ? – Non, les abstractions de la philosophie sont en fait infiniment plus difficiles que celles de la mathématique ! Nul ne devrait prétendre être un interlocuteur en philosophie, s'il est incapable de s'y retrouver quand soit des figures, soit des constructions symboliques, soit le renvoi d'une formule générale à un cas particulier offrent leur aide et peuvent faire découvrir l'erreur. Dans cette science, on ne parviendra pas à un accord, ou (selon l'expression de Kant) on ne fera pas de pas sûr, tant que l'on ne se décidera pas à s'entendre le plus exactement possible avec les lecteurs, non seulement sur la signification d'une expression, mais encore sur le fait de savoir si le concept décrit est simple ou de quels concepts il est composé, et cela sans redouter le débat. Cette recherche apparemment si indifférente mène aux résultats les plus surprenants et tranche des controverses qui sans elle n'auraient jamais trouvé de fin.

pour la vie pratique: rien de surprenant alors à ce que nous nous réjouissions avec une ferveur toute intérieure de cette habileté qui nous *élève* dès que nous l'exerçons et dès qu'elle se manifeste à notre intuition. Ceci est, décrit plus précisément, la satisfaction éprouvée en contemplant un bel objet, en saisissant sa beauté. C'est au fond la satisfaction prise à notre *propre contemplation*, plaisir que nous transférons nécessairement à son *objet*, comme si sans sa médiation nous ne pouvions exercer nos forces. Nous le *transférons* d'autant plus nécessairement que nous ne faisons que *sentir* le progrès effectué, sans le porter à une conscience distincte, sans pouvoir nous le *représenter* et donc sans pouvoir non plus le *juger*. Si cette explication concernant la manière dont émerge notre satisfaction au beau est vrai, voilà un merveilleux exemple de la manière dont l'homme est capable, même à partir de représentations obscures, de tirer des conclusions exactes. Bien que l'on ne sache pas distinctement montrer le mode d'émergence de ce plaisir, on juge cependant à juste titre qu'il est un
27 plaisir qu'on ne peut attribuer ni à des créatures d'un degré inférieur | au nôtre, ni à des esprits supérieurs. Les premiers – ainsi nous apparaît maintenant très distinctement la raison sur laquelle repose ce jugement – à savoir les animaux, n'ont pas la faculté d'élaborer les considérations dont il s'agit ici; quant aux derniers, de telles considérations ne peuvent leur offrir aucun exercice adapté à leurs forces, et ne peuvent donc les intensifier, ni leur accorder ce plaisir propre à l'homme qui les façonne.

§ 11

En réponse à la deuxième question lancée au § 6, nous aurions donc acquis un nouveau caractère, visiblement très composé. *Le beau doit en effet être un objet dont la contemplation peut procurer une satisfaction chez tous les hommes dont les facultés de connaître sont éduquées, et ceci pour la raison suivante: après la saisie de certaines de ses propriétés, former son concept n'est ni trop aisé, ni n'exige l'effort de la pensée distincte; concept dont un examen approfondi fait deviner les autres propriétés, mais en portant l'habileté de leurs facultés de connaître à une intuition pour le moins obscure*. Il ne semble pas superflu d'ajouter à ce qui a été avancé jusqu'ici quelques preuves encore, plus poussées, alors que tout est dit quant à la détermination juste de notre concept, et que nous ne nous trompons pas dans la constitution de son caractère: la satisfaction du beau apparaît en fait comme il est indiqué ici. Les lecteurs seront immédiatement convaincus de la justesse de cette explication, s'ils

parviennent par une observation attentive à saisir ce qui se passe en eux quand ils contemplent un bel objet, et s'ils élèvent cette observation à une *conscience distincte* qui les confrontera à des pensées comme celles ici indiquées. Par le truchement d'autrui, il est sans conteste plus facile d'être distinctement conscient de ce qui se produit dans notre âme : qu'il me soit permis d'indiquer, par quelques exemples particuliers du beau, ce qui à mon avis se passe dans l'âme de celui qui considère ces objets et ressent leur beauté. À la question de savoir si nous trouvons beau un dessin présentant avec une certaine exactitude une spirale logarithmique, qui coupe son rayon sous un angle de 45° : après quelques instants d'observation, nous accorderons certainement que cette ligne nous plaît. Qu'est-ce qui nous a saisi à cet instant en nous procurant cette satisfaction ? Nous posions la question, dis-je, en regardant le dessin, question qui nous vient à l'esprit pour tout objet que nous contemplons à loisir : *qu'est-ce que* cet objet ? Sous quel *concept* est-il subsumé ? Et nous tentions d'y répondre. Nous perçûmes au premier regard que nous avions devant nous une ligne, qui | s'approchait par une de ses branches de plus en plus d'un certain point 28
(à savoir le centre de la spirale), et s'éloignait ainsi de plus en plus de l'autre branche. Nous savions de manière obscure que pour avoir un concept qui nous représente pleinement cette ligne, nous avions avant tout besoin de connaître la loi qui explique le rapprochement de l'un des côtés et l'éloignement de l'autre ; de manière très compréhensible, nous nous demandions bientôt si cette loi n'était pas celle de l'*uniformité* : la distance du centre entre les mêmes angles ne croit-elle pas *d'un même intervalle*, et sinon, d'un morceau qui garde toujours le même rapport à la distance entière (si ce n'est pas le cas, d'un intervalle du centre qui garde exactement le même rapport à la distance entière ?). Plus nous progressions dans notre réflexion, plus notre dernière conjecture se vit confirmée par les faits. L'intervalle du centre a été doublé par chaque nouveau cercle circonscrit ; et ceci pouvait se produire par un coup d'œil sans mesure réelles, et même sans que nous soyons distinctement conscients de cette loi, sans que nous l'ayons formulée, ni même habillée de paroles. Cela nous a plu, et c'est pourquoi nous avons appelé belle cette ligne.

– Considérons un poème, par exemple la fable *Le Loup et l'Agneau*, qu'on nous soumet pour la première fois de notre vie. Nous n'en avons lu que quelques lignes, et déjà nous avançons des conjectures : qui représente le loup, qui représente l'agneau et comment tout cela va-t-il finir ? Ces conjectures seront pour la plupart confirmées au fil de notre lecture, notamment en apprenant les nouvelles accusations émises par le loup. Quand à la fin nous survolons du regard la portée de tout ceci, nous voyons combien chaque mot atteignait son but; c'était un but que le poète s'était fixé dans son travail, un but simplement deviné par nous, mais qui correspondait pour lui à la *leçon* explicite donnée à la fin. Le fait de deviner l'un, de pouvoir comprendre l'autre en arrière-plan, et de ne pas avoir besoin de mener à une conscience distincte les pensées sur lesquelles s'appuyaient ces conclusions, des pensées conçues avec facilité et rapidité, tout cela nous divertissait, comme une preuve de notre agilité; et c'est bien pourquoi nous trouvions le poème beau.

– Si finalement on nous pose une *énigme*; et qu'après un moment d'hésitation sur sa signification, nous saisissons son objet; un objet tel qu'il ne soit pas trop aisé à deviner, au point de le trouver tout de suite, ni trop difficile, au point de le trouver par seul hasard. Nous y parvenons en considérant le cercle des objets qui pouvaient être évoqués et en nouant de proche en proche les caractères indiqués. Nous réussissons en quelques instants, sans nous enfoncer dans une pénible réflexion et sans nous représenter très distinctement les inférences faites à leur sujet. Et une fois que nous avons trouvé le bon objet, le but que le poète a poursuivi en exprimant chaque caractère de l'énigme doit nous apparaître clairement. Nous éprouvons alors une satisfaction propre à cette énigme, parce qu'elle nous offre l'intuition de notre capacité innée à la résoudre, et augmente, par
29 cet exercice, notre | faculté de juger. Cette énigme, nous l'appellerons belle.

§ 12

Je crois que la justesse de ma définition, livrée au § 10, sur la manière dont apparaît notre satisfaction du beau pourrait être encore étayée par d'autres preuves, sans pour autant conclure de manière aussi directe, et sans m'appuyer sur des raisons facilement contestables, comme celles d'avoir osé, au paragraphe précédent, faire appel au sentiment intime de chacun. Comme l'indiquait ma *première* preuve, notre satisfaction au beau ne peut se trouver dans une raison *plus générale* que celle indiquée, car il existe des cas, et même innombrables, *où on ne peut envisager aucune autre raison pour expliquer l'émergence de ce plaisir*. Pour nous en convaincre, il nous suffit de revenir sur les exemples donnés au paragraphe précédent. On nous explique d'où vient ce plaisir indéniable que provoque en nous la contemplation d'une belle spirale ou de tant d'autres lignes, alors qu'on ne possède pas la raison que j'ai indiquée. Il est évident que nous ne pensons pas à l'utilité de ces lignes, ni à leur ressemblance avec quelque chose qui nous est cher, bref à rien de ce qu'une explication compréhensible proposerait. Serions-nous plus chanceux dans notre définition de la satisfaction concernant la fable du loup et de l'agneau? Sa beauté ne s'évanouit-elle pas dès qu'on accepte une composante sans être capables d'expliquer pourquoi le poète lui-même l'a acceptée? Dans le cas d'une belle énigme, il appert involontairement que la satisfaction ne peut avoir d'autre raison d'être que la conscience de notre habileté à penser et à deviner.

§ 13

La *deuxième* preuve que je dois avancer pour la justesse de ma définition est la suivante : *le degré de plaisir* qu'offre la contemplation d'un bel objet, *croît*, dans des circonstances identiques, *en fonction exacte de l'habileté que nous mettons au jour dans sa constitution*, ou en fonction de *l'exercice et de l'exigence qu'il offre à nos facultés de connaître*. C'est pourquoi par exemple un accord simple, composé seulement de deux sons, nous plaît, s'il sonne assez longtemps dans toute sa pureté, comme le ton fondamental et son octave. Car il faut quelque exercice pour en constituer un convenablement et pouvoir le juger en tant que tel (à savoir comme un ton fondamental et une octave). Mais si on accorde plusieurs sons, comme dans un triple accord, le plaisir que nous en éprouvons est incontestablement plus grand, et il croît encore, si nous savons désigner avec certitude les sons qui ici s'accordent. Pourquoi? Sans conteste, parce que ce dernier exige plus d'exercice et d'habileté que le premier. Il est encore plus évident que c'est la seule raison pour laquelle notre satisfaction passée devant un beau palais ou un temple en ruines est plus grande que | celle 30
éprouvée en regardant une simple partie de celui-ci, par exemple un porche d'entrée. Personne ne contestera qu'une énigme nous divertit d'autant plus vivement et que nous la considérons comme d'autant plus belle que nous la résolvons d'un trait d'esprit brillant. Notre point de vue sur le plaisir que nous trouvons au beau ne cesse pas d'être juste quand il nous informe sur ces différents degrés.

§ 14

Si nous n'avons aucun doute concernant la validité du dernier caractère du beau (§ 11) que nous avons découvert : il est temps de chercher si, par ce caractère, combiné à celui déjà découvert, nous sommes enfin en mesure de développer un concept, qui sans être le même, aurait la même extension

que celui du beau. Nous n'avons pas à craindre qu'un concept *trop étroit* apparaisse, même en rassemblant *tous* les caractères dont nous avons jusqu'ici pris connaissance (§ 3, 5, 6, 7, 10); car chacun d'entre eux valant *universellement*, aucun concept ne peut sortir de leur association qui ne convienne à chaque objet beau. Mais un concept ainsi formé pourrait avoir un autre défaut, celui d'une trop grande *redondance* : il pourrait posséder des composantes que nous pourrions abandonner sans accroître son extension, car elles ne représenteraient que des propriétés qui découlent déjà des autres parties. Ce serait de fait le cas, si nous voulions ajouter au dernier caractère trouvé, tel que nous l'exprimions au § 11, un seul des caractères précédents. Il les contient en effet déjà tous, soit immédiatement en tant que composantes déjà en lui, soit médiatement, par une inférence. Si nous définissons l'objet beau ainsi : *un objet dont la contemplation peut procurer une satisfaction chez tous les hommes dont les facultés de connaître sont éduquées, et ceci pour la raison suivante : après la saisie de certaines de ses propriétés, former son concept n'est pas trop aisé, sans pour autant exiger l'effort de la pensée distincte ; concept dont un examen approfondi fait deviner les propriétés qui sont encore à percevoir, mais en ne portant l'habileté de leurs facultés de connaître qu'à une intuition pour le moins obscure*. Il va déjà de soi, dans cette définition, que chaque objet beau est tel qu'il procure satisfaction par sa seule contemplation; c'est là une propriété qui au § 3 fut le *premier* caractère que nous ayons trouvé. Il va aussi de soi dans cette définition que la contemplation de l'objet beau qui nous procure du plaisir doit procéder *avec une aisance et une rapidité telles que nous n'avons jamais besoin de prendre distinctement conscience des pensées qu'il génère*. C'est là une singularité que nous avons exigée dans
31 notre *deuxième* | caractère au § 5. Le *troisième* caractère que nous exigions au § 6, c'était que, quand nous contemplons la beauté d'un objet, *notre esprit* (*unser Sinn*) *ne vise pas* (*richten*) *un simple rapport qui a lieu exclusivement entre l'objet et nous en tant qu'individu*. Certes notre définition ne le dit pas explicitement, mais cela découle par soi de ce qu'elle dit déjà. Car si le beau ne fait que nous divertir, parce que nous sommes en mesure d'en former un concept de la propriété indiquée plus explicitement : et si tout homme éduqué dans ses forces peut en faire autant : la beauté ne réside pas exclusivement alors dans un simple rapport à notre individualité (*Individuum*). Mais tout ce que nous avons dit dans ce paragraphe sur la nature du beau concerne le concept ci-dessus : notre jugement du beau a une certaine prétention à *l'universalité*, on le reconnaît en toutes les facultés, particulièrement les facultés de connaître chez tous les hommes proprement éduqués, et ce que nous, *nous trouvons beau*, doit

leur plaire à tous comme à nous; au contraire les *animaux* sont réputés incapables d'éprouver le beau, de même que l'*enfant* dépourvu de toute éducation; on concède la *connaissance* mais pas la *jouissance* du beau aux esprits qui nous sont supérieurs. Enfin, quand nous cherchions au § 7 à déterminer le *contenu* d'une considération orientée vers la beauté d'un objet, tout ce que nous y affirmons est soit explicitement exprimé dans notre définition, soit découle de ce qui est dit de manière si évidente qu'une controverse à ce sujet en est superflue.

Est-ce que ce caractère du beau que nous venons de trouver rend inutile chacun des précédents ? Tout ce que nous avons résumé en ce seul caractère doit-il être nécessairement conservé? Ne peut-on abandonner l'une ou l'autre des circonstances sans étendre le concept de manière essentielle? Que l'objet beau provoque une *satisfaction*, que la satisfaction surgisse d'une *habileté de nos facultés de connaître parvenue au moins à une intuition obscure*, les deux circonstances, semble-t-il, sont inutiles. Car elles découlent d'elles-mêmes déjà d'une autre circonstance : la contemplation du beau devrait suivre de la propriété indiquée ci-dessus plus explicitement. Si un objet est en effet tel qu'il sollicite toutes les facultés correctement éduquées de tous les hommes; s'il le fait sans l'effort de la pensée distincte, formant son concept à partir de certaines de ses propriétés, tout en laissant deviner les propriétés ultérieures qui se présenteront à la contemplation; n'en découle-t-il pas alors que cet objet porte l'habileté de nos facultés jusqu'à une intuition même obscure ? Et n'en découle t-il pas aussi que sa contemplation doit procurer un plaisir ? – C'est bien ce qui se passe dans la plupart des cas, mais pas dans tous. Si par exemple nous tombons sur un homme qui, errant le long de la rive d'un fleuve au fort courant et présentant tous les signes du désespoir, s'approche de l'endroit le plus profond, | nous faisant penser qu'il veut se noyer, ce qui se confirme un 32
instant plus tard : qui appellerait *beau* un tel spectacle? Bien que soit au jour ici une certaine habileté de nos facultés orientées vers la connaissance, pour tous les hommes éduqués, cet événement est trop horrible pour qu'il puisse leur venir à l'esprit de penser ici à l'habileté de leur connaissance afin de s'en réjouir. Nos facultés, versées dans une activité, qui, sans être aisée, n'exige pas l'effort de la pensée distincte, ne nous mènent pas partout, malgré leur habileté, à une intuition plus ou moins obscure afin d'en tirer du plaisir. Ce n'est que là où ce plaisir se produit, ou peut se produire selon la nature de l'objet, que nous lui accordons une vraie beauté.

§ 15

Rien ne peut être ôté à la définition donnée au début du § précédent sans étendre de manière essentielle son concept. Mais ne faudrait-il pas lui ajouter encore quelque chose, afin qu'elle ne présente que le concept que nous désignons avec le mot beau, ou un autre qui lui soit parfaitement équivalent? Ne s'agit-il pas d'une définition trop large du concept de *beau*? Si tel est le cas, il faudrait indiquer un *ajout* qui la *circonscrive*, de sorte que grâce à cette adjonction, elle atteigne enfin son extension adéquate. De quel type de propriété peut-il s'agir? Voulons-nous délimiter plus étroitement *l'espèce* des objets que la contemplation, décrite dans notre définition, nous permet? Voulons-nous dire qu'il ne s'agirait que d'objets *d'un type particulier*, peut-être des objets *sensibles*? L'usage de la langue autorise pourtant, et même impose, d'accorder la beauté à des objets *supra-sensibles*; ne parlons nous pas souvent en effet d'une *belle âme*? N'a-t-on pas accordé à la *vertu*, qui ne relève pas des objets sensibles, aux *esprits bienheureux*, et même à la *divinité* elle-même, et cela depuis la nuit des temps, un haut degré de beauté, voire un degré suprême? – Ne faudrait-il pas peut-être que nous déterminions plus précisément la *modalité de ce plaisir* ou le *fondement* d'où il surgit? Plus précisément en tout cas que dans notre concept, cela se manifeste immédiatement par ses composantes ou par leurs conséquences. Il résulte de notre concept qu'est banni de la région du beau, tout ce qui est seulement *agréable à nos sens*, tout ce qui nous attire et nous réjouit par un rapport à *notre individualité* et enfin tout ce qui pourrait nous être *utile* ou l'être à d'autres (§ 10). Il est déjà acquis dans notre définition du beau, que le plaisir de la beauté doit être *spirituel*, surgissant de cette règle que nous avons réussi à découvrir et qui nous permet de déduire l'ensemble des agencements propres à l'objet beau. Il est
33 déjà requis que | la mise au jour de cette règle ne doit pas être trop aisée sans pour autant demander des efforts qui exigeraient que la réflexion concernée aille jusqu'à une conscience distincte. Quelles autres restrictions pourraient encore être ajoutées? Personne n'exigera sérieusement que nous limitions, et ceci de manière définitive, le *nombre* des agencements propres au beau, indépendants les uns des autres, agencements dont nous avons besoin pour former notre concept ou que nous déduisons de ce concept une fois formé; personne n'exigera non plus que nous déterminions le *degré de plaisir* que la contemplation de l'objet beau nous procure. Faut-il que nous considérions, précisément parce que cela reste indéterminé dans le concept du beau, les différences de sa *gradation*? Devons-nous exiger davantage encore de cette *propriété* qui nous permet

d'accorder une réceptivité à la jouissance du beau ? À savoir celle que nous exigeons déjà dans notre définition : *il faut que l'homme ait éduqué ses facultés, notamment spirituelles* ? Il s'ensuit que si l'objet beau lui plaît, ce n'est pas seulement par erreurs et confusions. Je ne peux pas croire qu'on aille plus loin, ni qu'on exige davantage. Si l'on voulait étendre la signification de ce mot beau dans la définition ci-dessus, en maintenant qu'il s'agit bien d'une définition du beau : ce serait sans dommage, si notre concept tel qu'il se présente ici était par ailleurs un concept important et digne d'attention ; on ne me contredira pas fort heureusement sur ce point. Chacun prend plaisir à ces choses par la seule contemplation, une fois ses facultés humaines adéquatement développées, et il y prend plaisir précisément parce qu'elles accroissent son habileté à penser correctement, quoique seulement par des représentations obscures. Cette sorte de choses ne mérite-t-elle pas d'être contemplée et de recevoir une *dénomination* qui soit, précisément pour cette raison, remarquable ? Ne faut-il pas que nous usions de ces objets, pour nous reposer après un travail harassant et pour accroître notre jouissance de la vie ? Ne faut-il pas même, ce qui est encore plus important, entourer de toutes parts tout être qui grandit et doit s'éduquer, avec ces objets qu'il apprendra certainement bientôt à aimer et qu'il recherchera avec un intérêt croissant ? Grâce à leur fréquentation, il réussira non seulement à exercer et toujours parfaire ses facultés orientées vers la connaissance, mais s'ouvrira aussi à une foule de vérités et de convictions des plus importantes. Il nous faudrait, si nous ne l'avons pas déjà, chercher un mot pour décrire cette sorte d'objets. Lequel pourrait rivaliser avec le mot : *beau ?* Je pense cependant qu'il a déjà été utilisé dans cette extension, et que la définition du § 14 donne, si ce n'est le concept que les spécialistes de l'esthétique lui associent depuis un siècle, au moins un concept de même extension, c'est-à-dire un concept *équivalent*. – Pourquoi est-ce que je ne dis pas *le même* concept ? – Comme tout ceci est litigieux ! Qui peut savoir ce que tant de gens depuis leur jeunesse se sont habitués à penser par ce mot, beau ? Qui peut savoir ce qui leur vient encore involontairement | à l'esprit dès qu'ils y pensent et ce qu'ils considèrent 34
comme essentiel à sa signification ? Les composantes risquées dans ma définition ne sont pas à ce point étrangères à ce concept qu'elles ne soient pas contenues dans la représentation que la plupart en ont : cela prouve que tant de penseurs perspicaces qui ont tenté une définition du beau ont déjà songé à ces parties, ce que la suite prouvera.

§ 16

Notre définition du beau a tant de *conséquences* qui coïncident avec ce que les spécialistes de l'esthétique ont jusqu'ici enseigné, que je crois y trouver une nouvelle confirmation de sa justesse. Qu'il me soit permis d'indiquer rapidement les plus importantes :

1. Notre définition fait comprendre d'où vient – ce qui est confirmé unanimement par ces esthéticiens – que nous soyons si peu en situation de rendre des comptes sur la raison de trouver un objet beau ou non. C'est pourquoi, on a souvent cru et on croit encore ici et là, que ce jugement s'imposait *immédiatement*, qu'on ne pouvait le référer à aucun concept ni à aucune règle, et qu'il procédait de prémisses *indicibles*. On y était incité très naturellement par le fait que – comme l'indique notre définition –, la suite de pensées à laquelle nous adhérons en regardant un bel objet, dans la mesure où nous voulons jouir de sa beauté, défile avec une telle aisance et une telle rapidité dans notre âme, que nous ne parvenons pas à l'élever à une conscience distincte. Ces représentations et ces jugements ne venant pas distinctement à notre conscience, nous les considérons comme *indicibles* et nous sommes enclins parfois à nier leur existence en notre âme.

2. Notre définition fait comprendre pourquoi – ainsi que les spécialistes de l'esthétique l'enseignent –, seuls *deux* de nos sens, les deux plus *nobles* d'ailleurs, celui de la *vue* et celui de l'*ouïe*, nous conduisent à des représentations de la *beauté sensible*. Les représentations que les sens *inférieurs*, notamment celui de l'*odorat* et celui du *goût* nous livrent, sont bien trop uniformes pour qu'on puisse observer une règle dans leur conjonction ou leur succession, une règle dont la découverte pourrait provoquer un plaisir par l'habileté de nos facultés mise au jour. Face à une ardoise où l'aubergiste a indiqué plusieurs plats, de sorte que nous pourrions deviner la loi qu'il suit, par exemple en alternant des plats sucrés, acides et salés : en quoi nous réjouir ? Les objets perçus par le *toucher*, les objets plastiques, permettraient de saisir des rapports divers et en même temps assez réglés pour provoquer en nous du plaisir en certaines circonstances, par exemple quand l'œil exercé les embrasse du regard ; mais la manière dont il faudrait
35 que cela se produise, demanderait de toute façon trop d'effort | et se ferait trop lentement pour que le plaisir propre au beau puisse croître en nous.

3. Notre définition fait parfaitement comprendre pourquoi un objet qui doit nous procurer la pleine jouissance de sa beauté doit nous être encore inconnu, voire même doit être un objet que nous considérons pour la

première fois, ou au moins doit nous présenter des aspects que nous avions manqués auparavant. C'est dans ce cas seulement que notre contemplation nous offre cet exercice de nos facultés orientées vers la connaissance qui conditionne la jouissance propre au beau. Puisqu'on ne peut pleinement saisir par une contemplation trop dispersée les objets qui présentent un grand nombre de parties indépendantes et d'agencements, tels les peintures de plus grand format ou de longs poèmes, de ce fait, le plaisir que le phénomène procure ne peut croître que par contemplation répétée et dans la durée; d'autres choses dont la beauté est simple satisfont notre contemplation en quelques instants.

4. On comprend avec évidence maintenant, pourquoi il faut des objets différents en fonction des différents degrés d'instruction d'un homme, s'il ne veut pas leur accorder une beauté simplement froide, mais se divertir grâce à elle. Les beautés les plus simples conviennent à l'enfant et au sauvage, ils ne sont pas capables de saisir les plus composées. Les personnes qui ont formé leur goût selon une large palette ne dénient nullement, s'ils ne sont pas injustes, un certain degré de beauté à ces choses simples, mais attendent quelque chose de plus *élevé* dans leur jouissance, à savoir un objet qui soit beaucoup plus composé, selon une règle d'ordonnancement de toutes ses parties et de ses agencements qui ne soit ni trop visible, ni trop uniforme.

§ 17

Je laisse ouverte la question de savoir si la conséquence que je veux maintenant développer compte au nombre des confirmations de mon explication; je ne sais pas si l'on attribuera cette conséquence à une remarque déjà faite auparavant ou reconnue ailleurs comme juste. Il ressort en effet de ma définition qu'il n'y a pas beaucoup d'objets et presque seulement des *dessins* (relations spatiales) et des *suites de sons de différentes durées* (relations temporelles), qui engendrent la satisfaction du beau *pur*, sans mélange de toute autre sensation; tandis que le plaisir pris à la plupart des autres objets, engendré par la contemplation de leur *beauté*, est encore plus ou moins accentué par des agréments. Ils possèdent par exemple, outre leur beauté, un *agrément sensible* propre, ou nous satisfont par la perspective qu'ils nous ouvrent d'une *jouissance* prochaine; nous nous réjouirons de contempler leur *finalité*, | leur grande *utilité* pour nous ou pour d'autres, 36
ou même leur valeur *intime*, leur *bonté morale* ou leur *pertinence* pour une tout autre raison, que celle qui fait que ces propriétés nous permettent de

former un concept qui les présente pleinement. Tous ces avantages, quelle que soit l'ampleur à laquelle ils puissent élever notre plaisir pour ces objets, ne sont pourtant pas, si ma définition est juste, à mettre dans la balance que nous voulons utiliser pour peser le *degré de leur beauté*. Car concernant ce qui est *proprement beau* en ces objets, la question est : quel degré de plaisir les saisir sous un concept nous procure-t-il ? Une saisie où le concept provient d'une pensée accomplie sans trop d'aisance et sans pourtant l'effort de la pensée distincte, et dont on déduit toute la diversité de leurs parties et de leurs agencements ? Que ces choses nous offrent d'autres joies par ailleurs, d'une autre manière et pour d'autres raisons, est ici hors de propos. Expliquons tout cela à travers deux exemples : quand on doit juger du degré de beauté d'une *musique*, il faut en retirer ce plaisir que provoque en nous le timbre de *certains instruments*, surtout les sons des *voix humaines*, suggérant involontairement en nous certaines *sensations* et certains *états d'âme* (ils agissent même sur nous avec un art d'une puissance magique). Seules la *finalité dans le choix et l'accord* des instruments, car tantôt intervient l'un, tantôt l'autre, appartiennent à la *beauté* de cette musique, si bien qu'un auditeur sage et exercé est en mesure de reconnaître au moins confusément cette finalité et de se réjouir de cette connaissance. Tout chant donc, transmis par une voix humaine agréable aux sens, par exemple une voix mélodieuse, relève d'une *beauté mixte*. Il en va de même de la beauté d'un *poème* qui nous exalte et qui gonfle notre cœur de sentiments et de résolutions, que nous apercevons avec satisfaction. La beauté d'une *forme humaine* doit tout particulièrement être appelée une beauté *mixte*. Car au-delà de ce que selon ma définition je trouve beau, bien des représentations offrant le plaisir de la vue d'un bel homme ou d'une belle femme *peuvent* et même *doivent* nous venir à l'esprit. N'est-il pas propre à toute forme humaine d'une beauté parfaite d'afficher sa santé physique comme spirituelle, de faire lire sur son visage raison et faculté de juger tout comme bonté et bienveillance? Pouvons-nous ressentir cela sans une satisfaction propre à l'existence de telles perfections ?

§ 18

On oppose au beau le *laid*, ou – pour le dire plus précisément quand il devient habituel, – l'*affreux*. Si notre définition du *beau* est juste, on doit pouvoir aussi définir le concept du *laid* en rendant manifeste combien il s'oppose réellement au beau. | Et c'est bien le cas. Le *beau* est donc un objet 37
qui, pour la raison suivante, plaît à tous les hommes dont les facultés sont adéquatement développées : sans exiger l'effort de la pensée distincte, ils sont en mesure, selon la saisie de certaines de ses propriétés, d'en élaborer un concept, qui fait deviner par une contemplation approfondie les propriétés qui sont encore à percevoir, mais en ne portant l'habileté de leurs facultés de connaître qu'à une intuition pour le moins obscure. *Le laid est au contraire un objet qui nous contrarie, car chaque concept que nous formons par la saisie de certaines de ses propriétés, déçoit notre espoir qu'il corresponde à cet objet, puisque nous nous heurtons à quelque chose qui contredit ce concept; tout ceci aussi longtemps que nous ne faisons pas l'effort de la pensée distincte*. Nous pouvons nous convaincre que cette définition n'est pas incorrecte en l'appliquant à divers exemples. Dans un poème, nous trouvons ainsi laid qu'une rime manque quelque part ou sonne faux. Pourquoi ? Il n'y a d'autre raison que celle-ci : nous sommes incités et même en droit d'attendre, puisqu'il y a des rimes dans les autres parties du poème, de rencontrer constamment les mêmes rimes, or nous voyons notre attente finalement déçue. Il en va de même d'une construction qui par plusieurs de ses parties et de ses agencements, nous fait penser qu'elle est réalisée selon la loi de la symétrie, alors que nous nous heurtons finalement à une partie créant un écart. Si on nous prouve par des mesures exactes que les entorses portées à la symétrie et aux rapports rationnels que nous croyons percevoir sur ce bâtiment, ne sont qu'entorses apparentes et compensées par certaines parties que notre regard peine à atteindre, notre déplaisir (*Missfallen*) n'en sera pas moindre; car le seul fait que cela suppose de telles mesures contredit le concept du beau. Voilà une conclusion suffisamment distincte de cette définition : le laid provoque en soi et pour soi déplaisir et est opposé au beau ; de même qu'il y a une *beauté mêlée*, il existe une *laideur* mêlée; ainsi un objet laid désagréable à nos sens, etc. On comprend enfin comment dans une belle totalité, par exemple dans une comédie, *un élément laid*, tel un homme à l'apparence laide, semble à sa juste place, et qu'ensuite, selon la règle que nous avons formée quant à ce tout, il lui corresponde parfaitement au point d'être regardé avec plaisir, voire même, pour être plus précis, qu'il puisse être *défini comme beau*.

§ 19

Je ne cacherai pas à mes lecteurs *les objections qu'on peut avancer* 38 *contre ma définition*, | en évaluant sa justesse ou sa fausseté, et ceci en toute conscience. Je souhaite développer en toute franchise les plus importantes, pour autant que je puisse les prévoir et dire aussi ce que je crois pouvoir leur répliquer. Je ne me permettrai pas de considérer comme clos les débats sur cet objet sans avoir auparavant indiqué et cité les *définitions* les plus remarquables que *d'autres* ont produit, mais dont les raisons ne m'ont aucunement satisfait.

1. On devrait tout d'abord objecter ceci : nous pouvons trouver *beaux* des objets qui s'offrent à notre contemplation sans aucune multiplicité de parties ni d'agencements indépendants les unes des autres, par exemple une *couleur* tout à fait simple, un *son* tout à fait simple. Ce qui prouverait que la manière dont dans ma définition j'ai décrit l'émergence de ma satisfaction au beau est fausse. Y a-t-il un cas où, contemplant une couleur simple, nous nous posons la question de savoir ce qu'est cette couleur et où nous répondons que ses forces toutes ensemble tendues vers la connaissance se convertissent en une activité qui les mène à l'intuition ? – Je me souviens à ce propos qu'on n'a pas encore décidé si l'on devait nommer *beaux* au sens propre des objets aussi simples que des couleurs ou des sons singuliers; ne doit-on pas plutôt les subordonner à l'*agréable sensible*? Une décision sur cette question litigieuse dépend du fait de savoir si, quand notre esprit étudie des couleurs et des sons simples, il se trouve dans un contexte autre que celui de la seule *perception sensible*, perception dont sont capables les animaux ; de savoir si, pour saisir et différencier ces objets correctement, nous avons besoin d'un certain exercice prolongé afin de gagner en dextérité; de savoir enfin si nous devons alors accomplir quelque chose qui requiert sinon toutes nos forces, du moins celles qui sont orientées vers la connaissance. – Croire qu'il faut répondre par la négative à tout ceci n'est pas accorder pour autant que couleurs et sons ont une beauté réelle, mais prouve, *de facto*, qu'on juge d'après mon concept du beau. Je pense que les questions précédentes méritent une réponse positive. Même une seule couleur étalée sur une surface donnée assez grande et la couvrant en chacun de ses points uniformément, même un son singulier maintenu pendant plusieurs secondes dans une pureté parfaite, avec une intensité égale ou diminuant régulièrement, sont des objets qui incluent un grand nombre de parties et d'agencements indépendants les uns des autres. Saisir ces parties et ces agencements est nécessaire, c'est même reconnaître que la durée des vibrations que la frappe de l'éther ou de l'air porte sur nos

nerfs a une grandeur déterminée, ou plus exactement reconnaître que la durée des *modifications* suscitées *en notre âme* par ces vibrations nerveuses en a une aussi. Tandis que cette grandeur déterminée se maintient pendant notre observation, il est nécessaire que nous *trouvions du plaisir à la couleur* étendue uniformément sur la surface devant nous, et *du plaisir au son*, à sa pureté et à sa durée.

Ma définition fait comprendre aussi combien cette satisfaction envers de tels objets est une satisfaction qui doit être appelée satisfaction envers le *beau*, puisque, comme l'expérience l'enseigne elle-même, la mise en place de ces | observations n'est pas si facile, il faut qu'elle soit apprise par exer- 39
cice; puisque celui qui possède l'habileté, doit en outre nécessairement considérer les couleurs et les sons, dont il éprouve maintenant la beauté, un peu plus attentivement, et même se *perdre* dans leur contemplation, c'est-à-dire se concentrer sur eux pendant quelques instants; puisqu'il est tout à fait évident que nous devons employer dans cette activité non seulement notre faculté de perception sensible, mais aussi notre mémoire, notre imagination, notre faculté de juger de diverses manières. Certes, il est vrai que le *sens du goût* s'affine par exercice. Comme le montre l'exemple des cuisiniers et des gourmets, on peut distinguer, par la simple dégustation, des boissons et des plats et tous leurs composantes, avec souvent plus de précision que n'en offre une analyse chimique. Quelqu'un cherchera peut-être à en tirer la conclusion que, suivant ma définition, chez des hommes de ce genre, même le plaisir des sens du goût est éprouvé comme un plaisir *beau*. Or, j'exige dans ma définition de l'objet beau que le plaisir qu'il nous procure découle de ceci : nous devinons en percevant certains de ses agencements non pas ceux qui en *découlent*, mais d'autres, *indépendants* de ceux qui sont perçus quoique liés à eux. C'est ainsi qu'ils permettent de *deviner* l'objet tout entier. Est-ce quelque chose de semblable qui se produit quand un gourmet, buvant son vin à longues lampées, distingue sur quel coteau et en quelle année il a mûri ? Ou quand il décompte les épices et autres ingrédients dont se compose le ragoût qu'il consomme ? Ce n'est pas à partir de propriétés qu'il a déjà rencontrées qu'il *présuppose* en rencontrer d'autres encore, sans qu'elles soient pour autant les conséquences des premières. C'est à partir de qualités apprises qu'il déduit l'existence des autres en rapport de dépendance *nécessaire* avec les premières. Tout autre est notre procédé quand nous prêtons l'oreille à des *tons*, même isolés. Dès que ses premières vibrations atteignent notre oreille, nous cherchons à apprécier leur *hauteur*, c'est-à-dire que nous cherchons le rapport de la durée de leurs vibrations à un autre intervalle de temps que nous connaissons et que nous considérons comme

constant (notamment la durée d'un acte donné de notre esprit, par exemple compter). Cet effort n'échoue pas si nous nous y sommes suffisamment exercés, et si le ton est vraiment un ton *pur*, sans avoir besoin de mener à une conscience distincte la manière dont nous procédons. Une fois produit, nous demandons si ce rapport observé précisément dans le passé ne peut perdurer encore dans l'intervalle qui suit. S'il se maintient, et si, en accentuant notre attention, notre propre appréciation initiale se voit confortée par une durée du son suffisamment longue, alors ne manque plus
40 |rien de ce que j'exige comme essentiel au plaisir du beau. J'avoue cependant que la jouissance que peuvent nous offrir un *seul* ton ou une *seule* couleur est *mince*, et le degré de beauté de ces objets si simples, est faible. Notre plaisir le plus grand est davantage dans la confrontation à des combinaisons de tons ou de couleurs, dont nous reconnaissons, pas toujours mais souvent, et sans l'effort d'un décompte, la loi qui oriente leurs nuances. Nous tenons alors sans conteste ce tout pour un *bel* objet.

§ 20

2. Si on suit ma définition, il y a, d'une part, des objets dont la saisie semble *bien trop aisée* pour les ranger au nombre des objets *beaux*; et si ma définition est juste, il y a, me dira-t-on d'autre part, des objets qui exigent *bien trop d'effort* dans leur saisie pour valoir comme *beaux*. Il faut beaucoup étudier pour deviner une lecture juste qui s'est perdue, comme pour déterminer le sens d'un poème qui nous est parvenu dans une langue ancienne. Nous le jugeons prodigieusement beau, alors même que nous devons lui consacrer l'effort d'une pensée distincte, à un degré bien supérieur à ce qu'aurait demandé le plus difficile des théorèmes d'Euclide! Je rétorque que si nous définissons comme beau un poème ou tout autre objet, nous ne disons pas que *toute* contemplation, mais qu'une *certaine* contemplation de cet objet peut être plaisante. Il faut souvent effectuer bien de pénibles recherches sur l'objet avant d'atteindre une contemplation satisfaisante de ce dernier. Nous ne le nions pas. On peut exiger, lors de ces réflexions préalables, celle qui vise à rendre distincte ses représentations; il suffit que la dernière contemplation puisse progresser au moyen de représentations obscures, et qu'elle possède le contenu déjà indiqué plusieurs fois. La preuve mathématique procède autrement, même si, par une

fréquente répétition, nous la rendons si fluide que nous n'avons pas besoin de porter les inférences particulières à une conscience distincte : il n'y a ici rien à *deviner*, il faut *inférer* (*schließen*). Il n'y a pas d'objet dont on cherche à englober les diverses propriétés indépendantes les unes des autres sous un même concept; au contraire, il faut examiner les conséquences qui découlent des présuppositions données avec une stricte nécessité.

§ 21

3. Je vois à mon encontre une autre objection : ma définition met sur le même plan le *beau* et le *régulier*, alors que bien des choses régulières sont | sans beauté, par exemple une horloge parfaitement agencée. À l'inverse, 41
tout ce qui est beau n'a pas besoin d'être très régulier, on parle d'ailleurs, comme chacun sait, de *beautés irrégulières*. Ma définition ne se limite pas à la régularité de la beauté; je revendique toutefois une certaine régularité, et elle seule, celle qu'on peut pressentir et reconnaître comme existante sans l'effort de la pensée distincte; je trouve son existence suffisante à l'essence de la beauté, quand sa saisie engage nos facultés de connaître dans une activité stimulant leur développement. On comprend de tout ceci deux choses : il y a non seulement des régularités que personne ne trouve belles, par exemple la finalité d'une machine qui ne devient évidente que par une décomposition et une recherche laborieuse, mais aussi des beautés auxquelles une certaine régularité fait défaut. En effet, même une irrégularité, même un écart de la règle que nous nous serions *attendus* à voir respecter dans cet objet, en vertu du *genre* que nous lui attribuons, ne heurte pas d'emblée les autres régularités présentes, ni non plus la beauté qui peut lui être attribuée en raison de ces règles. Nous parlons donc ici d'une *beauté irrégulière*. À ceci s'ajoute que parfois, ce qui précisément d'un certain point de vue est irrégularité, s'accorde d'autant mieux à une autre règle et peut ainsi s'éprouver comme beauté. Nul doute que le rougissement, le bégaiement, l'embarras soient des irrégularités dans le comportement d'un être humain : en certaines circonstances, ils peuvent cependant nous apparaître à leur juste place et finalement d'une beauté digne d'être aimée, comme chez une jeune femme qui avoue pour la première fois ses sentiments à son bien-aimé.

§ 22

4. On pourrait objecter encore que j'ai tort d'ériger le régulier en *caractère essentiel* du beau, car il l'est si peu qu'il lui porte bien plutôt atteinte. Une œuvre d'art, que nous trouvons vraiment belle, ne doit-elle pas apparaître comme le produit d'une *force agissante* tout à fait *libre ?* Une œuvre dont nous décelons la *contrainte de la règle* d'après laquelle elle est formée, ne doit-elle pas pour cette raison nous déplaire ?

Je rétorque ici que la question de la *genèse* d'un objet n'est pas du tout celle qui nous occupe dans l'évaluation de sa beauté. Que l'accomplissement de son œuvre ait coûté beaucoup d'effort à l'artiste, qu'il ait observé bien des *règles*, qu'il ait eu le plus grand mal à les suivre et à les exécuter, qu'il ne manque à l'œuvre elle-même aucune des propriétés qu'elle doit posséder : la façon dont elle les acquiert n'enlève alors absolument rien à sa beauté. Nous savons très bien, et cela peut même nous venir à l'esprit au moment où nous admirons une belle statue, que sa réali-
42 sation a coûté à l'artiste un indicible travail, que des centaines | de fois il lui a fallu tailler au ciseau, user de compas et d'équerre, etc. Ceci ne diminue en rien notre admiration pour sa beauté. L'effort que le respect d'une règle a imposé à l'artiste « *ne doit pas se déceler sur l'œuvre* », dit-on. Que comprendre ? Que faut-il comprendre sous cette expression si de toute évidence nous ne désirons pas quelque chose d'incohérent ? *Déceler* l'effort qu'a coûté une œuvre, cela ne peut signifier que ceci : saisir les efforts qu'elle a coûtés à partir de l'une de ses propriétés. S'il s'agissait d'une *propriété adéquate* de l'objet, dont le haut degré de perfection nous amène à conclure que sa présentation a pu se faire sans effort : personne ne serait assez déraisonnable pour vouloir y trouver à redire. Celui qui prescrit que l'on ne doit pas voir l'effort sur la belle œuvre d'art, veut, s'il se comprend lui-même, ce qui suit : l'effort demandé à l'artiste ne peut se conclure d'aucune *imperfection* dans l'œuvre, d'aucune transgression visible de la règle que l'artiste s'est proposée mais n'a pas pu suivre, ou qu'il aurait de tout façon dû se proposer mais qu'il a ignorée en créant. Ma définition n'objecte rien à une telle interprétation de cette prescription. Selon mon concept, une œuvre d'art ne devrait-elle pas aussi s'altérer si nous constatons l'effort démesuré de l'artiste envers son œuvre ? Si nous saisissons, en la contemplant de plus près, qu'il n'a suivi qu'à moitié la règle qu'il s'est proposée, ou encore, si pour satisfaire cette règle, il en a transgressé une autre, peut-être encore plus importante et dont le respect nous importait encore plus ? C'est là ce que nous appelions le *laid* dans notre définition ci-dessus (§ 18). Les poèmes qui altèrent des pensées et des

sensations pour l'amour du mètre ou de la rime sont un banal exemple de ce type. – Certains contemporains vont si loin, qu'ils affirment que le beau dans son ensemble doit être fondamentalement *irrationnel*. Dans le *Système de l'esthétique* de Christian Weiss (Leipzig, 1830, § 19), il est dit explicitement : « une vraie science spéculative de l'esthétique ne peut avoir d'autre tâche plus pressante que de détruire *si possible* jusqu'à la racine le *préjugé* de chercher le canon de la beauté dans des rapports *rationnels*, c'est-à-dire rationnellement déterminables ». N'ayant pourtant dans les « remarques suivantes » de l'auteur, où il cherche « *autant que cela lui est possible à accomplir tout ceci* », rien trouvé qui ressemble un tant soit peu à une preuve de son affirmation, je suis tenu d'en rester pour le moment à ce « *préjugé* » dont je dispose : il est incontestable, ce que Weiss reconnaît, qu'il faut des rapports très simples entre la hauteur et la durée des sons, afin de permettre un bel *accord* ou une belle *succession de tons*, comme il ne faut pas manquer de rapports tout à fait semblables entre les dimensions des parties d'une étendue spatiale qui nous plaît, à commencer par la forme d'un corps humain. Il reste tout à fait vrai | que les écarts de ces **43**
rapports rationnels, si ténus que nous ne les remarquons pas, ne nuisent pas à la beauté de l'objet, comme par exemple, lorsque le pied d'un homme est seulement plus court d'une ligne que l'autre[1]. Ne trouvera-t-on pas cela parfaitement compréhensible? Cela ne permet pas néanmoins de prouver qu'il *faudrait* que ces rapports soient irrationnels. On en conclut bien plutôt ceci : un rapport vraiment irrationnel ne perturbe pas la beauté de son objet, s'il se rapproche si près d'un rapport rationnel que notre perception le *prend* pour ce dernier. Car la question de savoir si nous trouvons quelque chose de beau, ne dépend jamais de la manière dont la chose est en soi faite, mais seulement de la manière dont elle nous apparaît.

§ 23

5. Certains objecteront peut-être à ma définition qu'un objet est pour eux d'autant plus beau qu'il permet de deviner aisément et rapidement de la perception de quelques uns de ses agencements ceux qui restent; un drame par exemple, devrait récolter d'autant plus d'applaudissements que nous pourrions sûrement dès les premières scènes en saisir le déroulement et la fin. Mais il n'en va pas ainsi. On attend plutôt de chaque partie qu'elle maintienne jusqu'à la dernière scène notre attention dans une sorte

1. Il s'agit d'une ancienne unité de mesure.

d'incertitude, et dans la tension qui en découle. Il y a aussi des *surprises*, c'est-à-dire des dénouements d'un évènement que nous n'avions pas attendus, qui malgré tout, précisément parce que nous ne les attendions pas, nous plaisent.

Ma définition n'implique pas qu'un objet semble d'autant plus beau qu'il nous permette de deviner aisément et sûrement de la perception de quelques uns de ces agencements tous les autres. C'est si peu le cas que j'y indique au contraire qu'il peut exister un degré d'aisance et de certitude *trop élevé*. Celui-ci n'offre alors aucun exercice adéquat à nos facultés de connaître ni aucun exercice leur permettant de se développer. Il est tout à fait vrai que nous ne pourrions rester attentifs à un récit ou à un drame si nous pouvions anticiper le déroulement des événements dans leurs moindres détails. C'est bien pourquoi parmi les règles que l'on doit suivre dans tout travail de ce type, s'en trouve une qui dit que nous devons être maintenus dans une certaine incertitude non seulement au début mais aussi sur toute la durée de ce qui suit. Nous imputons la beauté au fait de suivre cette règle. C'est pourquoi nous trouvons belles les *surprises* à son endroit; notamment quand nous avons pressenti la nature des événements où elles s'inscrivent, et que cette idée se confirme sans avoir pour autant prévu le retournement.

§ 24

6. Le beau s'oppose, comme je l'ai déjà souligné, au laid (*häßlich*); si ma définition du beau est vraie, la définition du laid fondée sur cette
44 opposition | doit l'être aussi (§ 18). Certains objecteront peut-être que celle-ci est à l'évidence erronée, car bien des choses dites laides ne relèvent pas de cette définition ! Ce n'est pas notre incapacité à deviner, à partir de quelques propriétés celles qui restent, qui est ici offensée en les regardant. Tout ce qui agit sur nos sens en les contrariant, ce qui suscite le dégoût ou tout autre sensation désagréable, même s'il s'agit d'une simple association d'idées, par exemple une charogne, un fusil accidentant une personne chère, est pour nous sans conteste *laid*.

J'accorde tout cela. Je rappelle cependant que ceci n'entame en rien la justesse de ma définition du beau comme du laid, mais prouve simplement que nous ne prenons pas partout le mot *laid* dans le même sens, à savoir celui où il décrit précisément le contraire du beau; nous en usons souvent en un sens où il s'oppose à *l'agréable*; parfois, en songeant à dériver ce mot du mot haine[1], nous nous représentons quelque chose qui est ou qui peut devenir objet de notre haine. Une telle signification nous fait même tenir pour laides des choses qui ne sont en rien opposées au beau, et même peuvent avoir, malgré leur laideur, de la beauté.

§ 25

7. Enfin, on pourrait dire que le concept du beau est bien trop répandu chez les hommes pour pouvoir être composé de parties si nombreuses et si artificiellement mêlées les unes aux autres, ainsi que ma définition l'avance. Car on trouve ce concept chez tous, même chez les peuples les plus frustes. Partout on connait la différence entre le beau et l'affreux. Quoiqu'il y ait une grande diversité dans la manière dont on applique ce concept aux objets singuliers, dans la manière dont on juge qu'ils méritent d'être comptés au nombre des objets beaux, il y a toutefois un certain concept commun au fondement de tous ces jugements. Non seulement l'adulte mais aussi l'enfant, même à un âge encore très tendre, apprend à différencier progressivement parmi les objets qui se présentent à ses yeux ceux qui sont beaux de ceux qui sont laids et à se réjouir en considérant les premiers, ce qui signifie que le concept du beau advient toujours plus à sa conscience. Ce concept doit donc ainsi être soit simple, soit consister en très peu de parties liées les unes aux autres par une sorte de nécessité interne.

Je ne nie pas cette grande diffusion du concept du beau mais cela n'implique pas d'être composé de très peu de parties ni d'être simple. Beaucoup de concepts connaissant une diffusion tout aussi grande, voire plus grande encore, restent cependant incontestablement très composés. Qui pourrait nier que les innombrables concepts suivant lesquels nous
|rangeons, sous des types et des espèces déterminés, des *objets* dits 45
naturels, sont si composés, que d'après les explications tentées jusqu'ici, même les plus simples contiennent encore davantage de parties que le concept du beau défini ci-dessus? Je pense aux concepts de cheval, chien, chat, oiseau, poisson, arbre, arbuste, fleur, fruit, pomme, etc. Or comme ils sont répandus! à quelle vitesse un enfant les acquiert! La manière dont cela se produit n'est pas un mystère. Dès que plusieurs objets ayant certaines propriétés en commun attirent notre attention et nous semblent importants,

1. Bolzano se réfère à la proximité des termes allemands *hässlich* (laid) et *Hasse* (haine).

nous cherchons un concept les présentant exclusivement, et nous le composons à partir des représentations de ces propriétés communes, si nous ne pouvons faire plus vite. Nous le faisons progressivement, tantôt en acceptant cette composante, tantôt une autre (une propriété perçue des objets de ce type), tantôt en l'éliminant (si nous trouvons que cette propriété n'est pas tout à fait générale); et nous le faisons sans porter tout ceci à une conscience distincte, c'est-à-dire sans nous le dire, et dans la plupart des cas, sans même pouvoir le dire. Si on doit maintenant expliquer plus particulièrement comment cela se produit, à savoir comment chez chaque homme, dès qu'il s'élève au-dessus de la grossièreté animale, le concept de beauté s'installe : il nous suffit de penser à la *singularité* reconnue *de notre nature*; nos besoins les plus urgents apaisés, nous nous sentons, grâce à l'activité de notre esprit jamais en repos, poussés en avant, cherchant, pour chaque objet que nous rencontrons, un concept qui le présente aussi fidèlement que possible. Si nous réussissons assez aisément, nous sommes alors *capables* de deviner les propriétés qui restent à partir de la perception de quelques unes, sans que celles-ci ne découlent de celles-là, sans prendre la peine d'une pensée distincte : on comprend bien que nous éprouvons là un plaisir propre. Si d'autres objets se présentent à nous et nous satisfont de la même manière; si nous nous heurtons à d'autres, où nous essayons ceci en vain : il est tout à fait naturel que nous différencions les premiers des derniers, c'est-à-dire que nous formions des concepts du *beau* et du *laid*. C'est dans la nature de l'esprit humain que surgissent ces concepts, et il n'est pas surprenant que partout où se trouvent les hommes, on les rencontre plus ou moins distinctement déployés.

§ 26

Tournons nous maintenant vers *les définitions les plus remarquables de ce concept que d'autres ont posées*. Si la nôtre est juste, on peut s'attendre à en retrouver chez eux quelque chose de proche. C'est bien le cas. Dans l'école leibniziano-wolffienne, on a donné une définition qui se rapproche assez de la nôtre (une école où on se souciait, bien plus qu'à notre époque, de déterminer avec précision ses concepts, mais sans
46 connaître l'importante différence | entre caractère et composante d'un concept)*. Quand on définissait, comme le fit Baumgarten[1], la beauté

* Voir *Wissenschaftslehre*, vol. 1, § 64 [*Théorie de la science*, éd. F. Kambartel, trad. fr. J. English, Paris, Gallimard, 2011, p. 181 *sq.*]

comme une *perfection connue* (ou connaissable) *par les sens*, on comprenait la *perfection* comme un simple accord du multiple dans une unité et la connaissance *sensible* comme *quelque chose de pensé par des représentations* confuses ou *obscures*. Ainsi, on indiquait en fait deux propriétés que nous avons considérées nous aussi comme appartenant nécessairement à notre définition. Et quand dans l'*Esthétique*[2] de Eberhard, il est écrit que l'objet beau *provoque un jeu aisé de nos facultés* : il y a là une troisième propriété qui se trouve dans notre concept, quoique *jeu* ne soit pas ici l'expression la plus juste. La définition qu'en a donnée Delbrück (« Sur le beau »)[3] : « le beau consiste dans une multiplicité accordée à une fin, multiplicité que *l'imagination* suscite pour ajouter *bien de l'indicible* au concept pensé et donné, plus que ce que par ailleurs on peut penser *distinctement* de lui. La *satisfaction* éprouvée au beau est provoquée par un jeu *libre mais réglé* de l'imagination en accord avec *l'entendement* ». – Cette définition, aussi erronée qu'elle puisse paraître, si on la considère à la lettre, rappelle toutefois la plupart des parties qui se trouvent dans mon concept du beau, pour autant que mon point de vue à ce sujet soit juste. L'objet beau doit nous procurer par sa contemplation une *satisfaction* ; elle doit surgir de la sollicitation proposée à nos facultés de connaître (*l'imagination* autant que *l'entendement*). Cette sollicitation doit nous être *aisée*, et de ce fait doit être nommée un jeu *libre mais réglé* dans la mesure où il ne consiste pas à simplement *inférer* mais à *deviner*. Nous ne le décrivons pas de manière absolument inadéquate en disant qu'il « ajoute bien de *l'indicible* au concept donné, plus que ce que par ailleurs on peut *penser distinctement* de lui ». Car il y a bien des pensées que l'objet beau éveille en nous et que nous développons si aisément et si rapidement que nous ne sommes pas capables de leur associer des mots, ni d'en avoir une conscience distincte. C'est dans un accord encore plus grand avec nos propres pensées, mais aussi dans une définition plus distincte et mieux ordonnée, que nous lisons dans l'*Abrégé de la rhétorique* de Maass (Halle, 1798)[4] : « § 2. Un objet se nomme *beau* pour autant que sa simple représentation est liée à une *satisfaction*. § 3. Du fait que tout plaisir réside dans un jeu *vivant* de nos facultés, à savoir dans un *jeu* éveillant et entretenant un sentiment de vie, la satisfaction au beau est liée à la simple représentation de l'objet : c'est pourquoi un bel objet est fait de telle sorte que sa

1. A. G. Baumgarten, *Aesthetica*, Francfort, Kleyb, 1750.
2. J. A. Eberhard, *Theorie der schönen Wissenschaften*, Halle, Waisenhaus, 1783.
3. F. Delbrück, *Das Schöne*, Berlin, Sander, 1800, p. 29.
4. J. G. E. Maass, *Grundriss der allgemeinen und besonderen reinen Rhetorik*, Halle – Leipzig, Ruff, 1798, p. 2.

représentation entraîne nos facultés de connaître dans un jeu vivant, à savoir une activité sans effort apparent. La satisfaction à la beauté d'un objet réside sur un rapport des représentations de cet objet à nos facultés de
47 connaître. |– § 4. Nos facultés de connaître sont la *sensibilité* ou faculté *d'intuition* et l'entendement, dont l'activité est de penser par des *concepts*. Tout objet beau doit de ce fait être quelque chose d'intuitionné et donner quelque chose à penser à l'entendement, sans quoi soit l'entendement, soit l'intuition resteraient inactifs. Il n'existerait alors aucun jeu vivant de nos facultés de connaître. C'est pourquoi le divers intuitionné de l'objet doit offrir une *unité* à l'entendement. – § 5. Tout bel objet doit donc être fait de telle sorte qu'entendement et sensibilité exercent une *libre* activité. Aucun concept de l'entendement ne doit servir de fondement et prescrire des règles à la sensibilité qui la contraignent à composer consciemment ses intuitions. Elle doit apparaître comme parfaitement libre de jouer avec ses représentations. De même, aucune *intuition* ne doit servir de fondement et contraindre l'entendement à former consciemment ses concepts, il faut préserver l'apparence qu'il trouve *par hasard* quelque chose à penser dans les représentations sensibles. Car si une faculté se trouvait limitée par une autre de manière explicite, le sentiment de cette limite détruirait le libre jeu des facultés de connaître». Je reprocherais à cet exposé ce qui suit: les propriétés dénombrées dans les § 3 et 5 sont indiquées comme de simples conséquences de la propriété du § 2. Or le fait qu'une simple *représentation* d'un objet soit liée à une satisfaction n'implique pas que cette représentation entraîne nos facultés de connaître dans un jeu vivant; en témoigne l'exemple que j'ai déjà évoqué plus haut des preuves mathématiques. Je n'affirmerais pas non plus que tout objet beau doit être quelque chose d'*intuitionné*, car il y a aussi des beautés suprasensibles. La manière dont on dit que le *sentiment de la liberté* surgit de l'usage de nos facultés de connaître dans la contemplation du beau, me semble reposer sur un point de vue inexact quant à la production de nos jugements. Nous sommes plus libres dans la jouissance du beau que dans l'examen d'une preuve, parce que dans le premier cas tout dépend de notre bon plaisir à orienter notre attention sur telles ou telles propriétés de l'objet, et parce qu'au lieu de réfléchir aux conséquences qui découlent avec nécessité de ces propriétés, nous devinons seulement les propriétés que nous pourrions encore rencontrer grâce à celles déjà perçues mais aucunement déterminées.

§ 27

Interrogeons nous sur les essais les plus remarquables d'une définition du beau *au fil de leur apparition dans le temps*. Platon est le plus vieux de ces sages, dont les écrits rendent compte de manière détaillée de cet objet (tout particulièrement dans le *Banquet*, l'*Hippias majeur*, le *Phèdre* et le *Philèbe*). | Nous y découvrons que ce remarquable philosophe considère le **48** beau presque toujours en liaison avec le bien (καλὸν κ᾽αγαθόν), qu'il l'en distingue, comme aussi de ce qui est simplement agréable et de ce qui est simplement utile. Il envisage en outre la beauté comme n'étant pas seulement *sensible* (par exemple dans certaines couleurs ou certains sons) mais aussi *rationnelle* et *morale*. Il reconnaît enfin la beauté la plus haute là seulement où on se souvient de *l'éternel*, de *l'autonome* et du *parfait*. Ne cherchons pas chez un homme de cette envergure une décomposition exacte de son concept du beau. – Nous lirions peut-être quelque chose de plus précis chez Aristote, si ses textes consacrés à l'esthétique, et notamment celui « Sur le Beau » n'étaient pas perdus. Dans ses σῴζομένοις [livres transmis], il ne tente jamais un ὁρισμός [définition] mais se contente, comme il le fait avec la vertu, de décrire la beauté comme médiété, qu'il faut considérer comme *ni trop grande ni trop petite*, mais *selon l'ordre et la mesure*[1]. Il est inutile d'insister sur le fait que cela ne suffit pas à déterminer ce concept. – Plotin[2] nous a laissé quelque chose de plus profond sur la nature du beau. Il n'y a d'autre jouissance dans la contemplation du beau que celle que procure *l'intuition d'une idée*; toute expression intuitive de l'idée est déjà belle; si cette dernière est considérée en elle-même, il s'agit d'une beauté spirituelle; si nous avons besoin d'y adjoindre une matière sensible, il s'agit d'une beauté *sensible*, beauté qui se trouve dans tout objet sensible où l'idée est *exprimée à la perfection* dans la matière. Nous reviendrons plus tard sur cette définition car de nombreux et célèbres philosophes récents l'ont réinvestie.

§ 28

Une définition que Pythagore, le plus vieux des philosophes grecs, avait déjà indiquée mais de manière encore très vague, a été distinctement posée et fondée en raison par Augustin; elle a compté dès lors une majorité d'adeptes et elle trouve de nos jours encore des défenseurs. Cette définition

1. Aristote, *Poétique*, 7, 50b34.
2. Plotin, *Ennéade*, I, 6 « sur le beau ».

pose l'essence de la beauté *dans une unité liant un multiple*. Nous lisons dans une lettre d'Augustin, puisque son œuvre majeure sur le sujet a disparu : « Omnis pulchritudinis forma unitas est » ; et dans son livre *De vera religione* c. 32 :

« Quaeram, quare sint pulchra ? Et si titubabitur, subjiciam, utrum idec, quia similes sibi partes sint, et aliqua copulatione ad unam convenientiam redigantur ? »[1] – Prise à la lettre, cette définition, nous inspire un jugement très défavorable, alors même que le jésuite français *P. André*[2] l'Anglais *Hutcheson*[3] et bien des adeptes de la philosophie leibniziano-wolffienne ont contribué à sa diffusion. Ce que signifient ici les deux mots *multiplicité* et *unité* semble obscur et indéterminé ; ajouter une explication ultérieure, à
49 savoir que l'on pense comme | multiplicité une certaine somme de propriétés, et comme *unité*, un concept qui rassemble ces propriétés, n'apporte rien de plus, car même l'objet le plus simple possède une somme infinie de propriétés, et à chaque objet correspond un concept qui délimite cette somme. Si la définition ne doit pas être trop large au point de convenir à tout objet, si elle doit s'approcher du concept à expliquer, il faut qu'interviennent des déterminations plus restrictives. Un peu comme je l'ai fait plus haut, il faut décrire la *multiplicité* de l'objet beau comme une somme de propriétés telle qu'aucune ne puisse être déterminée par les autres ; et sous *l'unité* de cette multiplicité, il faut comprendre un *concept*, d'où découlent toutes ces propriétés, bien que ce concept soit plus simple que celui obtenu en pensant seulement *ensemble* toutes ces propriétés. Quoiqu'il soit bien possible qu'on l'ait pensé ainsi, il reste que pour décomposer un concept, il ne suffit pas de penser à certaines de ses composantes ; la tâche consiste précisément à élever à une conscience distincte et à *formuler* ces composantes qui flottent dans l'obscurité. Les lecteurs savent toutefois déjà que le concept que l'on obtiendrait, même en indiquant toutes ces déterminations expressément, serait encore beaucoup trop large pour valoir comme concept du beau.

1. Saint Augustin, Epist. XVIII, Caelestino (390) : « L'unité, telle est la forme de toute beauté » ; *De Vera Religione*, in *Œuvres complètes* VIII, trad. fr. J. Clémence et J. Pegon, Paris, Desclée de Brouwer, 1951, chap. XXXII, voir vers p. 111 : « pourquoi elles sont belles ? et s'il hésite, je lui suggèrerai que cette beauté tient sans doute à la similitude des parties et à la convenance qui les ramène à l'unité ».

2. Y. M. Père André, *Essai sur le beau*, Paris, Guérin, 1751.

3. F. Hutcheson, *Untersuchung unsrer Begriffe von Schönheit und Tugend*, aus dem Englischen übersetzt, Frankfurt et Leipzig, 1762.

§ 29

C'est là ce que l'on a bientôt ressenti ; cette « unité dans la multiplicité » rendant un objet *beau*, sans que pour être connu il nécessite l'effort de la pensée distincte, se trouvait à ce point sous les yeux que pendant très longtemps on l'a manquée. L'expérience elle-même enseignait à chacun qu'il n'était pas clairement conscient de cette séquence de représentations qui passaient devant son âme en contemplation et qu'il ne savait pas en rendre compte. C'est ainsi qu'on a amélioré la définition donnée ci-dessus : on a défini le beau comme *une unité connue obscurément* ou (ce qui revenait au même), comme une unité *sensible*. C'est littéralement le cas de Eschenburg[1], Feder[2], Gäng[3], et d'autres. Mais aussi d'Hutcheson et de bien des Anglais, qui présupposent en outre *un sens propre au beau*. Concernant l'expression « *connu obscurément* », on sait déjà depuis le § 5 que j'exige, en accord ici avec Mendelssohn (dans ses *Lettres sur les sentiments*)[4] –, que le concept, rassemblant le multiple de l'objet beau sous une *unité*, *puisse* être trouvé sans l'effort de la pensée distincte, et je ne méconnais pas que la satisfaction qu'apporte ce concept serait perturbée s'il fallait que nous en soyons distinctement conscients. On aurait dû à mon avis se servir de l'expression « *unité connaissable obscurément* » plutôt que de l'expression « *connu obscurément* ». Il est toutefois déjà acquis, par ce qui précède, que cette précision n'indiquerait pas la *totalité* de la spécificité de cette unité qui doit relier la multiplicité d'un bel objet. | – Pour **50**
pouvoir juger s'il faut accepter *un sens* (*Sinn*) *propre de la beauté* qui ne sonne pas faux, il est nécessaire de mener à une conscience distincte ce que nous entendons par un tel sens. Si nous comprenions comme *sens du beau* le seul fait d'avoir la *capacité* de ressentir le beau : sans aucun doute, un tel sens nous habiterait. Mais le fait qu'on en discute encore, et plus encore le fait qu'on ait explicitement désigné ce sens comme *propre*, prouve que l'on pense là-dessous un multiple. Quand nous pensons, ainsi que nous le disons, que nous possédons une sorte de sensation ou de sentiment, un sens *propre* de *l'agir* et du *pâtir*, et même un *organe* propre de ce *sens*, en quoi est-ce universel ? Nous pensons là bien plus que la faculté d'agir et de pâtir :

1. J. J. Eschenburg, *Entwurf einer Theorie und Literatur der schönen Redekünste*, 5e éd., Nicolai, Berlin, 1836.

2. J. G. H. Feder, *Untersuchungen über den menschlichen Willen*, 4 vol., Lemgo, Meyer, 1785-1792.

3. Ph. Gäng, *Aesthetik oder allgemeine Theorie der schönen Künste und Wissenschaften*, Salzburg, Waisenhaus, 1785.

4. M. Mendelssohn, *Über die Empfindungen*, Berlin, Fried, 1755.

nous devons donc sans doute penser qu'il y a en notre *âme* certaines *forces* et *agencements*, et, quand nous acceptons de surcroît un *organe* propre de ce *sens* –, nous devons penser en outre qu'il y a certaines parties et certains agencements de notre *corps*, dont le *but*, non seulement propre mais aussi *éminemment noble*, consisterait à solliciter en nous en certaines circonstances cette manière d'agir et de pâtir. C'est précisément ce que nous pensons quand nous disons par exemple qu'avec notre œil nous possédons un organe spécifique de la vue; nous voulons par là souligner que notre œil possède un organe avec une multitude de parties et d'agencements dont le but est de nous rendre possible la vision. Si l'on demande d'où vient notre conclusion sur ce dernier point; si en général on veut savoir d'où vient notre assertion sur certaines forces ou parties ou agencements que nous possédons exclusivement ou au moins particulièrement en vue d'un but particulier, je réponds : quand nous décelons qu'il s'agit là du seul effet utile que génèrent ces forces, ces parties ou ces agencements, et quand leur modification fait s'évanouir cet effet ou ne permet plus de l'atteindre que très imparfaitement. Pour justifier posséder un *organe* spécifique, ou même un *sens* qui se trouverait au sein de notre âme, il faudrait prouver qu'il y a des parties et des agencements dans notre corps ou des forces dans notre âme qui n'auraient pas d'autre utilité que de nous faire éprouver de la satisfaction en contemplant le beau. Or cela n'a jamais été prouvé jusqu'ici et ne devrait pas se produire à l'avenir. Car pour définir la satisfaction que nous trouvons en contemplant des objets beaux, pour définir l'existence d'un *goût*, il faudrait, suite à ce que nos recherches antérieures ont déjà montré, ne trouver vraiment aucune autre présupposition que l'existence de tels pouvoirs de connaissance et de facultés, pouvoirs et facultés dont l'existence nous serait enseignée depuis longtemps par d'autres effets et qui nous rendraient des milliers d'autres services de grande importance.

§ 30

Au lieu d'user de l'expression « unité dans le multiple », beaucoup d'auteurs se servent, comme Baumgarten, déjà cité, mais aussi Meier[1], Riedel[2], König[3], Schott[4] et d'autres, | du mot *perfection*, enseignant ainsi 51
que la beauté est une perfection connue (ou connaissable) *obscurément* ou *par les sens*. En disant, ce que la plupart firent en réalité, que pour eux perfection ne signifiait rien d'autre qu'unité dans le multiple : ils choisirent en fait un autre mot (au fond impropre) pour désigner un concept que d'autres ont déjà passablement déterminé, qu'ils ont au moins approché en utilisant cette expression : unité dans le multiple. Si par contre ils comprirent la perfection d'une chose comme l'accord de toutes ses parties et de ses agencements en vue d'une fin commune : ils mirent à mon avis en avant une composante qui y est tout à fait étrangère. Car ce n'est pas à la finalité de tous les objets beaux que nous pensons quand nous contemplons leur beauté, ce n'est pas à un effet *voulu* par un être rationnel que nous supposons être leur créateur. On n'approche pas la vérité en percevant la perfection du beau comme une *utilité* satisfaisant le bien-être général, ni comme la *conjonction* de forces ou de réalités dans leur pluralité et leur intensité. Ce n'est pas du tout ce dont il est question dans le jugement sur la beauté d'un objet. Le lin peut bien être beaucoup plus utile à l'humanité que la soie; un animal est sans doute un être qui unit en lui plus de forces supérieures qu'une plante; il reste que personne ne préfèrera la beauté du lin à celle de la soie, ni celle de la punaise à celle de la rose.

§ 31

Moritz (dans le *Berliner Monatsschrift* 1785, St. 3)[5] substitue à la perfection l'expression « *ce qui est en soi achevé* », et qu'il interprète

1. G. F. Meier, *Anfangsgründe aller schönen Wissenschaften*, Halle, Hemmerle, 1748-1750.

2. F. J. Riedel, *Theorie der schönen Künste und Wissenschaften*, Iéna, Cuno, 1767.

3. E. J. von König, *Über den Geschmack*, Brünn, Rohrer, 1811.

4. H. A. Schott, *Commentatio philologico-aesthetica, qua Ciceronis de fine eloquentiae sententia examinatur et cum Aristotelis, Quinctiliani, et recentiorum quorumdam scriptorum decretis comparatur*, Leipzig, 1801.

5. K Ph. Moritz, « Versuch einer Vereinigung aller schönen Künste und Wissenschaften unter dem Begriff des in sich selbst Vollendeten », *Berlinische Monatsschrift*, 5, Berlin, 1785/3, p. 225-236. Le lecteur peut se tourner en langue français vers *Sur l'ornement*, trad. fr. Cl. Paquet, Paris, Éditions rue d'Ulm, 2008.

comme suit : « nous contemplons le beau comme un *tout en soi*, ayant *sa fin en soi* », et ce tout nous « *procure malgré lui un plaisir* non pas en posant une relation de cet objet *à nous* (comme dans *l'utile*) mais bien plutôt une relation de *nous à cet objet* ». On peut, à mon avis, contempler tout objet en tant qu'il n'est pas simple, par exemple un tas de pierres, au titre de « *tout en soi* » ; nous le contemplons vraiment comme un tout en soi, pour autant que justement nous en restons à un tas de pierres : nous conduit-il jusqu'à la beauté ? – On sait déjà que le fait *d'avoir en soi une fin* n'appartient, ni ne suffit à l'essence du beau. Nous contemplons un crapaud comme un être qui a sa fin en soi, nous ne le trouvons pas pour autant beau ; au contraire, nous trouvons beau, sans penser à une fin, le jeu multicolore des couleurs sur les ailes d'un papillon. Nous pouvons approuver l'idée que le beau nous procure un plaisir *pour lui-même*, car le rapport, et même l'opposition que pose Moritz entre le *beau* et l'*utile* prouve qu'il voulait simplement dire que le beau ne nous procure d'autre utilité que précisément celle de nous
52 | cultiver et de nous plaire par sa seule contemplation. Mais comme il est confus !, pour ne pas dire faux, de s'exprimer en ces termes : « *pour lui-même* », et « *non pas en posant une relation de cet objet à nous mais bien plus une relation de nous à cet objet* » ! – Tout ceci ne suffit pas pour atteindre le concept du beau. Il faut au contraire, comme nous l'avons vu, déterminer la *source* d'où jaillit ce plaisir que la contemplation de l'objet nous procure. Il faut dire que cela provient de l'action que nos facultés de connaître exercent ici ; que c'est une joie que nous offre la prise de conscience de notre propre adresse à juger à l'aide de simples représentations obscures. Etc.

§ 32

Certains croient avoir découvert un nouvel élément dans le concept du beau, élément qui a retenu l'attention de juges antérieurs ; ils définissent avec Locke, Hume et d'autres, la beauté d'un objet comme *une satisfaction qui repose sur la liaison entre nos représentations* (*sur l'association des idées*), ou du moins ils comptent sur elle. C'est incorrect et voici pourquoi : nommer ou non quelque chose comme beau, dépendrait alors de circonstances accidentelles, formées de manière très diverses chez des hommes divers et même très diverses chez le même homme. Car une seule et même représentation est liée chez divers hommes et chez le même individu à des moments divers et à des représentations voisines très diverses. Le même objet qui *nous* divertit par des représentations voisines très agréables peut être indifférent à d'autres, voire même *répulsif*, suscitant

chez eux des représentations tout à fait contraires. Une personne qui aujourd'hui nous emplit d'espoirs heureux, nous pouvons dans quelques semaines la regarder avec l'amère douleur d'une attente déçue. – Cette définition s'améliore certes, si, avec Sayers[1], on considère dans le jugement sur la beauté les seules représentations d'un objet que nous pouvons lui associer *universellement* (*universally*). Il est en effet incontestable que de telles représentations voisines, et notamment celles qui ne se trouvent que dans un certain *groupe* d'hommes, par exemple d'un même sexe, d'un même âge, ou même d'un même pays ou d'une époque, ont une très puissante influence sur le jugement de ce qui nous plaît plus ou moins dans la beauté d'un objet; incontestable aussi que là où une certaine beauté est signalée avec un enthousiasme inhabituel, nous pouvons presque partout présupposer que sont en jeu des *représentations voisines* agréables qui séduisent la sensibilité (mais pour d'autres raisons); incontestable enfin que dans le cas opposé, la difficulté à attribuer à un objet la juste reconnaissance de sa beauté devient insurmontable car cet objet est associé chez le spectateur à des représentations voisines contraires. Toutefois, je pense que cela ne se produit que lorsqu'on ne sépare pas la beauté *pure* | de celle qui est *mêlée*, et que par imprécision de 53
langage, on transfère à la première les louanges convenant à la deuxième. Cette satisfaction pour un objet reposant sur la seule association de ses représentations avec d'autres qui nous sont agréables, reste toujours, même quand elle devrait être très répandue, quelque chose d'étranger et d'arbitraire quant à l'objet. Au point que nous ferions mieux de ne pas la confondre avec le plaisir procuré par la contemplation de ses propriétés caractéristiques, à savoir par l'activité où il entraîne notre faculté de juger.

§ 33

Je choisis la définition que présente Lambert (*Architectonique*, Partie I, § 354)[2], malgré sa singularité, car elle nous vient d'un penseur très pénétrant : « un entrecroisement de *semblable* et de *différent*, porté à son *maximum*, constitue une sorte de *perfection* que nous pouvons appeler *idéale*, car elle ne repose que sur la *comparaison* des choses. On l'appelle en particulier *beauté*, quand elle tombe sous nos sens ». Ainsi donc la beauté tombe sous nos sens en entrecroisant au maximum le semblable et

1. F. Sayers, *Disquisitions Metaphysical and Literary*, London, 1793.

2. J. H. Lambert, *Anlage zur Architektonic, oder Theorie des Einfachen und des Ersten in der philosophischen und mathematischen Erkenntnis*, Riga, Hartknoch, 1771.

le différent. Il est entendu que tout objet qui procure à notre esprit qui le contemple une activité qui mène à la sensation du beau, doit avoir en soi des agencements ou des propriétés indépendants les uns des autres, il est entendu aussi que l'on peut les décrire comme autant de *différences*. C'est forcer les choses toutefois que d'exiger, outre de telles différences, l'existence de *ressemblances*, où on comprend que plusieurs de ces agencements doivent se ramasser sous un concept commun. Que peut bien vouloir dire : ces différences et ces ressemblances doivent *s'entrecroiser* les unes les autres et cet entrecroisement doit être porté à son maximum? C'est tout à fait obscur. Et ce qui est dit en *annexe* ne clarifie pas cette obscurité.

§ 34

Hemsterhuis (dans sa *Lettre sur la sculpture*, Amst., 1769)[1] croyait pouvoir définir le beau comme « ce qui nous procure le *plus grand nombre d'idées* en un *temps le plus bref possible* ». – Il remarquait très justement que tout objet beau sollicite et doit solliciter au plus haut degré l'activité de notre esprit. Mais il semble avoir oublié que ceci n'épuise pas du tout l'essence du beau, car bien d'autres objets font la même chose, par exemple ceux qui charment nos sens. – Goethe (*Œuvres*, vol. 30, p. 239)[2] a entretemps loué cette définition et l'a faite sienne en la modifiant quelque peu : « Je ne pouvais mieux m'approprier les fondements de la philosophie
54 d'Hemsterhuis, le cours de ses pensées (dit-il ailleurs), | qu'en les traduisant dans ma propre langue. Le beau et ce qui nous réjouit en lui », disait Hemsterhuis, « consistent à saisir et regarder facilement le plus grand nombre d'idées d'un seul coup ; or je dois ajouter : ce qui est beau, c'est de voir la régularité du vivant dans sa plus grande activité et perfection, ce par quoi nous sommes tentés de la reproduire, et de nous sentir nous-mêmes vivants et plongés dans la plus haute activité. À dire vrai (?), c'est une seule et même chose mais exprimée par des hommes différents, je me retiens d'en dire plus. Car (?) le beau n'est pas tant ce qui réussit que ce qui promet, le laid au contraire, surgissant d'une paralysie, paralyse lui-même et ne fait rien espérer, désirer, ni attendre ». Ainsi dit Goethe ! Pénétrés de reconnaissance pour toute la beauté qu'il a mis au jour, nous ne voulons pas critiquer la définition de son concept : ne faudrait-il pas sinon demander si seul le

1. F. Hemsterhuis, *Lettre sur la sculpture à Monsieur Théodore de Smeth*, Amsterdam, 1769.

2. J. W. von Goethe, *Werke*, vol. 30, Stuttgart et Tübingen, Cotta, 1829, p. 239.

vivant, la régularité du vivant, et cela dans son activité la plus noble et sa perfection, relève exclusivement de la beauté? Ce qui est mort, voire un cadavre, ne peut-il finalement être beau? Des objets au repos, sans activité pour nous perceptible, par exemple un dormeur, ou quelqu'un représenté endormi, une colonne, un obélisque peuvent-ils posséder une beauté?

§ 35

D'une manière encore plus surprenante, Platner, un philosophe pourtant si pondéré, a manqué la nature du beau. Il le définit ainsi, dans sa *Nouvelle Anthropologie* (1791) et ses *Leçons sur l'esthétique* qui ne sont parues qu'en 1836[1] : est beau « ce qui a une *ressemblance* ou une *analogie* plus ou moins grande *avec l'excitation de la pulsion sexuelle* ». – « Nous trouvons » (dit-il) « beau un enchaînement, à savoir tout ce qui évolue dans la continuité et sans difficulté, par exemple une *ligne courbe*, parce qu'elle se rencontre dans le corps féminin; beaux des *mouvements* d'un corps féminin; beaux des *sons* et de la *musique* car tout s'y fusionne l'un dans l'autre; beaux des *poèmes*, où une pensée succède à une autre avec aisance ». – Que d'égarement dans ces concepts! S'il en allait ainsi, comment expliquer que nous trouvions une forme féminine plus belle qu'une autre et bien de ces formes laides? Comment expliquer que nous sachions faire la différence entre la beauté d'une femme et la pulsion sexuelle qu'elle provoque? Comment en outre se fait-il que même des enfants, chez qui encore aucune pulsion sexuelle n'est éveillée, distinguent entre le beau et le laid? Et comment se fait-il que les femmes n'aient pas un canon de la beauté si différent de celui des hommes? Platner donne lui-même enfin des exemples qui montrent combien la définition de la beauté de tant d'objets serait imparfaite et éminemment forcée, vu qu'ils sont sans relation, même lointaine, avec cette pulsion sexuelle. Qui croira par ailleurs avoir trouvé une définition satisfaisante de la jouissance que nous procurent les beautés d'un poème dans le seul fait que les pensées s'y succèdent aisément les unes les autres? Et quel est cet agencement propre
au corps féminin | qui rend toute *ressemblance* ou toute *analogie* plaisante, **55**
pour autant qu'elle soit aisément déductible? Comment expliquer ce qui nous plaît dans la contemplation de spirales logarithmiques, de certaines

1. E. Platner, *Neue Anthropologie für Ärtze und Weltweise*, Leipzig, Crusius, 1790; *Vorlesungen über Ästhetik*, Zittau et Leipzig, 1790.

figures stellaires et de tant d'autres objets géométriques qui ne rappellent en rien le corps, ni les contours humains ?

§ 36

On rencontre dans bien d'autres définitions des erreurs si facilement décelables que nous nous contenterons simplement de les indiquer, les laissant à l'appréciation du lecteur. *Batteux* disait ainsi (*Introduction aux belles lettres*, d'après Rammler)[1] : est belle « cette nature (?) qui se rapporte principalement à notre propre perfection (?) et à notre propre besoin (?), et qui pourtant est la plus parfaite en soi ». – *Crousaz*[2] exigeait que tout objet beau ait « pluralité, unité, régularité, ordre et un rapport déterminé », il définissait ce dernier à nouveau comme « unité assaisonnée de variété, de régularité et d'ordre dans chaque partie ». – *Diderot*[3] voulait attribuer la beauté à « ce qui éveille en nous le concept de rapport (?) ou de relation (?); au final, ce qui est conforme à une fin et naturel (?) ». – *Shaftesbury*[4] ne voulait au contraire accorder la beauté qu'au bon et au vrai. Il considérait par exemple que la beauté du corps humain résidait en ce que toutes ses parties étaient en rapport les unes les autres, et constituées de telle sorte, qu'elles procuraient à l'homme force, adresse, etc. – *Burke*[5] décrivait la beauté comme cette propriété d'un corps qui éveille l'amour, c'est-à-dire le plaisir sans désir, ou toute autre passion de ce genre. *Marmontel*[6] indiquait la force, la richesse et l'intelligence comme les trois propriétés attendues du beau. *Spaletti*[7] érigeait au contraire l'égoïsme comme source de tout plaisir du beau, et expliquait la beauté elle-même comme *modificazione incrente all'oggetto osservato, che con infallibile caratteristica, quale il medesimo apparir deve allo intelletto, che compiacesi in riguardarlo, tel glielo presenta*. – *Quandt* (dans ses *Lettres*

1. Abbé Ch. Batteux, *Cours de Belles Lettres*, Paris, 1753; Bolzano se réfère à la traduction allemande de K. W. Rammler, *Einleitung in die schönen Wissenschaften*, Leipzig, deuxième édition, 4 vol., 1762-1763.

2. J. P. de Crousaz, *Traité du Beau*, Amsterdam, Lhomond, 1715.

3. Bolzano cite librement la traduction allemande, *Philosophische Werke des Herrn Diderot*, Erster Teil, Leipzig, Dyck, 1774, qui contient l'article « Beau » de l'*Encyclopédie*.

4. A. A. Cooper Shaftesbury, *Caracteristics of Men, Manners, Opinions, Times*, Londres, 1711 et 1714.

5. E. Burke, *A Philosophical Enquiry into the Origin of our Ideas of the Sublime and Beautiful*, Thomas, 1757.

6. J.-F. Marmontel, article « Beau », *Eléments de littérature*, Paris, Firmin Didot, 1781.

7. G. Spalletti, *Saggio sopra la Bellezza*, Rome, Komarek, 1765.

d'Italie)[1] veut trouver beau tout ce qui est *approprié à la raison* dans une *forme sensible*, *Eberhard* et d'autres ne veulent accorder la beauté que là où sont satisfaits les *sens* les plus *distincts* (les plus accomplis) (vue et ouïe). *Sulzer* (dans le dictionnaire)[2] exige du beau « qu'il nous plaise *par sa seule contemplation*, par sa seule *forme*, sans considération de sa *matière* (?), soit *immédiatement* (?), soit grâce à une *connaissance* que l'on ne peut toutefois mener jusqu'à la *distinction* ». Parmi bien d'autres.

§ 37[3]

Passons maintenant à l'examen de ces célèbres définitions du beau qu'établit l'auteur de la *philosophie critique* après s'être défait de ses premières | vues sur ce sujet. En effet par amour de ses *catégories* et des 56
quatre points de vue ou *moments* de la *qualité*, de la *quantité*, de la *relation* et de la *modalité*, d'après lesquels chaque objet devrait être considéré lorsqu'il doit l'être de manière exhaustive, *Kant* nous fit don d'emblée, au lieu d'une seule, des *quatre* définitions suivantes : « *le beau est ce qui plaît sans intérêt*; *le beau est ce qui, sans concept, plaît néanmoins universellement*; *est beau ce qui nous apparaît comme conforme à une fin sans être accompagné d'une représentation de sa fin; est beau ce qui sans concept apparaît pourtant comme l'objet d'une satisfaction nécessaire.* » – (*Critique de la faculté de juger*, troisième édition, Berlin, 1799 p. 5 et suivantes)[4]. Faut-il se demander si ces quatre définitions relèvent vraiment des quatre moments exposés, et si oui comment, alors qu'il semble que chacune des trois dernières exprime tout aussi bien une *qualité* de la beauté que la *première*; alors que Kant admet lui-même plus loin que la *deuxième* ne traite absolument pas de la *quantité* du jugement de goût en un sens logique, mais seulement de sa *validité universelle* (*Allgemeingültigkeit*),

1. J. G. von Quandt, *Briefe aus Italien über das Geheimnisvolle der Schönheit und die Kunst*, Gera, Heinsius, 1830.

2. J. G. Sulzer, *Allgemeine Theorie der schönen Künste*, Leipzig, Weidmann u. Reich, 1794.

3. Les § 37-40 ont été traduits et édités une première fois avec la collboration de G. Pégny in *Formalisme esthétique, Prague et Vienne au XIXe siècle*, *op. cit.*, p. 57-73.

4. E. Kant, *Kritik der Urteilskraft*, Hartknoch, 1790. Bolzano se réfère à la troisième édition mais use de la pagination de la deuxième édition de 1793 (notée B) (*cf.* D. Gerhardus, *in* B. Bolzano, *Untersuchungen zur Grundlegung der Ästhetik*, Frankfurt, Athenäum, 1972, p. 65). Bolzano résume plus qu'il ne cite les quatre définitions kantiennes, et plus loin dans sa démonstration, Bolzano renvoie rarement littéralement au texte, il a un usage assez libre de la citation.

qui relève bien plutôt de la *modalité*; alors qu'on ne saisit finalement pas du tout pourquoi la troisième définition échoit au moment de la relation plutôt que la première : je veux laisser ceci de côté, car je crois avoir bien plus important à condamner dans les définitions elles-mêmes et dans ce qui est avancé pour les justifier.

En ce qui concerne la *première* définition, Kant affirme que l'on nomme *intérêt* cette satisfaction qu'on lie à la représentation de l'*existence* d'un objet. À un tel intérêt serait liée la satisfaction que l'on tire de l'*agréable*, de même celle que l'on tire du bon, mais la satisfaction que l'on tire du beau n'y serait pas liée, car là nous nous contentons de la simple *représentation*, et n'exigeons pas l'*existence* de l'objet beau. Voici donc ce qu'est censée être l'explication du beau en fonction de la qualité.

L'explication posée comme fondement du mot : *intérêt* s'accorde, à ce qu'il me semble, mal avec l'usage. Ce dernier connaît à vrai dire deux, et jusqu'à trois significations de ce mot; nous disons que nous *nous intéressons à* (*Interesse an*) un objet, ou qu'il nous *intéresse* (*uns interessiert*) ou est *intéressant* pour nous, quand nous le trouvons digne de notre attention; nous disons par ailleurs que nous trouvons un *intérêt par* (*Interesse bei*) un objet, ou sommes *intéressés par* lui, quand nous en attendons un avantage quelconque : mais aucune de ces deux significations –(ni une troisième qui n'a rien à faire ici, selon laquelle les *intérêts* sont compris en un sens financier)– ne s'accorde avec l'explication kantienne. Si nous *nous intéressons à* un objet, c'est-à-dire si nous le trouvons digne de notre observation : il n'est alors pas du tout nécessaire que nous trouvions une satisfaction à son *existence*, il n'a pas même besoin d'appartenir aux choses auxquelles incombe ou peut incomber l'existence. Ainsi, par exemple, avons-nous souvent un très vif intérêt pour les pures vérités, qui comme on sait ne sont pourtant rien d'existant, et il n'est rien de plus courant que la distinction entre les propositions *intéressantes* et les propo-
57 sitions *indifférentes*. | Si nous sommes par contre *intéressés par* un objet, si nous en attendons un avantage, il est alors bien sûr vrai que nous trouvons une satisfaction à son *existence*. Il ne suffit pourtant pas de dire que nous trouvons une satisfaction uniquement à son existence en général, il faut ajouter que nous tirons cette satisfaction d'une raison liée à notre *intérêt personnel*, de l'attente d'avantages déterminés qu'il va nous apporter. En ce qui concerne maintenant le beau : suivant la *première* signification, il est tout à fait faux de dire que nous ne prenons aucun intérêt au beau, car tout le monde trouve des objets qui sont beaux, et pour cette raison même, également *intéressants*, c'est-à-dire méritant notre attention. C'est seulement suivant la *deuxième* signification que l'on pourrait dire que

notre satisfaction prise au beau n'y trouve aucun intérêt et est donc *hors de tout intérêt*; en ceci que nous n'attendons pas d'autre avantage en dehors de celui qui consiste précisément en cette satisfaction issue de la contemplation du beau, du moins tant que nous ne devons justement qu'apprécier l'objet *beau*. C'est ainsi à mon sens que l'on devrait en juger, quand nous utilisons le mot *intérêt* suivant les significations que l'usage a introduites. Mais si nous prêtons attention à l'explication que *Kant* a avancée, et comprenons ainsi sous le terme d'*intérêt* une satisfaction prise à la représentation de l'*existence* d'un objet : il devient alors de nouveau difficile d'admettre que le beau nous plaise sans aucun intérêt. Car cela signifierait affirmer que nous ne trouverions jamais l'existence du beau souhaitable; alors que je pense bien plutôt que dans tous les cas où l'objet beau est quelque chose de réel en tant que tel, nous souhaitons pour cette raison la continuation de son existence, car sans cela, nous ne pourrions absolument jamais nous procurer une représentation de cet objet qui ait la vivacité et l'aisance requise. Ceci devient plus déconcertant encore lorsque précisément cet *intérêt* qui est contesté au beau se voit attribué à l'*agréable* et au *bon*; par quoi dès lors les deux concepts, aussi bien celui de l'*agréable*, qu'on avait l'habitude jusque-là de classer (*überordnen*) au-dessus du beau, tout autant que celui du *bon*, qu'on avait l'habitude de subordonner (*unterordnen*) à ce même concept, se trouvent dans un rapport d'*exclusion* avec le concept du beau. Rien de ce qui est bon ne doit être beau, rien de ce qui est beau ne doit être agréable ! N'est-ce pas étrange ?

§ 38

La deuxième définition : *est beau ce qui plaît universellement sans concept*[1], doit, comme *Kant* l'a affirmé, découler comme une simple conséquence de sa première définition, le beau est ce qui plaît sans intérêt. En effet puisque la satisfaction « ne se fonde pas sur quelque inclination du sujet (ou quelque autre intérêt réfléchi), mais qu'au contraire celui qui juge se sent entièrement *libre* par rapport à la satisfaction qu'il prend à l'objet, il ne peut dégager comme principe de la satisfaction aucune *condition d'ordre personnel* [...]. Il doit donc considérer que la satisfaction est fondée sur quelque chose qu'il peut aussi supposer en tout autre. Et par conséquent il doit croire qu'il a raison d'attribuer à chacun une satisfaction

1. E. Kant, *Critique de la faculté de juger*, trad. fr. A. Philonenko, Paris, Vrin, 1989, p. 62.

semblable »[1] – « cette universalité (de la satisfaction) ne peut résulter *de concepts* »[2], parce que, *premièrement* (p. 21), ce qui plaît par le simple
58 | *concept* est *bon*. Mais pour trouver quelque chose bon, on doit toujours d'abord savoir quelle chose ce *doit être*, on doit donc en avoir un *concept*; ceci est inutile pour trouver la beauté quelque part. Car (p. 49) « des traits entrelacés les uns dans les autres ne signifient rien, ne dépendent d'aucun concept déterminé, et plaisent néanmoins. »[3]. *Deuxièmement* (p. 18) il n'existe « en effet pas de passage des concepts au sentiment de *plaisir* ou de *peine* (exception faite dans les pures lois pratiques, qui entraînent un intérêt). »[4] – *Kant* affirme finalement encore (p. 27) que ce serait en fait « la *communicabilité* universelle de l'état d'esprit dans la représentation particulière, qui en tant que condition subjective du jugement de *goût*, doit être au *fondement* de celui-ci, et avoir comme *conséquence* le plaisir relatif à l'objet »[5]; et, p. 28, « les facultés de connaissance mises en jeu par cette représentation sont en ce cas appelées à jouer *librement*, puisqu'aucun concept ne les limite à une règle particulière de connaissance »[6].

Je ne peux m'empêcher d'estimer complètement manquée la démonstration ici menée. Car si je demande premièrement à *qui* pense vraiment *Kant* sous ce terme « chacun » dans sa conclusion, selon laquelle nous aurions le droit d'exiger de tout homme la satisfaction à l'égard de la beauté d'un objet : la réponse ne peut alors certainement pas être qu'on veut dire absolument chaque être quelconque, et peut-être même Dieu; la proposition doit bien plutôt être en tout cas circonscrite aux seuls *hommes* (*Menschen*) (ce qui arrive d'ailleurs p. 32)[7], et même aux seuls hommes d'un *certain niveau d'éducation*. Mais il apparaît immédiatement que rien dans les présupposés d'où cette conclusion est tirée ne justifie de la circonscrire à ce cas particulier, ni ne s'avère nécessaire. – Il est donc manifeste que la démonstration entière doit être fausse, parce qu'elle prouve *trop*. Et il en est bien ainsi; car comment, du fait que celui qui définit un objet comme *beau* trouve sa satisfaction dans la simple *représentation* de cet objet, sans en exiger l'existence, pourrait-on être autorisé à conclure que tous les autres hommes trouvent une satisfaction semblable à cette

1. E. Kant, *Critique de la faculté de juger*, *op. cit.*, § 6, p. 55-56.

2. *Ibid.*, § 6, p. 56.

3. Bolzano renvoie ici à l'exemple des « dessins à la grecque », dans une libre citation du texte (E. Kant, *Critique de la faculté de juger*, *op. cit.*, § 16, p. 71).

4. E. Kant, *Critique de la faculté de juger*, *op. cit.*, § 6, p. 56.

5. *Ibid.*, § 9, p. 60; Bolzano modifie un peu le texte de Kant qui parle de « représentation donnée » et non de « représentation particulière ».

6. *Ibid.*, § 9, p. 61.

7. *Ibid.*, § 9, p. 62.

représentation? Comment, si cette satisfaction ne naît en lui que d'une association d'idées propre à lui seul? Faudrait-il que ceci ait aussi une valeur universelle? – Comment peut-on affirmer plus loin que « celui qui juge se sent *entièrement libre* par rapport à la satisfaction qu'il prend à l'objet (beau) »[1]; il est encore plus difficile de comprendre comment il doit s'ensuivre « qu'il doit croire qu'il a raison d'attribuer à chacun une satisfaction semblable »[2]. Combien étrange est plus loin l'affirmation et la démonstration selon laquelle le jugement de goût s'effectue et doit s'effectuer *sans concept*! Si on se contentait de dire que l'on n'a pas besoin d'avoir distinctement conscience des concepts sur lesquels il repose, voire même que l'on ne devient peut-être jamais conscient avec une totale clarté de ceux-ci : il n'y aurait alors rien à objecter; on sait et enseigne cela depuis longtemps déjà. Mais des concepts dont on n'est pas *conscient* peuvent cependant toujours être *disponibles* et *doivent* l'être à chaque fois qu'un jugement doit être formulé. Kant dit et répète lui-même que la satisfaction prise au beau « repose sur le libre jeu de l'*imagination* et de l'*entendement*
que produit le beau en chaque sujet (et par conséquent | il doit aussi être *uni-* 59
versellement communicable) »[3]. Mais les produits de l'*imagination* et de l'*entendement* sont-ils autre chose que des *représentations*, plus exactement encore des *concepts*? Surtout dans la mesure où ils doivent être *communicables*, ce qui ne peut être dit proprement des intuitions? – Kant affirme avec raison que l'on doit avoir un *concept* pour trouver quelque chose *bon*, et certes non seulement de ce qu'il doit être, mais de ce qu'il *est*; mais que cela soit inutile dans le cas du beau, les exemples qu'il donne ne le prouvent en aucune façon. Nous ne trouvons pas beaux les « traits entrelacés les uns dans les autres », les soi-disant « dessins *à la grecque* »[4], jusqu'à ce que nous nous représentions à tout le moins obscurément quelques *règles* auxquels correspondent ces traits, par conséquent que nous les ayons subordonnés à quelques *concepts*. Nous avons néanmoins l'habitude de dire que ces traits « *ne signifient rien* », ce qui a sa pertinence; mais ainsi, nous voulons simplement dire que ces traits n'ont pas une signification du genre de celle que nous sommes habitués à trouver dans la plupart des autres dessins; à savoir une signification qui détermine l'agencement de *toutes* leurs parties, comme quand par exemple ils représentent une plante réelle avec une exactitude de botaniste, ou quand ces dessins sont des lettres, qui expriment des mots et des propositions entières

1. *Ibid.*, § 6, p. 56.
2. *Ibid.*
3. *Ibid.*, § 9, p. 61.
4. *Ibid.*, § 16, p. 71.

(cohérentes et ayant un sens raisonnable). Serions-nous cependant bel et bien complètement hors d'état de penser ne serait-ce qu'une règle quelconque qui corresponde aux traits devant nous, alors nous ne trouverions certainement aucune satisfaction à leur contemplation, nous exprimerions plutôt notre dépit à leur sujet par les mots « *il n'y a ni sens ni raison* (ce qui suppose bien concept ?) *dans ces traits* », et on ne leur attribuerait sûrement aucune beauté. – De même je ne peux approuver la deuxième raison que Kant donne pour preuve de son affirmation, à savoir qu'il n'y aurait « aucun passage des concepts aux sentiments du plaisir et du déplaisir, sauf dans les règles purement *pratiques* »[1]. Je pense qu'il y a également un passage vers les sentiments du plaisir et du déplaisir à partir des concepts *théoriques;* ou un plaisir plus ou moins vivace ne doit-il pas s'éveiller en nous à chaque fois que nous apprenons à connaître à l'aide de concepts purement théoriques un objet qui nous offre un aperçu d'une perfection plus haute, ou même qui nous promet seulement profit et avantage ? N'y a-t-il pas aussi certainement un passage des concepts à un sentiment de plaisir, et un passage très naturel, quand par la *formation* de certains concepts nous nous apercevons de notre propre force et de notre habileté à penser ? N'est-il pas naturel que nous en ressentions de la joie ? Mais c'est justement, comme je l'ai démontré, ce qui a lieu lors de la contemplation du beau. Cependant Kant veut faire dériver la satisfaction que nous offre la contemplation du beau d'un tout autre fondement : de la *faculté* de *communiquer* notre état d'âme avec tout un chacun. J'accorde volontiers « qu'il y a un plaisir à pouvoir communiquer son état d'esprit »[2], mais la raison unique ou même seulement principale de ce plaisir que nous trouvons au beau ne peut certainement reposer sur cette seule circonstance; il devrait même être possible de retrancher cette circonstance de l'énumération des raisons sur lesquelles ce plaisir repose *essentiellement*. Car si c'était le contraire et si la satisfaction prise au beau découlait uniquement
60 ou seulement principalement de cette source : | alors l'expérience devrait enseigner que les hommes qui vivent coupés de tout commerce avec les autres ne déploient aucun sens du beau; qu'ils ne s'efforcent absolument pas d'embellir leur environnement, leur habitation et leurs vêtements, ainsi que tous les objets dont ils se servent ou qu'ils ont sous les yeux, qu'ensuite ils ne préfèrent jamais la beauté à la laideur quand cette dernière exige pour être acquise un effort identique à celle-là; or ce n'est pas le cas; certes tant que les hommes qui vivent seuls sont encore à ce point totalement occupés

1. *Critique de la faculté de juger*, § 6, p. 56.
2. *Ibid.*, § 9, p. 61.

à satisfaire leurs besoins les plus urgents qu'il ne leur reste pas le loisir de pouvoir s'occuper d'autre chose, ils ne pensent pas non plus aux embellissements; mais à mesure que leur situation s'améliore, qu'ils se trouvent pourvus de l'essentiel, s'éveille aussi leur exigence du plus confortable, du meilleur, du plus beau. Quant à l'affirmation selon laquelle les facultés de connaître seraient dans un libre jeu lors de l'observation du beau, «*puisqu'aucun concept déterminé* ne les limite à une règle particulière de connaissance»[1], je dois franchement avouer que je n'y vois, comme pour bien des théories du sage de Königsberg, que la conséquence d'une recherche qui ne pénètre pas assez en profondeur la corrélation *logique* et *psychologique* de nos représentations. Des concepts *déterminés* sont aussi formés lors de la contemplation du beau, il n'en est même absolument pas d'indéterminés, mais il y a bien des concepts en notre âme que nous ne nous représentons pas à nouveau, à savoir des concepts *obscurs*. – Et je dois donc écarter comme erronée la *deuxième* définition *kantienne* du beau, selon laquelle *il plaîrait universellement sans concept*; mais je me crois ainsi aussi autorisé à décrire par avance comme une chose également non prouvée cette affirmation tristement célèbre de ce philosophe, si funeste pour l'esthétique en son entier, selon laquelle «*il ne peut y avoir de règle objective du goût qui détermine par un concept ce qui est beau*»[2], et «*chercher le critérium universel du beau est une entreprise stérile*»[3].

§ 39

Kant cherche à justifier sa *troisième* définition («*le beau est ce qui nous apparaît comme conforme à une fin sans avoir toutefois une représentation de sa fin*»)[4] d'une manière encore plus surchargée et encore plus embrouillée que lorsqu'il justifie la deuxième définition qui vient d'être examinée. Je ne peux de ce fait que la restituer avec une brièveté plus grande encore que la précédente, et je limiterai mon appréciation à ce qui importe le plus. Une fin perçue d'un objet, qu'elle soit objective ou subjective, ne doit jamais (selon ce que *Kant* a enseigné) être au fondement d'un *jugement de goût*, c'est-à-dire du jugement qu'un certain objet est beau. Aucune fin perçue au sens *subjectif*, car sous celle-ci il faudrait comprendre une raison pour laquelle l'objet *nous* plaît; nous devrions en

1. *Ibid.*
2. *Ibid.*, § 17, p. 73.
3. *Ibid.*
4. *Ibid.*, p. 76.

conséquence trouver une satisfaction non à la simple *représentation* de l'objet, mais à son *existence même*; il ne serait ainsi pas beau, mais nous serait agréable. De même aucune perception d'une fin en un sens *objectif*
61 | (laquelle est définie comme « l'objet d'un *concept*, est fin, dans la mesure où le concept en est la cause (le fondement réel de sa possibilité) »)[1] ne doit déterminer le jugement de goût. Car ce serait alors toujours un jugement déterminé par un *concept*. Mais bien que de ce fait aucun objet beau ne puisse être défini comme beau parce que nous lui joignons cette fin *déterminée*, subjective ou objective : il peut et doit cependant avoir une *forme de la finalité* que nous percevons, c'est-à-dire que nous devons, pour *comprendre* sa possibilité, nous *représenter* qu'une volonté l'ait ordonné ainsi, suivant une certaine règle, sans que nous sachions donner la *fin*, le *en vue de quelle fin* (*wozu*) ? « Car cette simple *forme de la finalité* du beau est justement ce qui produit ce jeu harmonieux des facultés de l'esprit et des facultés de représentation, qui chez tout un chacun est lié au sentiment du plaisir »[2]. – Ainsi par exemple une tulipe serait belle parce qu'elle possèderait dans sa structure entière une certaine forme de la finalité, parce que | ses feuilles se bomberaint de telle façon *pour une fin quelconque*, parce que ses couleurs sembleraient se renouveler de telle façon *en vue de quelque chose*, etc. Pourtant cela signifie finalement que la finalité sans fin que le beau doit avoir n'est rien d'autre « que *la finalité subjective* des *représentations* qui subsiste en l'esprit du sujet intuitionnant »[3], une certaine finalité « *de l'état représentatif* dans le sujet et en cet état une *aisance du sujet à saisir une forme donnée dans l'imagination* »[4].

Nous souhaitons passer sur les définitions des concepts d'une finalité *subjective* et d'une finalité *objective*, posées ici comme fondement, bien qu'il soit évident que si l'on veut décrire la finalité d'un objet, on doit donner non un *concept* mais une *décision de la volonté* comme *cause* de sa formation. Je dois néanmoins reconnaître que les preuves des deux affirmations : le fondement d'un jugement de goût ne se trouve ni dans la perception d'une fin subjective, ni dans celle d'une fin objective, n'ont pour moi aucune force de persuasion. Elles s'appuient en effet sur les deux

1. *Critique de la faculté de juger*, § 10, p. 63.

2. *Ibid.*, § 15, p. 70. D. Gerhardus (*Untersuchungen…*, *op. cit.*, p. 73) associe cette citation libre de Bolzano au passage « J'ai déjà dit qu'un jugement esthétique… ne peut qu'être senti »; un autre renvoi est possible, § 12, p. 65 : « La conscience de la finalité purement formelle dans le jeu des facultés de connaître du sujet, à l'occasion d'une représentation par laquelle un objet est donné, est le plaisir même ».

3. *Ibid.*, § 15, p. 69.

4. *Ibid.*

propositions précédentes qui m'ont semblé erronées : le sentiment de la beauté devrait être une satisfaction prise uniquement à la *représentation* et non à l'*existence* d'un objet, et elle ne devrait pas provenir d'un *concept* de l'objet. Mais en ce qui concerne le concept exposé par Kant d'une pure «*forme de la finalité sans fin*» : je ne veux pas encore le décrire comme un concept contradictoire. Car on pourrait y comprendre telle forme d'un objet, où ce concept nous *rappellerait* bien une fin qui constituerait son fondement, susciterait bien *la pensée* qu'il est formé *comme pour* une certaine fin, mais sans avoir effectivement cette fin et sans qu'on la juge même probable. Car un tel rapport peut bien survenir ici ou là ; comme pour le corbeau qu'a reçu l'empereur Auguste. Les *mots* que Kant emploie pour sa définition sont choisis de telle sorte que nous ne pouvons décidément guère éviter de lui reprocher d'avoir composé là un concept par soi contradictoire. Il nous dit en effet qu'une *forme de la finalité sans fin* existe là où « nous ne posons pas les causes de cette forme en une volonté ; bien que nous ne puissions obtenir une explication compréhensible de sa *possibilité*, qu'en dérivant celle-ci | d'une volonté »[1]. N'est-ce pas bien une contra- 62
diction que de dire : nous *ne posons pas* la cause d'une certaine chose dans une volonté, et nous ne pouvons comprendre la *possibilité* de cette chose sans placer sa cause dans une volonté ? Puis n'est-ce pas à tout le moins une contradiction de définir la chose comme possible alors que nous la voyons comme bien *réelle* devant nous ? – Mais il y a ici quelque chose d'encore plus étrange. En plusieurs endroits, notamment dans les exemples que donne Kant, il s'exprime comme s'il croyait que nous pouvons remarquer la forme de la finalité en un objet sans que nous nous soyons au moins *représenté* les *fins* elles-mêmes auxquelles il devrait être conforme en vertu de sa finalité. Et ceci constitue bien à ce qu'il me semble une pure impossibilité ; sauf dans ce cas unique où nous savons déjà par quelque autre source que notre objet a été produit par un être raisonnable et par conséquent pour une fin déterminée, que nous le remarquions ou pas. Mais précisément ce cas est, comme on le voit, ici exclu ; car c'est bien une simple *forme* de la finalité qui doit régner, sans qu'existe une fin *réelle*. À quoi donc, je le demande ici, veut-on bien reconnaître cette forme de la finalité ? Nous ne devrions absolument pas connaître le but qu'ont les dégradés de couleurs de cette tulipe ; nous devrions même savoir avec certitude que toute fin leur fait défaut : et pourtant nous ne devrions pas parvenir à refouler la pensée que ces dégradés de couleurs servent *une fin quelconque* ? On juge cependant globalement ainsi : nous concluons qu'un

1. *Ibid.*, § 10, p. 63.

objet qui se trouve devant nous a été produit en vue d'une fin lorsque nous trouvons, après examen de tous ses agencements, qu'il est apte à provoquer une certaine réussite, celle qu'un être doué de raison peut vouloir lui souhaiter. Nous définissons de suite cette réussite comme étant la fin préméditée par l'auteur de cet objet et trouvons sa *finalité* d'autant plus grande que nous remarquons plus de parties et d'agencements en cet objet qui doivent contribuer à la production de cette réussite qui est sienne. La perception de la finalité présuppose donc toujours déjà en règle générale la perception d'une fin déterminée; et là où nous sommes incapables de deviner une fin, il ne nous vient pas à l'idée de soupçonner une finalité. Il peut bien entre-temps, comme je l'ai accordé, y avoir des cas où la ressemblance de certains agencements d'un objet avec ceux que nous avons souvent vu produire par des êtres doués de raison, nous amène à parler d'une simple *forme* de la finalité, bien que nous sachions qu'ici n'existe aucune fin réelle. Lorsqu'un enfant qui n'a appris ni à lire ni à écrire prend pour la première fois une craie en main et dessine une figure qui a quelque ressemblance avec un chiffre; nous avons alors tout à fait le droit de dire qu'il y a là une forme de la finalité sans fin réelle : mais dirons-nous vraiment que nous remarquons la simple *forme* de la finalité, mais ne pouvons donner la fin, à savoir la fin apparente, qui serait conforme à cette forme? C'est bien le *chiffre* que nous reconnaissons dans ce trait de l'enfant, et qui nous rappelle une fin précisément du fait qu'il est un objet qui n'est produit d'habitude que de manière intentionnelle, et nous amène
63 par ce biais à parler d'une | forme de la finalité. – On comprend dès lors combien je ne peux approuver ce qu'affirme Kant, à savoir une telle forme de la finalité sans fin qui devrait être perceptible en tout ce qui est beau, justement pour pouvoir l'éprouver comme beau. Dans l'observation d'un objet qu'il nous faut percevoir comme beau, il ne s'agit pas de prouver l'existence d'une *fin*, encore moins d'une simple *finalité sans fin*. Il s'agit seulement de trouver à partir des propriétés déjà perçues de cet objet une *règle* ou un *concept* auquel correspondent toutes les propriétés de l'objet, y compris celles que l'observation continue est seule à enseigner (il s'agit de s'élever à une représentation au moins obscure d'un tel concept). La *forme de la finalité* kantienne est donc certainement un autre concept que le *type de régularité* que l'on vient de décrire, et qu'une chose doit avoir quand nous devons la trouver belle. J'accorde néanmoins que les deux concepts ont tant de similitude que leur confusion n'a rien d'incompréhensible. Mais poursuivons ! – Kant requiert *la forme de la finalité* pour tout ce qui est beau parce qu'elle seule « produit ce jeu harmonieux des facultés de sentir et des facultés de représenter qui est pour tout homme lié au sentiment de plaisir

(*Lust*)»[1]. Mais est-il vrai que ce jeu délectable ne se produit que lorsque nous rencontrons une forme de finalité sans fin? Ne devons-nous pas trouver délectable d'être assez heureux pour trouver sans trop de peine et en un temps assez court, alors que nous recherchons la régularité en une chose, une règle selon laquelle elle est agencée? – Examinons les *exemples* que Kant introduit et nous prenons conscience qu'il y mêle d'une manière inutile et même complètement faussée le concept d'une *fin* là où celui d'une simple *règle* suffirait. Nous devons trouver la *tulipe belle* «parce qu'en sa perception se rencontre une certaine finalité qui, jugée comme nous faisons, ne se rapporte à aucune fin»[2]; donc à peu près parce que ses couleurs nous sembleraient ainsi agencées en dégradé *pour quelque chose* sans que nous parvenions à dire pourquoi. Ma foi, s'il en était bien ainsi, il serait alors bien plus facile de comprendre que la contemplation du beau suscite en nous du dépit plutôt qu'elle ne nous divertit «par le jeu harmonieux de nos facultés de représentation». Car si nous nous rendions compte que chaque bel objet possède des agencements qui *semblent* servir à une fin déterminée, bien que nous nous sentions incapables de donner cette fin: est-ce qu'alors chaque objet beau ne nous rappellerait pas les limites de notre savoir, quelque chose que nous chercherions mais ne pourrions trouver, une *énigme* insoluble pour nous? Et nous devrions trouver ce rappel bienvenu? C'est pour lui que nous devrions trouver une si grande jouissance à la contemplation d'objets beaux? – c'est d'habitude le contraire: nous mettons les énigmes que nous n'arrivons pas à résoudre de côté, insatisfaits et avec une sorte de dépit. Ou bien dira-t-on qu'il ne pourrait être ici question de dépit pour la raison étrange que nous saurions bien que la finalité du beau n'est qu'*apparente?* Je pense que cette seule circonstance ne ferait qu'augmenter notre dépit vis-à-vis de nous-mêmes. Devrions-nous savoir que les agencements de l'objet que nous remarquons n'ont | en fait *pas* de fin; ce nonobstant nous devrions être incapables de **64**
détruire *la fausse apparence* qu'ils ont quand même bien une fin; et nous devrions, qui plus est, être incapables ne serait-ce que de dire quelle fin nous *semble* correspondre à ces agencements: n'a-t-on pas déjà là une *double ignorance* au lieu d'une? Et celle-ci ne devrait-elle pas justement nous inquiéter d'autant plus qu'elle devrait s'avérer être quelque chose de faussé *en notre propre entendement*, qui nous ferait miroiter une finalité en sachant qu'aucune fin ne doit lui correspondre? – Mais la chose est par chance toute différente que Kant ne la présente: nous ne cherchons pas des

1. *Critique de la faculté de juger*, *op. cit.*, § 15, p. 70.
2. *Ibid.*, n. 2, p. 76.

fins dans le beau, mais seulement des règles, des concepts, et nous les trouvons. Nous observons par exemple une rose et trouvons que ses fleurs s'arrondissent toutes en forme de parties de sphère, nous trouvons qu'aucune n'a de délimitation rectiligne, mais qu'elles forment chacune plus ou moins comme l'autre des ovales; nous trouvons que leur liaison est derechef très régulière, que la partie inférieure est sise à l'intérieur de leur ovaire, et qu'elles sont réparties uniformément autour de celui-ci; nous trouvons que ces feuilles deviennent progressivement toujours plus petites de l'extérieur vers l'intérieur et donnent ainsi à la fleur la forme d'une sphère aplatie, etc. Ces observations sur l'aspect de la rose qui accèdent en nous à une conscience plus ou moins claire, ou bien auxquelles nous songeons d'une manière seulement confuse, mais qui en tout cas ne nous semblent pas trop difficiles, quoique nous ne les ayons trouvées ni trop faciles ni trop simples, ces observations, dis-je, sont celles à cause desquelles nous éprouvons un plaisir à la contemplation de cet objet et lui accordons la beauté. Et il semble vraiment à certains moments que *Kant* lui-même aurait pressenti que la satisfaction prise au beau ne naît pas de la manière décrite plus haut, quand il dit: «*la finalité sans fin que doit posséder le beau n'est autre qu'une finalité subjective* des *représentations* qui subsiste en l'esprit du sujet intuitionnant [...] et en cet état une *aisance du sujet à saisir une forme donnée dans l'imagination*»[1]. Je voudrais moi aussi y souscrire. Mais que veut dire ce que l'on peut lire plus loin (p. 70): «*ainsi il faut que l'une ou l'autre de ces assertions soit erronée: ou bien le jugement du critique*, qui consiste à attribuer de la beauté à des figures géométriques régulières, *ou bien notre jugement*, suivant lequel on trouve nécessaire pour la beauté une finalité sans concept»[2]? Si cette finalité n'est que simplement *subjective*, elle tient dans la simple aptitude de l'objet beau à produire en nous «*un agrément*» par son observation: pourquoi alors est-ce que tous ceux qui veulent attribuer la beauté à *certaines* formes *régulières*, précisément du fait de cette régularité, ne pourraient pas avoir aussi raison? Qu'il y ait également une régularité trop grande, par trop voyante, s'annonçant comme contrainte qui porte atteinte à la beauté – à propos de laquelle disserte *Kant* dans ce qui suit immédiatement –, n'est en effet pas niable, mais s'explique assez à partir du concept de beauté que nous exposons.

1. *Critique de la faculté de juger, op. cit.*, § 15, p. 69.

2. *Ibid.*, p. 81; Bolzano se réfère à des figures géométriques régulières, là où Kant ne parle que de figures conçues.

| § 39 bis 65

Enfin pour justifier sa *quatrième* définition du beau, selon laquelle il serait *reconnu sans concept comme l'objet d'une satisfaction nécessaire*, *Kant* rappelle d'abord que la nécessité dont il parle ici n'est ni *objective*, à savoir *théorique*, reconnaissable à partir de concepts purs *a priori*, ni une nécessité *pratique*, c'est-à-dire conséquence d'une loi de la raison qui sert de *règle* à l'être dont l'agir est libre, mais une simple nécessité *exemplaire*, à savoir « la nécessité de l'adhésion de *tous* à un jugement considéré comme un *exemple d'une règle universelle* que l'on ne peut énoncer »[1]. Il poursuit en disant que cette nécessité est *subjective* et se fait connaître ainsi : « celui qui déclare une chose belle estime que chacun devrait la déclarer aussi comme belle »[2]. Mais cette nécessité subjective n'est que « *conditionnée* ; on sollicite l'adhésion de chacun parce que l'on possède un principe qui est commun à tous, lorsqu'on est toujours assuré que le cas est correctement | subsumé sous ce principe comme règle de l'assentiment »[3]. Il affirme finalement que cette *nécessité subjective* est ce « *qui sous la présupposition d'un sens commun est représentée comme objective* »[4]. Car « dans tous les jugements par lesquels nous disons une chose belle, nous ne permettons à quiconque d'avoir une opinion différente de la nôtre ; et cela bien que nous n'appuyons pas notre jugement sur des *concepts*, mais sur notre *sentiment*, que nous mettons ainsi au fondement non en tant que sentiment *personnel*, mais comme sentiment *commun* (*sens commun*) »[5]. Nous y sommes aussi autorisés, car « toutes les connaissances et tous les jugements *doivent pouvoir être communiqués universellement*, ainsi que la conviction qui les accompagne ; sinon il n'y aurait pas d'*accord* entre eux et leur objet ; connaissances et jugements ne seraient dans leur ensemble qu'un simple jeu subjectif des facultés représentatives [...]. Si des connaissances doivent pouvoir être communiquées, il faut aussi que l'*état d'esprit*, c'est-à-dire l'accord des facultés de connaître en vue de la connaissance en général [...] puisse être communiqué universellement ; sans cet accord [...] la connaissance considérée en tant qu'effet ne saurait se produire. [...] Mais cet accord des facultés de connaître (imagination et entendement) possède [...] une proportion différente. Il faut toutefois qu'il existe une proportion, en laquelle ce rapport intérieur qui les anime (l'une

1. *Ibid.*, § 18, p. 77.
2. *Ibid.*, § 19, p. 77.
3. *Ibid.*
4. *Ibid.*, § 22, p. 79.
5. *Ibid.*

par l'autre) soit le plus approprié [...] en vue d'une connaissance»[1]. Ce *sentiment* doit donc se laisser communiquer universellement, il doit donc y avoir un *sens commun*. Le sens commun est donc «une *norme idéale*. En présupposant celle-ci, on pourrait à bon droit établir comme règle, pour chacun, un jugement qui s'accorderait avec elle, ainsi que la satisfaction résultant d'un objet et exprimée en ce jugement: c'est que le principe, il est vrai seulement subjectif, mais cependant admis comme *universellement subjectif* [...], pourrait exiger une adhésion universelle tout de même qu'un principe objectif! Il faudrait toutefois être assuré d'avoir correctement subsumé sous ce principe»[2].

Moi aussi, je pense que les jugements de goût n'ont pas de *nécessité objective* (c'est-à-dire à mon avis pas de *véritable nécessité*), et ce aussi souvent qu'ils concernent des objets que nous n'avons appréhendés que par le biais de représentations empiriques, par exemple *cette* rose est belle.
66 Car | je n'accorde la nécessité stricte qu'aux seules pures *vérités conceptuelles*) *. S'il était par contre question d'autres jugements de goût dont toutes les composantes sont de purs concepts, par exemple le jugement: toute vertu est belle, ou: Dieu a lui aussi la beauté; je ne vois alors pas en quoi on pourrait nier la nécessité de telles propositions, sans mettre en doute leur vérité même. Il devrait de même être difficile de contester la nécessité *pratique* de propositions du type «tout homme éduqué *devrait* trouver la vertu belle», et d'autres semblables. – Pour ce qui concerne ce que Kant appelle *nécessité exemplaire*, je reconnais d'emblée ne pas pouvoir en saisir bien le concept. La nécessité de l'adhésion *de tous* à un jugement ne dépend sûrement pas du fait qu'on le considère ou pas comme un exemple d'une règle universelle; car *chaque jugement vrai* – (et n'a-t-on pas le droit de n'exiger l'adhésion de tous que pour les jugements vrais?) – se laisse considérer comme un exemple d'une règle universelle, pour autant qu'il ne s'agisse pas d'un jugement absolument immédiat, mais d'une authentique vérité fondamentale, et pour autant qu'il n'ait pas non plus comme sujet un unique objet (*ceci*). Non seulement le jugement: cette fleur est *belle*, mais aussi le jugement: cette fleur est *odorante*, est utilisable à cette fin ou cette autre, etc., se laissent tout aussi bien considérer comme des cas particuliers de certaines propositions plus générales: toutes les fleurs qui ont telle ou telle propriété sont – belles, odorantes, utilisables, etc., et par conséquent sont comme des exemples d'une règle universelle.

* Voir la *Wissenschaftslehre*, Tome II, § 152.

1. *Critique de la faculté de juger*, *op. cit.*, § 21, p. 79.
2. *Ibid.*, § 22, p. 79-80.

Ce que je dois plus loin comprendre par une « *règle universelle mais que l'on ne peut pas donner* » me semble obscur. Et si cette impossibilité de la donner n'était qu'une impossibilité de tel ou tel, par exemple de celui qui juge, une incapacité éprouvée jusqu'à l'instant présent, ou une impossibilité *absolue* pour tous les êtres pensants, à tout le moins, une impossibilité perdurant de tout temps pour nous autres hommes ? Dans le premier cas on ne pourrait parler d'une valeur universelle des jugements de goût ; dans le second cas ce serait une tâche bien difficile que de prouver que la règle universelle que *nous* ne savons pas donner ne sera *jamais* donnée, *et par personne*. De plus, l'affirmation selon laquelle tous les jugements doivent être *communicables universellement* avec leur conviction ne peut rester incontestée. Comment voulons-nous communiquer universellement des jugements de la forme : « je ressens juste en ce moment une douleur », et ainsi convaincre chacun de leur vérité ? Les jugements de goûts sont-ils seulement tous communicables ? Assurément, à la seule condition de pouvoir trouver des hommes ayant assimilé un niveau suffisant de formation intellectuelle, des hommes déjà exercés à juger des objets de cette sorte, et qui se voient offrir l'occasion de contempler l'objet en question avec l'attention nécessaire. Comment découlerait du fait qu'un jugement ne se laisse pas communiquer, et qu'il est par conséquent impossible de convaincre chacun de son bien-fondé, ce que Kant en fait découler : ce jugement ne correspondrait pas à l'objet, ou (ce qui revient au même) il ne lui reviendrait aucune vérité ? La communicabilité ou l'incommunicabilité d'un jugement est une circonstance qui ne change pourtant pas le moins du monde | sa corres- 67
pondance avec l'objet. Quand bien même il n'y aurait sur tout le globe terrestre qu'un seul homme, ou même aucun, par conséquent quand bien même il n'y aurait aucune communicabilité, le beau resterait beau et le répugnant, répugnant. Pourquoi la relation la plus profitable à la connaissance ne devrait-elle absolument pas être déterminée par des *concepts* mais (comme l'affirme Kant) par le seul *sentiment ?* Je pense qu'il faut au moins pouvoir dire quelque chose de cette relation à l'aide de simples concepts. Qu'est-ce qui est donc vraiment *sentiment*, s'il est pris au sens d'une faculté de connaître, comme le fait ici Kant ? Ce ne peut ici signifier que *sentir* (*fühlen*) : reconnaître quelque chose par la médiation de représentations et de prémisses obscures qui ne parviennent pas à notre conscience. Il reste néanmoins possible, par une attention accrue et une méditation répétée, de faire advenir à notre conscience ce qui repose obscur en notre âme. Quelle étrangeté est-ce aussi, lorsque *Kant* affirme expressément, au § 21, l'existence de ce qu'il appelle un *sens commun* (qui devrait être

appelé d'une manière bien plus conforme à son usage un *sentiment commun*), l'expose, puis explique pourtant de nouveau au § 22, qu'il ne *veut* et ne *peut* pas rechercher ici s'il y a bien effectivement un tel sens commun ; que c'est pourquoi il le nomme « une norme simplement *idéale* ». Mais si ce sens est une norme simplement idéale, et si néanmoins c'est sous sa seule présupposition qu'un accord dans les jugements de goût peut être exigé *avec raison* de chacun : alors la nécessité des jugements de goût ne devrait pas seulement dépendre de la simple *condition* que nous *subsumons* correctement en eux, mais également de la condition que nous *supposons* avec raison le sens commun en eux. Tout le monde voit bien que Kant, dans toute cette recherche sur le concept du beau d'après le moment de la *modalité*, où il entend démontrer la *nécessité* du jugement de goût, ne s'occupe au fond de rien d'autre que de la démonstration de l'*universalité* de ce jugement, qu'il devait pourtant déjà prouver dans la deuxième définition découlant du moment de la *quantité* ; si bien que tout ce qu'il avance maintenant n'a pas sa place ici, mais aurait dû être discuté dans la recherche précédente. Dans tout ce traité, des § 18 à 22, rien ne semble moins être à sa place que le *mot : nécessaire*, à partir duquel on *présuppose* tout simplement, qui plus est sans la moindre preuve, que la nécessité revient à tous ces jugements qui exigent l'approbation de chacun ; or, c'était bien la seule chose qui avait besoin d'être prouvée en cet endroit.

§ 40

Aussi inabouties que pouvaient être ces quatre définitions kantiennes, on ne peut cependant nier qu'elles produisirent, liées aux nombreuses autres théories si singulières de ce philosophe, un très grand changement dans l'art et la manière dont on a depuis lors traité de la théorie du beau. **68** Seuls les temps à venir décideront si, | à cet égard, ce changement fut bénéfique. J'ose toutefois dire publiquement que les définitions du beau exposées depuis la parution de la *Critique de la faculté de juger* et dont elle a influencé l'éclosion, ne surpassent en rien ce qui a été produit auparavant : soit elles répètent ce qui a déjà été dit depuis longtemps en inventant de nouvelles expressions, soit elles sont seulement plus imprécises et plus erronées. L'un des premiers qui estima nécessaire d'être du même avis que l'auteur de la philosophie critique, sur certains points à défaut de tous, fut *Salomon Maimon*. Dans ses *Incursions dans le champ* *philosophique* de 1793[1], il plaça la beauté « d'après son caractère *objectif*, dans l'accord avec un *concept*, ou une *fin*, ou une *règle*, mais d'après le moment *subjectif*, dans la *production de la plus grosse somme d'effets de l'imagination reproductrice et productrice* » – il était évidemment superflu d'ajouter encore ces mots : « ou une *fin* ou une *règle* » après « accord avec un *concept* », si ce ne n'est pour expliciter ; car ce qui est en accord avec une *fin* ou une *règle* doit bien aussi être en accord avec un concept. Exiger que l'imagination reproductrice et productrice du beau produise une somme d'effets la plus grande possible, n'était plus une idée nouvelle, mais avait déjà été dite vingt-quatre ans plus tôt par *Hemsterhuis*, lorsqu'il exigeait que le beau suggère le *plus grand nombre d'idées* dans le temps le plus court : un propos qui était peut-être exprimé avec d'autant plus de justesse que ce n'est pas l'*imagination* seule qui est mise en branle lors de l'observation du beau, mais assurément aussi notre *jugement*.

§ 41

Loin de moi l'idée d'attenter à la célébrité d'un homme que je respecte, quand j'avoue qu'une définition trouvée dans sa jeunesse ne me paraît pas fondamentalement meilleure que d'autres semblables qui existaient déjà avant elle. Dans les *Idées pour une esthétique psychologique* (Berlin, 1793)[2] de *Zschokke* on trouve en effet la définition suivante, qui fut aussi reprise plus tard par *Dambek*[3] dans ses *Leçons sur l'esthétique* (Prague, 1822) : « la *beauté* est, pour la faculté de sentir, l'expression de la perfection unifiée, théorique, morale et sensorielle d'un objet, autant que la nature de celui-ci le permet. » Par l'ajout de *autant que la nature de l'objet le permet*, l'unification requise de ces trois espèces de perfection est de nouveau abolie ; de plus, une chose ne doit justement pas, pour être belle, s'être élevée au *plus haut* degré de la beauté dont elle est capable par nature.

1. S. Maimon, *Streifereien im Gebiete der Philosophie*, Erster Teil, Berlin, Vieweg, 1793.

2. J. H. D. Zschokke, *Ideen zu einer psychologischen Ästhetik*, Berlin et Francfort, Kunze, 1793.

3. J. H. M. Dambek, *Vorlesungen über Ästhetik*, Prague, Enders, 1822-1823.

§ 42

Il était prévisible que le prestige acquis par le sage de Königsberg induirait chez un homme aussi fin que Schiller une grande estime, mais non
69 | une fidélité inconditionnelle à toutes ses thèses. Les traités esthétiques de Schiller contiennent en effet pléthore de choses originales, pertinentes et dignes encore aujourd'hui de retenir l'attention. Dans ses *Lettres sur l'éducation esthétique de l'humanité* (1797), il n'osa prétendre que « ce qui est l'objet de l'instinct de jeu » constitue une définition du beau, mais il n'en formula cependant jamais une autre. Il considéra comme une propriété caractéristique de la beauté ce qui suit : « l'homme ne doit *que jouer* avec la beauté, et il ne doit jouer *qu'avec elle* »[1]. Afin de juger si cette affirmation est vraie, il nous faut d'abord parvenir à déterminer plus précisément le concept de *jeu*. Si, comme Schiller (*ibid.*), on nomme la production de tant de milliers de fleurs qui tombent sans devenir fruits, un *jeu* de l'arbre, on étend assurément la signification du mot au-delà de l'usage. Nous nommons au sens propre, celui que j'emploie, un *jeu*, une activité de nos forces, que nous *commençons et poursuivons simplement* pour repousser le supplice que nous cause l'*inaction*, à savoir le manque de renouvellement de nos représentations, en d'autres termes l'*ennui*. Par cette définition, je présuppose (ce qui doit être prouvé plus en détail dans la psychologie) que notre âme, si elle a toujours déjà des représentations, des sensations et choses de ce genre, n'est cependant pas toujours également satisfaite par elles ; le manque de représentations suffisamment intéressantes et renouvelées provoque notamment de temps à autre un désagrément spécifique, que nous nommons l'*ennui* ; notre âme, afin de l'éloigner, tend vers de nouvelles représentations qui l'intéressent plus, et entreprend toutes sortes d'actions en espérant y parvenir. Aussi longtemps que ce qui pousse notre âme à agir et ce qu'elle réussit à faire est de chasser l'ennui, on dit qu'*elle joue*. Dès que nous visons par contre une autre *fin plus déterminée*, qu'il s'agisse de jouir de tel ou tel plaisir déjà connu de nous, de refouler une sensation déterminée qui nous est désagréable sans relever du seul ennui, par exemple fuir une sensation de douleur, une crainte subite, les reproches de notre mauvaise conscience et choses de ce genre ; ou dès qu'au fil de notre action, nous trouvons une autre fin de ce type et nous y tenons : *dans le premier cas*, on dit que dès le début *nous n'avons pas joué*, et dans le

1. F. Schiller, « Briefe über die ästhetische Erziehung der Menschheit », *Die Horen, eine Monatsschrift*, Tübingen, Cotta, 1795 (et non 1797) ; *Lettre sur l'éducation esthétique de l'homme*, trad. fr. M. Cohen-Halimi *et alii*, Paris, Aubier, 1992, p. 217 et 221. Bolzano ne cite pas au mot près le texte.

second cas, que nous avons par la suite *arrêté* de jouer et commencé quelque chose de plus sérieux. Si par exemple quelqu'un commence par simple ennui à faire des bulles de savon, puis en les contemplant se plonge peu à peu dans des considérations d'optique : il joue, aussi longtemps qu'il forme des bulles de savon pour passer le temps; mais dès qu'il commence à les former pour se rendre plus claires certaines vérités de l'optique, il cesse de jouer. Au sens strict pris ici, on ne peut nommer *pur jeu* une activité qui, outre chasser l'ennui, a un *autre* but, par exemple les effets que cette activité pourrait encore produire, le profit qu'on pourrait en tirer; en supposant par ailleurs que cette activité ressemble énormément à celle qui consisterait surtout à passer le temps, | et qui ainsi deviendrait *un jeu*. Ainsi qui joue 70
pour de l'argent (comme on dit) ne *joue* pas, et pas plus celui qui accomplit ce qui semble être un jeu pour divertir les autres, comme par exemple un *joueur de violon*, un *acteur*, un *prestidigitateur*, etc. On comprend pourquoi on a conservé le mot *jeu* dans ces expressions, même employé en un sens très impropre. On ne peut appeler jeu, une simple occupation où nous avons autrefois trouvé tant de plaisir que nous la recherchons à présent, sans être accablés par l'ennui, voire même en négligeant nos tâches à accomplir : par exemple le jeu de cartes, le jeu de balle. Et ceci bien que l'usage permette de maintenir le terme de *jeu* pour ces activités : le *jeu comme passion*, la *dépendance au jeu*, imputée aux hommes qui agissent ainsi. Dans ce cas, on emploie le terme de jeu *en un sens impropre*. Il en est de même lorsque nous disons des *animaux*, par exemple des chiens ou des chats, qu'ils *jouent*, alors que nous observons un type d'activité qui nous rappelle par ressemblance ce que nous autres *hommes* avons l'habitude de faire lorsque nous jouons. Mais lorsqu'un tel jeu entre animaux de sexes différents conduit, comme il arrive parfois, à l'*accouplement*, personne ne classera plus cette activité comme jeu; sans aucun doute parce que l'accouplement a une fin bien plus importante (ce qu'a projeté le créateur mais non les animaux eux-mêmes), ou bien parce que le plaisir que l'animal y trouve est à notre avis suffisamment fort pour qu'il cherche à effectuer cette action pour elle-même (en l'anticipant). L'expression très courante « ce travail peut s'accomplir *en jouant* », n'entre pas en contradiction avec notre définition; car on veut simplement laisser entendre que ce travail est une activité à ce point aisée qu'on pourrait l'entreprendre avec la simple intention de chasser l'ennui. On comprend à l'inverse parfaitement *pourquoi les hommes raisonnables ne jouent que rarement, voire jamais*; non seulement ils ne connaissent pratiquement jamais cet ennui qui suscite le jeu, mais ils savent aussi entreprendre de suite quelque chose qui ait une autre utilité et un autre but. Cette définition

conceptuelle du jeu implique donc que notre poète philosophe affirme ici quelque chose d'inexact; le sens commun la rejette sans conteste unanimement. Nous ne choisissons pas de contempler des objets beaux en vue du médiocre but de faire passer le temps, et nous n'y sommes la plupart du temps pas contraints; nous ne devons donc pas *jouer* avec eux; pouvoir et vouloir s'en servir uniquement pour une telle fin, ce serait même dans la plupart des cas dégrader le beau. Il est déjà inexact de dire que l'homme devrait *jouer* avec le beau seul : il est encore plus inexact de dire qu'il ne devrait jouer *qu'*avec le beau. Pourquoi, au nom du ciel, ne devrions-nous pas avoir le droit de jouer avec autre chose que le beau, une fois que nous est accordé le droit de jouer? Pourquoi, lorsque monte le sentiment de l'ennui,
71 ne faudrait-il | choisir que la contemplation d'un objet beau? Est-ce qu'un tel objet s'offre toujours à nous? – Ce qui a sans doute induit Schiller en erreur se comprend bien maintenant. L'observation du beau est une occupation qui nous donne toujours du plaisir, et que nous *opposons* de ce fait à tout *travail* fatigant et pénible; tout comme c'est notoirement le cas dans le jeu. Il s'agit en outre d'une occupation où se produit une succession importante et rapide de représentations, c'est-à-dire un état qui est l'exact opposé de l'ennui, que dans le jeu nous avons précisément l'habitude de fuir. Il y aurait bien en tout cas une ressemblance significative entre les deux occupations, entre le *jeu* et l'observation du *beau*. Rien d'étonnant à ce qu'une époque qui avait déjà commencé à considérer avec dédain les déterminations conceptuelles précises, fasse entendre un poète affirmant que dans la contemplation du *beau*, on se contenterait de *jouer*, et même que l'on ne peut jouer qu'avec le beau. Dans le passé déjà, des philosophes plus sérieux n'ont pas hésité à comparer à un *jeu* l'activité que provoque l'observation du beau dans les facultés de notre âme, et ce semble-t-il du simple fait de sa *facilité*.

§ 43

Hirt (« Sur le beau en art », dans *Horen*, 1797, section 7)[1] définit le beau comme « le parfait qui est ou peut être objet de la *vision*, de l'*ouïe* ou de l'*imagination* » : il en reste à la définition de *Baumgarten*, à ceci près qu'il l'a quelque peu aggravée en omettant le caractère de la *connaissance confuse*; au lieu de cela, il restreint le beau de manière incorrecte aux objets

1. A. Hirt, « Versuch über das Kunstschöne », *Die Horen*, journal édité par Schiller, 11 vol., Tübingen, 1797, vol. 7, p. 1-37.

de la *vision*, de l'*ouïe* et de l'*imagination*. Il commet en outre une erreur supplémentaire, en définissant le *parfait* comme « *ce qui correspond à la fin* que la nature ou l'*art se fixent* lors de la *formation* d'un objet *selon son genre et son espèce* » : or, on a souvent rappelé que dans l'évaluation de la beauté d'un objet nous n'avons pas obligatoirement à faire attention au but que son auteur s'est *fixé lors de sa formation*. Mais que peut bien vouloir dire l'apposition « *selon son genre et son espèce* » ? Comment Hirt en tire-t-il la conclusion que pour juger de la beauté nous devrions « *orienter notre attention sur les caractères* (*Merkmale*) *individuels qui constituent un être*, sur sa *caractéristique* (*Charakteristische*) » ; enfin, sous le terme de *caractère* (*Charakter*) comme loi de l'art, il faudrait comprendre « cette individualité déterminée par laquelle se différencient formes, mouvement et geste, mine et expression, couleur locale, lumière et ombre, clair-obscur et attitude, et ceci comme l'exige l'objet qui a été pensé avant », – je trouve tout ceci très obscur et exprimé de manière inexacte. Mais cet aspect précisément réjouit *Hegel* (dans ses *Leçons sur l'esthétique*), il la trouve « *bien plus pertinente que les autres* (?) *définitions* »[1] ! – Ce qu'il ajoute concernant le | principe du caractéristique chez *Hirt*, à savoir que dans une 72
belle œuvre d'art il ne devrait rien y avoir d'inutile ni de superflu, dit quelque chose de tout à fait vrai ; mais l'a-t-on jamais ignoré ? En quoi ceci appartient-il *expressément* au concept du beau ?

§ 44

Bendavid[2] limita le concept de la beauté à la « simple forme de la liaison *spatiale* et *successive* à un tout ». Comment pourrions-nous après cela parler *de beautés poétiques* ? Celles-ci ne sont en effet pas du tout constituées d'un rapport spatial et successif à un tout ; là se trouvent liées des pensées en soi, des choses qui n'ont rien de spatial ni de successif.

1. G. W. F. Hegel, *Vorlesungen über die Ästhetik*, D. H. G. Hotto (éd.), Berlin, Dunker u. Humblot, 1835, p. 34 ; *Cours d'esthétique*, 1 (éd. Hotho), trad. fr. J.-P. Lefebvre et V. von Schenk, Paris, Aubier, 1995, p. 27.

2. L. Bendavid, *Versuch einer Geschmacklehre*, Berlin, 1799.

§ 45

Je tiens à dire que *Fichte*, malgré la célébrité à laquelle il s'est hissé en tant que philosophe et tout le respect qu'il mérite en tant qu'homme, manqua grandement du don de prendre distinctement conscience de ses pensées ; il a bien fait de ne jamais tenter, même une seule fois, de formuler une définition précise du beau. On n'en trouve pas plus chez ses partisans, en particulier chez *Fr. Schlegel*. Ils subordonnent le beau, le beau parfait, au moral, ce qui ne mérite que louanges ; à l'inverse il est affligeant et irritant de voir justifiée la doctrine à la fois fausse et pernicieuse d'autres auteurs selon laquelle *il serait réducteur de vouloir soumettre toutes les activités* (*libres*) *de l'homme sans exception, à une et une seule règle de la moralité*. On ne peut se défendre de supposer que la source d'un tel égarement n'est pas seulement un manque de concepts distincts, mais aussi un manque d'authentique sens moral.

§ 46

Schelling a déjà révisé ses concepts si souvent et si significativement que nous ne pouvons juger de la manière dont il s'exprimera peut-être encore sur la nature du beau. Nous ne connaissons que ce qu'il a pensé à ce sujet dans les années 1800, 1803 et 1808, quand il a écrit *Le Système de l'idéalisme transcendantal*, quand il a prononcé les *Leçons sur les études académiques* et le discours « Sur la relation des arts plastiques à la nature »[1]. Il définissait alors le beau de manière assez *platonicienne* comme « cette productivité du principe de l'art qui *représente l'infini comme compris dans le fini, si bien qu'ainsi l'opposition du subjectif et de l'objectif est surmontée* » ; il nomma aussi le beau « *la disparition de l'opposition entre nature et esprit ; ou l'infini apparaissant dans le monde*
73 *concret et* | *de manière figurée* (*abgebildeten*) » ; ou encore il dit que « ce par quoi un tout devient véritablement, est *au-delà de la forme*, est *essence*, *universel*, *regard et expression de l'esprit de la nature qui l'habite*, *apparition et déploiement de l'essence*, *l'être plein et sans manque* » ; la « *base*

1. F. W. J. Schelling, *System des transzendantalen Idealismus*, Tübingen, Cotta, 1800 ; *Le système de l'idéalisme transcendantal*, trad. fr. Ch. Dubois, Louvain, Bibliothèque philosophique de Louvain, 1978 ; *Vorlesungen über die Methode des akademischen Studium*, Tübingen, Cotta, 1803 ; *Über das Verhältnis der bildenden Künste zur Natur*, Leipzig, Xenien, 1807 (et non 1808) ; *Du rapport des arts plastiques et de la nature*, trad. fr. P. Cerutti, Paris, Vrin, 2010.

du beau est constituée par *la vitalité de la nature* »[1], etc. – Nul besoin que je mentionne combien toutes ces expressions contiennent d'*imprécision*, qui perdure même en tentant de rassembler en une seule définition ce qui s'y trouve esquissé. Il faut d'ailleurs reconnaître qu'il y a quelque chose de ce que Schelling esquisse ici qui se rencontre et *doit* se rencontrer en effet dans une certaine *sorte de* beautés, à savoir dans les beautés *élevées* et dans les beautés *les plus élevées*, dans une belle *nature humaine* par exemple. Une forme humaine d'où ne parle aucun *esprit* ne pourrait certainement pas être qualifiée de beauté parfaite. Mais ceci ne vaut pas *de tout* ce qui se nomme *beau* et est éprouvé comme tel. On ne peut vraiment pas dire d'une *belle ellipse* ou d'une *belle cadence* qu'en elles s'expose quelque chose d'infini dans le fini, ou que l'opposition entre nature et esprit disparaisse ; pas plus que les expressions citées plus haut ne se laissent employer pour de telles beautés d'un genre moins élevé. Qui veut cependant donner une définition du beau ne doit admettre dans son concept *universel* que les caractères qui se laissent constater de *tout* ce qui se nomme beau. On comprend qu'un homme d'un naturel si poétique, qui s'est en outre tant occupé dans sa vie d'observer ces beautés supérieures, ait pendant ce temps totalement oublié les inférieures.

§ 47

Son admirateur Luden (dans *Leçons fondamentales*, *Leçons d'esthétique*, Göttingen, 1804)[2] n'a pas fait mieux en décrivant le beau comme « ce qui surmonte l'opposition entre le réel et l'idéal, en tant qu'apparition immédiate du divin dans le terrestre, de l'idée dans la matière, de l'âme dans le corps ». Il saute presque aux yeux qu'on a pensé là aux beautés supérieures, à savoir seulement à l'homme. Car qui dirait à la lecture d'une aimable épigramme ou des fables du lion et de la souris, ou du loup et de la grue (etc.), que le divin y apparaît sur terre ? On doit cependant aussi remarquer qu'à l'inverse, le divin, la sagesse infinie de Dieu, sa bonté et sa justice, se rendent visibles en bien des choses, sans que pour autant on les nomme belles : par exemple l'agencement de l'oreille humaine ou de tout autre organe des sens, la fin terrible d'un tyran, etc.

1. Les citations de Bolzano sont comme toujours assez libres.

2. H. Luden, *Grundzügen ästhetischer Vorlesungen zum akademischer Gebrauche*, Göttingen, Dankwerts, 1808 (et non 1804).

§ 48

Ast (dans son *Système de la théorie des arts*, Leipzig, 1805) empira encore les choses en définissant « la beauté [comme] l'*harmonie* de deux
74 éléments, à la fois d'un principe *masculin*, celui de | l'*infini*, et d'un principe féminin, celui du *fini* »[1]. – Nous voyons ici comment l'imprécision, erreur commise par le maître, se trouva répétée par ses élèves, et même aggravée ; et combien on en vint vite à prendre des expressions pour des définitions, alors qu'elles comprennent si peu du concept même qui est à définir, qu'elles ne le rappellent même plus. Car si l'on proposait comme devinette : *que peut bien être l'harmonie de deux éléments, etc. ?*, je veux bien parier que personne n'ayant déjà entendu la réponse ne devinerait qu'il s'agit de la beauté.

§ 49

Krug et *Fries* sont restés plus près de *Kant*. Le premier donna (dans le *Système de la philosophie théorique* mais aussi dans le *Manuel*, troisième partie)[2] les *trois* définitions : « 1. Est beau ce qui provoque dans le sujet percevant une satisfaction prise à sa forme ; 2. Est beau ce qui divertit l'esprit en suscitant par sa forme un pressentiment de l'infini dans le fini ; 3. Est beau ce qui occupe l'imagination et l'entendement par sa forme, d'une manière légère et néanmoins régulière, qui procure donc satisfaction ». C'est à des écrits de philosophes très récents que l'on doit l'évocation du « pressentiment de l'infini dans le fini » ; il est en tout cas bien mal justifié ; au mieux se produit-il avec des objets beaux d'une certaine sorte, et même alors, il n'appartient pas à proprement parler à leur beauté. – *Fries* définit le beau comme | ce qui « plaît immédiatement *pour lui-même* »[3] ; ce qui plaît « de par une règle *qui ne peut être exprimée*, que l'on attend cependant de chacun ayant atteint un niveau de culture semblable au nôtre ». Le beau se dérobe à la règle « de *concepts précis* et suit cependant une règle de *libre composition* ». Notre faculté de juger réfléchit lors de sa contemplation « non au rassemblement du divers sous un concept

1. F. Ast, *System der Kunstlehre oder Lehr- und Handbuch der Aesthetik*, Leipzig, Hinrich, 1805.

2. W. T. Krug, *System der theoretischen Philosophie*, 3e partie, Königsberg, Göbbels u. Unzer, 1823 et *Handbuch der Philosophie und der philosophischen Literatur*, Leipzig, Brockhaus, 1828.

3. J. F. Fries, « Von der Aesthetik », *Neue Kritik der Vernunft*, livre 3, Heidelberg, Mohr u. Zimmer, 1807.

particulier, mais à la *finalité de l'intuition donnée pour le rassemblement en général*». – Le lecteur sait déjà ce que je pense de tout ceci, en particulier d'une règle *qui ne peut être exprimée*.

§ 50

Pölitz (dans son *Esthétique*)[1] ainsi que *Bouterwerk* (dans la première édition de son *Esthétique* de 1806)[2], pensèrent avec quelques autres avoir résolu la difficulté à définir le beau en le décrivant comme ce qui satisfait le *besoin esthétique*, ou suscite des *sentiments esthétiques*. – Il est cependant évident que toute la difficulté réside désormais dans la définition de ce que sont les besoins *esthétiques*, les sentiments *esthétiques* et choses de ce genre. Dans la *seconde* édition de son *Esthétique*, Bouterwerk définit le sentiment esthétique comme «un *sentiment originel de l'homme*, ou *sentiment humain originel*, où aucun intérêt spirituel particulier ne s'est encore séparé de l'autre, | et où même l'intérêt *spirituel* en général ne s'est 75
pas encore séparé distinctement du *physique*; un sentiment où la nature humaine agit encore comme un *tout indivis*, et où l'esprit pensant, | s'élevant au dessus de l'animalité, n'a cependant encore *aucune autre orientation* que tout simplement celle qui *immédiatement* l'attire, le captive, le réjouit, ou bien même le transporte d'enthousiasme, en suivant absolument les lois de sa propre existence»[3]. – Tant de discours et pourtant tant d'obscurité et d'imprécision ! À quel moment pouvons-nous dire que notre nature agit comme un tout indivis, alors que *toutes* nos facultés sont de manière continue plus ou moins en activité ? Est-ce quand quelque chose nous captive *immédiatement ?* Que devons-nous comprendre par l'*orientation* que notre *esprit pensant prend* à l'instant ? – Dans cette deuxième édition cependant, l'auteur définit le beau d'une manière qui n'est pas plus dépendante du concept de l'*esthétique* : «La loi sur laquelle l'*idée du beau* est fondée, est la loi d'une *activité harmonieuse de toutes les facultés intellectuelles et d'un effort d'élévation à l'infini* qui n'accède pas au sens (*Sinn*). Ce qui s'accorde avec cette loi, est *beau*, qu'il s'agisse d'une *sensation*, d'une *pensée* ou d'un *objet*»[4]. – Le fait que l'auteur trouve désormais un «effort d'élévation vers l'infini» dans l'observation de

1. K. H. L. Pölitz, Die *Ästhetik für gebildete Leser*, Leipzig, Hinrich, 1807.

2. F. Bouterweck, *Ästhetik*, Erste Ausgabe, Leipzig, Martini, 1806, reprint Olms, 1976.

3. F. Bouterweck, *Ästhetik*, Zweite Ausgabe, Göttingen, Vandenhoeck & Ruprecht, 1815, p. 41.

4. *Ibid.*, p. 50.

chaque objet beau, après s'être lui-même moqué plus haut de la déduction du beau à partir de l'absolu, ne s'explique que par cette mode désormais universelle : parler de l'*infini*, de l'*absolu* et choses semblables dans la définition du beau.

§ 51

Suabedissen (*Considération de l'homme*, Cassel, 1815)[1] croyait faire court et concis lorsqu'il nomma beauté « *l'interpénétration de l'extérieur et de l'intérieur* ». Il est cependant regrettable que ni « *extérieur* » ni « *intérieur* » pas plus que l'*interpénétration* des deux ne soit à prendre au sens propre, et qu'une définition si imagée et imprécise n'en soit pas une. Que seraient par exemple l'intérieur, l'extérieur et leur interpénétration mutuelle dans un bel esprit ? Un esprit ne peut-il pas être beau ?

§ 52

Herbart (dans son *Manuel d'introduction à la philosophie*, 4ᵉ édition de 1837) évita délibérément (à ce qu'il semble) de donner une définition précise du concept du beau, mais se contenta de dire que le concept du beau, même pris au sens *le plus général* (dans lequel il est censé prendre en compte aussi la *morale*), appartient à une série de concepts qui ont en commun « d'introduire dans notre acte de représenter quelque chose de plus, à savoir un jugement de *préférence* ou de *rejet* »[2]. Pour extraire le concept du beau de cette série, nous devrions avant tout isoler « *la série des excitations* », ainsi que « ce qui se réfère au *point de vue du spectateur* en tant qu'*admirateur* ou en tant que *critique* ». Pour immédiatement après
76 « *attirer notre attention sur les vrais éléments du beau* », | *Herbart* nous prévient encore « de ne pas confondre le beau 1. avec *l'utile* (ce qui présuppose quelque chose d'autre, auquel il sert), ni 2. avec *l'agréable* (qui n'est présent que dans des *sentiments* momentanés, tandis que le beau a *un objet qui reste le même*, qui nous donne à *penser*) »[3]. Il exige enfin, afin que nous extrayions le concept du *beau* au sens *restreint*, d'éliminer encore

1. D. Th. A. Suabedissen, *Die Betrachtung des Menschen*, Cassel, Krieger, 1815.

2. J. F. Herbart, *Lehrbuch zur Einleintung in die Philosophie*, Königsberg, vierte Ausgabe, A. Unzer, 1837 ; J. F. Herbart, *Manuel d'introduction à la philosophie* (chap. IV), trad. fr. in *Formalisme esthétique, Prague et Vienne au XIXᵉ siècle*, *op. cit.*, p. 75-105 ; ici § 81, p. 80-81, Bolzano résume.

3. *Ibid.*, § 82, p. 80.

« *la morale* (comme ce qui ne possède pas seulement une valeur, mais qui détermine la valeur inconditionnée même des personnes) »[1]. – On comprend bien ce que peuvent vouloir dire les *excitations* que nous devons exclure du concept du beau; savoir pourquoi, comment et jusqu'à quel point « nous devons exclure tout ce qui se réfère au point de vue du spectateur en tant qu'*admirateur* ou en tant que *critique* » reste très obscur[2]. Je crains là que même si nous excluons tout ce qu'exige ici Herbart du domaine de ce qui nous plaît, à savoir en plus de ce qui vient d'être évoqué, l'*utile*, l'*agréable* et la *morale*, il reste toujours plus que ce que comprend le concept du beau. Car tout ce qui nous plaît ne se maintient-il pas encore, même après avoir pris la peine d'y réfléchir de manière approfondie et distincte, même après l'avoir mesuré et calculé? Ceci relève-t-il du beau? – D'Herbart, nous voulons passer de suite à son partisan, *Griepenkerl* (*Manuel d'esthétique*, Braunschweig, 1827) auquel il renvoie lui-même. D'après ce dernier le beau « *n*'est *pas* le propre de la *matière* (*Stoff*), mais ne tient qu'aux *relations* que la matière laisse se former en elle »[3]. Celui qui produit le beau ou l'artiste s'oriente d'après certains *modèles* : « les plus élevés sont nommés *idées* »[4]. « Elles ne sont pas des concepts au sens habituel, qui se laisseraient déterminer par indication de leurs caractères singuliers »[5]. La satisfaction qu'ils provoquent invite l'artiste à les imiter en une image. *Beau* signifie alors au sens le plus général tout *ce qui plaît; vraiment* beau ce qui ne semble pas une fois beau et une fois laid. Si on décrit maintenant *ce qui plaît immuablement* par le mot *idée*, il en découle la définition : *le beau est la reproduction qui est égale à son modèle, le recueil de toutes les idées* »[6]. – Cette définition me semble bien plus déficiente que celle que l'on aurait pu formuler à partir des indications d'Herbart; on aurait alors tout simplement dit : le beau est ce qui nous *plaît*, sans être utile, agréable ou moral. Car dire que le beau ne repose que sur *les relations*, et que la matière employée à cette fin est indifférente, n'est-ce pas déjà une présupposition incorrecte? Nous percevons pourtant bien, en fonction du choix de la matière, des propriétés de cette matière, qui tantôt correspondent, tantôt ne le font pas, à une règle dont nous étions en droit d'attendre le respect. Je n'entends pas contester le

1. *Ibid.*, § 83, p. 82.
2. *Ibid.*, § 81, p. 80.
3. F. K. Griepenkerl, *Lehrbuch der Ästhetik*, Erster Teil, Braunschweig, Conrad, 1827, p. 31.
4. *Ibid.*, p. 27
5. *Ibid.*, p. 29.
6. *Ibid.*, p. 40.

présupposé selon lequel chaque artiste s'oriente suivant certains modèles ; mais il est certain que seuls le *beau artistique* et les œuvres *artistiques* sont produits de cette manière. N'y a-t-il pas aussi des *beautés naturelles ?* Le simple hasard non intentionnel ne peut-il produire de temps à autre quelque chose de beau (à savoir, d'un rang moins élevé) ? Devons-nous, pour trouver quelque chose beau, nécessairement présupposer qu'il
77 reproduit intentionnellement un modèle ? | Sûrement pas. La définition de Griepenkerl est par conséquent à l'évidence trop étroite, car elle n'accorde la beauté qu'aux œuvres d'art. « *Beau* est ce *qui plaît ; vraiment* beau, ce qui plaît *de manière immuable* »[1] : la faute est d'autant plus voyante que l'auteur, suite à ses propres termes, doit également accorder la beauté à ce que l'artiste a choisi comme modèle, à savoir aux idées, à ce qui plaît immuablement. Or, d'après sa définition ceci ne devrait jamais se produire, car de tels modèles, de telles *idées* simples ne sont pas en même temps des copies *d'autres modèles*. Cette définition, d'une part exclut trop de choses qui font pourtant partie du domaine du beau, d'autre part, elle en intègre qui n'en font pas partie. Le *simplement utile* et le *bien moral* (choses que, non sans quelque raison, Herbart ne souhaitait pas adjoindre au beau, et cela simplement *parce qu'*ils nous satisfont et nous satisfont immuablement) peuvent aussi correspondre à une idée et satisfaire immuablement. – Encore quelques curiosités ! : Griepenkerl fait naître le *modèle de la beauté* d'un « *recueil de toutes les idées* »[2]. Comme si par exemple celui qui veut peindre un bel enfant devait aussi se représenter l'idée d'une belle matrone, d'un bel homme, d'un beau paysage, d'une belle tragédie, etc., et à partir de toutes ces idées composer le modèle d'un bel enfant ! Ensuite : une *idée* est censée être un concept qui ne peut être exposé par indication de ses propres caractères !

§ 53

Parmi les penseurs issus de l'école de Fichte et de Schelling, il faut considérer Solger comme un des plus indépendants. D'après ses *Leçons sur l'esthétique* et quelques uns de ses premiers écrits, « le *beau* doit consister en une matière de la perception, dans laquelle l'*apparence* et l'*essence* sont, d'une certaine manière, *réunis*, c'est-à-dire de telle manière que soient connus simultanément, dans la pure et *simple perception* du

1. F. K. Griepenkerl, *Lehrbuch der Ästhetik*, *op. cit.*, p. 39.
2. *Ibid.*, p. 40.

divers, le *concept*, l'*essence*, et le *simple*»[1] –«Il faut n'avoir besoin d'aucune *réflexion* pour connaître le beau»[2]. –«Ceci est impossible à la connaissance ordinaire; mais la connaissance *supérieure* parvient à rassembler les éléments de la connaissance, l'universel et le particulier en un. Cette conscience de soi *supérieure* en laquelle l'universel et le particulier s'*y pénètrent* l'un l'autre s'appelle alors *idée*. Et le beau est une des *révélations* de l'Idée. Dans le Beau, l'Idée doit donc se révéler dans l'*existence*; l'*existence* doit être *pénétrée* par l'Idée; ou le *beau* est *manifestation de l'essence comme identique à l'apparence*»[3]. –

Que peut-on faire, sinon déclarer cette *connaissance dite supérieure* comme une folie vide et triste que l'on prétend avoir découverte à notre époque, et dont on devrait enfin revenir? – connaissance où différences et oppositions disparaissent toutes dans une unité plus haute, et où en conséquence aussi le *divers* de l'objet et le *concept* regroupant ce divers «*doivent*» sans la moindre méditation ou réflexion «apparaître | *immédiatement incorporés l'un dans l'autre de manière lumineuse*»[4], notamment dans l'intuition du beau, du *phénomène* et de l'*essence*. Une connaissance supérieure n'est pas celle qui *confond* ni qui *rend identique*, mais celle qui *différencie*. Ce semblant de compréhension immédiate de ce qui a été connu par la seule *réflexion* tient au fait que cette réflexion se fait en grande partie, voire intégralement, à l'aide de simples représentations obscures. On s'imagine avoir reconnu l'*identité* de deux choses qui sont en fait différentes, simplement parce qu'au lieu de les observer aussi précisément que possible, on recule son point de vue sur elles jusqu'à ce que les représentations obscures qu'on conserve encore des deux ne montrent plus de différence. Laissons donc de côté ce qui est à l'évidence faux et même impossible dans la définition du beau ici présentée: il reste le fait que le *beau* est ce *réel* dont nous parvenons à trouver rapidement et facilement le concept exemplaire qui lui correspond. Mais tous les objets beaux ne doivent pas être agencés en fonction d'un concept type, car ils ne le sont pas tous en fonction d'une *fin*. Nous admirons ainsi sûrement le jeu des couleurs d'un coquillage sans penser à un concept type. Et inversement,

1. K.W.F. Solger, *Vorlesungen über Ästhetik*, éditées par Heyse, Leipzig, 1829, p. 49. K.W.F. Solger, «Cours d'esthétique», in *L'art et la tragédie du beau*, trad. fr. A. Baillot, Paris, éditions Rue d'Ulm, 2004, p. 39.

2. *Vorlesungen über Ästhetik*, *op. cit.*, p. 49; «Cours d'esthétique», *op. cit.*, p. 39.

3. *Vorlesungen über Ästhetik*, *op. cit.*, p. 54, 55, 58; «Cours d'esthétique», *op. cit.*, p. 42, p. 43, p. 45, p. 50. Bolzano sélectionne des passages, librement et de manière discontinue, dans ce premier chapitre du cours de Solger.

4. *Vorlesungen über Ästhetik*, *op. cit.*, p. 49; «Cours d'esthétique», *op. cit.*, p. 39.

comme nous le savons déjà, chaque objet agencé en fonction d'un concept type n'est pas nécessairement beau.

§ 54

Ce n'est qu'en 1837 que parurent au grand jour les *Leçons sur l'esthétique* de Hegel. Il exposait depuis 1818 en chaire leur contenu, si bien qu'un grand nombre de ceux qui écrivirent depuis lors sur cette science ont profité de ses cours et les ont utilisés. Hegel ne pouvait nier qu'il tirait ses thèses principales de la philosophie de Schelling; il les transforma de manière si profonde que ce dernier lui reprocha de les avoir défigurées, tandis que ses élèves affirmèrent au contraire que leur « maître » avait trouvé « la pierre philosophale » que l'on avait cherchée en vain avant lui. Il est donc nécessaire, avant d'aller plus loin, de connaître les positions de Hegel sur le concept du beau. Je soumets ainsi au lecteur des extraits du chapitre intitulé *Concept du beau en général*[1].

« 1. Le *beau* lui-même doit être compris comme *idée*, et plus exactement comme Idée sous une forme *déterminée*, c'est-à-dire en tant qu'*idéal*. Or l'*idée* en général n'est rien d'autre que le *concept*, la *réalité* du concept et l'*unité* des deux [...]. Cependant il ne faut pas se représenter cette unité comme *neutralisation* du concept, le concept reste ici *ce qui prédomine*[2] [...]. a) en ce qui concerne la nature du *concept* en tant que tel, il est déjà, comme concept, l'unité de déterminations distinctes, et par là *totalité concrète*[3]. [...] Mais le concept est à tel point l'*unité absolue* de ses déterminités que celles-ci ne restent rien pour elles-mêmes[4]. Le concept contient toutes ses déterminités dans la forme de leur unité et universalité *idéelles*, lesquelles constituent sa *subjectivité* à la différence du *réel* et de
79 l'*objectif*. | Ainsi l'or, par exemple, est d'un poids spécifique, d'une couleur déterminée, *etc.* Ce sont là des déterminités distinctes et qui se trouvent pourtant en une unité. Car la plus infirme particule d'or les contient en une unité indissociable[5] [...]. Il se *nie* en tant que cette unité et

1. Hegel, *Cours d'esthétique*, 1, *op. cit.*, p. 146 *sq.*; la traduction ici utilisée s'appuie certes sur la seconde édition de 1842, mais elle fait autorité; Bolzano travaille lui sur la première édition de 1835, toutefois les changement sur les passages ici convoqués sont minimes; de plus, Bolzano sélectionne et condense le texte hégélien.

2. *Ibid.*; Bolzano sélectionne dans les citations qui suivent des parties de phrase.

3. *Ibid.*, p. 148.

4. *Ibid.*, p. 148-149.

5. *Ibid.*, p. 149.

universalité idéelle, et ce que celle-ci renfermait en elle-même, il le laisse aller dans l'*objectivité* autonome réelle [1] [...]. b) L'*objectivité* considérée pour soi n'est par conséquent rien d'autre elle-même que la *réalité* du concept [...]. Il n'abandonne pas son objectivité dans l'universalité dispersée, mais rend manifeste cette sienne unité précisément par la réalité et en elle. Il est ainsi totalité véritable. c) Cette totalité est l'*idée*. L'idée est non seulement la subjectivité mais aussi son objectivité [...]. Selon les deux côtés, celui du concept subjectif et du concept objectif, l'idée est un tout, mais elle est en même temps l'unité intermédiée de ces totalités. C'est ainsi seulement que l'idée est la *vérité* et qu'elle est *toute vérité* [2].

2. Aussi tout ce qui existe n'a-t-il de vérité que dans la mesure où il est une *existence de l'idée*. En effet, ce qui se manifeste phénoménalement n'est pas encore pour autant vrai parce qu'il a une existence intérieure ou extérieure mais il est vrai seulement *pour autant que* cette réalité corresponde au *concept* [3] [...]. Si cette *identité* n'aboutit pas, alors l'existant n'est qu'une *manifestation* phénoménale en laquelle s'objective, au lieu du concept total, seulement quelqu'un de ses côtés *abstraits*, lequel, dans la mesure où il s'autonomise face à la totalité peut se *rabougrir* au point d'être une opposition au concept véritable [4]. [...]

3. Puisque nous avons dit que la beauté est *idée*, alors *beauté* et *vérité* sont, d'un côté, la même chose. En effet, le beau doit nécessairement être vrai en soi-même. Mais à y regarder de plus près, le vrai se *distingue* également et tout aussi bien du beau. *Vraie* est en effet l'idée telle qu'elle est selon son principe universel et *telle qu'elle est pensée comme telle*. Dans ces conditions, ce qui est pour la *pensée*, ce n'est pas son existence sensible et extérieure, mais en celle-ci uniquement l'*idée universelle*. Cependant, l'idée doit aussi se réaliser extérieurement. Le vrai, ce qui est en tant que tel, a aussi une existence. Or, pour autant que dans cette sienne existence extérieure, il est *immédiatement* pour la conscience et que *le concept reste immédiatement en unité avec sa manifestation phénoménale extérieure*, l'idée n'est pas seulement vraie mais *belle*. Le *beau* se définit par là comme le *paraître* sensible de l'idée [5]. [...] a) il est impossible pour *l'entendement* d'appréhender la beauté, parce que l'entendement, au lieu de se frayer un chemin jusqu'à cette unité, en maintient les différences, dans la mesure où

1. *Ibid.*, p. 150-151.
2. *Ibid.*, p. 151.
3. *Ibid.*, p. 151-152.
4. *Ibid.*, p. 152.
5. *Ibid.*, p. 152-153.

la réalité est quand même tout autre chose que le concept, le sensible tout autre chose que le concept, l'objectif tout autre chose que le subjectif, toutes oppositions qui ne sauraient être unifiées. L'entendement en reste ainsi toujours au *fini*, à *l'unilatéral* et au *non-vrai*. Le beau en revanche est en soi-même *infini* et *libre*. Car même s'il peut être d'un contenu particulier et par là derechef limité, ce contenu n'en doit pas moins apparaître comme totalité en elle-même *infinie* et comme *liberté* dans son existence, dès lors que le beau est le concept qui ne s'oppose pas à son objectivité en se portant ainsi contre elle dans l'opposition de la finitude, mais au contraire fait alliance avec cette objectalité et, du fait de *cette unité et de cet accomplissement immanents, est infini en lui-même*. De même, le concept, dès lors
80 qu'à l'intérieur de son | existence réelle il anime celle-ci, est ainsi *librement chez lui-même* dans cette objectivité. Car le concept ne permet pas à l'existence extérieure dans le beau de suivre pour elle-même des lois *propres*, mais il détermine à partir de lui-même son articulation et sa figure phénoménales qui, en tant qu'*accord* du concept avec soi dans son existence, constituent justement l'essence du beau[1] [...]. b) Par conséquent le beau, si nous l'envisageons en relation à l'esprit *subjectif*, ne peut être ni pour l'*intelligence* non libre qui s'obstine à rester dans sa *finitude*, ni pour la finitude du vouloir. En tant qu'intelligence finie, nous ressentons les objets extérieurs et intérieurs, les *observons*, les *percevons* de façon sensible, les convoquons devant notre regard, notre représentation, et même devant les abstractions de notre *entendement* pensant qui leur donne la forme abstraite de l'universalité. Or ici la *finitude* et la *non-liberté* consistent en ce que les choses sont présupposées autonomes. Pour cette raison, nous nous réglons *sur les choses*, et rendons notre représentation captive de la croyance aux choses[2]. [...] Avec cette liberté unilatérale des objets se trouve immédiatement posée la *non-liberté* de l'appréhension subjective[3]. [...] – La même chose se produit, quoique de façon inverse, pour la *volonté finie*. Ici, les fins visées résident dans le *sujet*, qui veut les faire valoir contre les propriétés des choses; car il ne peut mettre ses résolutions à exécution que dans la mesure où il modifie les objets. Ce sont donc maintenant les choses qui sont privées de leur autonomie, dès lors que le sujet les met à son *service*[4]. [...] c) Mais l'examen des objets en tant que *beaux* est l'unification de ces deux points de vue, dès lors qu'ils abolissent l'unilatéralité de l'un comme de l'autre, tant en ce qui concerne

1. Hegel, *Cours d'esthétique*, *op. cit.*, p. 153.
2. *Ibid.*, p. 154.
3. *Ibid.*
4. *Ibid.*, p. 154-155.

le sujet que son objet, et abolissent par là leur finitude et leur non liberté. Car, du côté de la relation *théorique*, l'*objet* n'est pas simplement pris comme objet *singulier qui est*, lequel pour cette raison a son concept subjectif *hors* de son objectivité, et dans sa réalité particulière, se perd et se disperse de diverses manières en rapports extérieurs dans les directions les plus différentes; mais au contraire, l'objet *beau fait apparaître dans son existence son propre concept comme réalisé* et montre à même soi l'unité et la vie subjectives. De la sorte, l'objet a annihilé la *dépendance à l'égard de ce qui lui est autre*, et transformé pour l'examen sa *finitude non libre en une libre infinité*. – Mais le *Je* lui aussi, dans sa relation à l'objet, cesse d'être uniquement cette abstraction consistant dans l'observation sensible et la dissolution des vues singulières en des pensées abstraites. Il devient en lui-même concret dans cet objet, dès lors qu'il fait lui-même pour soi l'unification dans leur concrétion des côtés jusqu'alors abstraits parce que séparés en un *Je* et un *objet*. – En ce qui concerne le rapport *pratique*, le *désir* s'efface également lors de la considération du beau; le sujet considère l'objet comme étant à lui-même *sa propre fin*. Par là se dissout la *relation simplement finie* de l'objet dans laquelle il était au service de fins extérieures, et soit se défendait *sans liberté* soit était *contraint*. En même temps a également disparu le rapport non libre du *sujet* pratique, puisqu'il ne se distingue plus en intentions subjectives et en moyens de ces intentions et qu'il n'en reste plus à la relation *finie* du simple *devoir*, à l'exécution d'intentions subjectives mais a au contraire devant soi le concept et la fin *pleinement réalisés*. C'est pourquoi la considération du beau est de nature *libérale*: elle laisse les objets faire à leur guise, libres et infinis en eux-mêmes. Si bien que l'objet en tant que | *bel* objet n'apparaît ni comme 81
contraint par *nous*, ni comme combattu par les autres choses extérieures. Car en vertu de l'*essence du beau*, tant le *concept*, la *fin* et l'*âme* du bel objet que sa *déterminité*, sa diversité et sa réalité extérieures doivent *apparaître* en lui tout simplement comme *produits à partir d'eux-mêmes et non du fait d'autres objets*, dès lors que comme nous l'avons vu, l'objet beau n'a de vérité que comme unité et accord *immanents* de son concept et de son existence. Or, puisque en outre le concept lui-même est le concret, sa réalité apparaît donc aussi purement et simplement comme un ensemble complet, dont les parties manifestent une unité idéelle. Car l'accord entre le *concept* et la *manifestation* phénoménale est une *interpénétration achevée*. C'est pourquoi la forme extérieure ne reste pas séparée du matériau extérieur, ni ne lui est *imprimée mécaniquement*, mais apparaît comme la forme qui est *inhérente* à la réalité selon son concept et *s'affigure conformément à lui*. Mais enfin, quelque soit l'intensité avec laquelle les parties

du bel objet s'accordent en une unité idéelle de leur concept, cette coïncidence ne doit pourtant devenir visible en eux que de manière à ce qu'ils conservent les uns par rapport aux autres l'apparence d'une *liberté autonome*, ils doivent tourner aussi vers l'extérieur le côté de la réalité autonome. L'un et l'autre doivent être présents dans le bel objet : la *nécessité*, posée par le concept, de la coappartenance des cotés particuliers et l'*apparence de leur liberté* comme de parties générées pour elles-mêmes et non pas seulement pour l'unité. [...]. Par cette *liberté* et cette *infinité* que comporte le concept du beau, le domaine du beau est arraché à la relativité des rapports finis et se trouve élevé jusque dans le royaume absolu de l'idée et de sa vérité »[1].

Voilà pour Hegel. Les lecteurs ne trouveront pas de *définition* du beau dans ces extraits, pas plus dans les passages laissés de côté. Comment espérer une définition en propre, indiquant les composantes de ce concept ou de tout autre, chez un philosophe qui tient pour *barbarie* l'idée qu'un concept puisse se décomposer en parties ? Il nous semble vain de dégager chacune de ses thèses sur le beau, afin de savoir s'il est possible, et si oui jusqu'à quel point, d'en user pour rendre distinct notre concept du beau. Presque tous les artifices de notre auteur sont mobilisés dans ce chapitre, et sont constamment investis dans la construction de son système si admiré ; les évaluer exhaustivement reviendrait à réfuter toute sa philosophie, ce à quoi on ne peut répondre ici. Je dois me restreindre à quelques brèves indications.

Dès la première phrase que nous lisons se manifeste une erreur, rencontrée à chaque page des écrits de Hegel, erreur qui constitue pour ainsi dire le πρῶτον ψεῦδος [première erreur] de cette philosophie. Elle consiste à confondre le *concept* d'une chose avec la *chose elle-même*. « Le *beau* lui-même doit être compris comme *idée*, et plus exactement comme Idée sous une forme *déterminée*, c'est-à-dire en tant qu'*idéal* »[2]. En ces quelques mots, la confusion évoquée est commise deux fois. Le beau est certes incontestablement un *objet* (par exemple cette rose, ce tableau), mais Hegel veut en faire ici une *Idée*, à savoir un type de *concept*. Une Idée
82 « *d'une forme déterminée* » est et reste toujours une *Idée* | (puisque *toute* Idée doit avoir une forme déterminée), et donc reste un *concept* ; or Hegel la nomme *Idéal*, terme *sous lequel* tout le monde, et lui avec, comprend un seul *objet*, à savoir un objet adéquat à son Idée. En continuant notre lecture,

1. Hegel, *Cours d'esthétique*, *op. cit.*, p. 155-158. Sans suivre le texte de Hegel à la lettre, Bolzano le cite presque en continu.

2. *Ibid.*, p. 146.

nous nous retrouvons confrontés à des choses encore bien plus irritantes. « L'*idée* en général n'est rien d'autre que le *concept*, la *réalité* du concept et l'*unité* des deux »[1] – On n'attribue la *réalité* à un concept que pour autant qu'il représente des *objets*, et des objets qui sont quelque chose de *réel* (*Wirkliches*) (*Reales*): par exemple, les concepts monde, homme. J'ai montré (dans la *Théorie de la science*), qu'il y a des concepts qui sont *sans* objet, des concepts qui n'ont *qu'un* objet et d'autres qui en ont *plusieurs* (et même en nombre infini), à savoir $\sqrt{-1}$, univers, point. Dans la phrase ci-dessus, devons-nous songer sous le mot *réalité* du concept à cette seule propriété d'un concept (ce qui correspondrait le plus au sens littéral)? Devons-nous plutôt songer à des *objets* compris sous le concept lui-même? Quand ces objets sont multiples, devons-nous les penser comme des unités ou penser leur *collection ?* Ainsi par exemple, devons-nous, sous la réalité du concept homme, comprendre l'espèce humaine toute entière? On optera sans aucun doute pour cette dernière solution. Mais rien de tout cela n'accorde un sens raisonnable à l'affirmation suivante : une *idée* n'est rien d'autre qu'un *concept*, la *réalité* de ce concept et *l'unité* des deux. Il faut encore s'interroger : à quelle sorte d'*unité* pense-t-on ici? Hegel répond : « il ne faut pas se représenter cette unité comme *neutralisation* du concept, le concept reste ici *ce qui prédomine* »[2]. Or cette réponse ne détermine pas la nature de cette unité au point de renoncer à demander ce qu'il faut entendre sous cette *domination* du concept sur sa réalité, comprendre jusqu'où elle peut ou non aller. En outre : quelle est la signification du *Et* qui lie les trois membres, *concept*, *réalité* de ce concept, et *unité* des deux? A-t-il sa signification habituelle, selon laquelle il désigne une vraie *collection*, un *ensemble*? Si bien que l'Idée ne serait autre chose que *l'ensemble* de trois choses : un concept, sa réalité et l'unité des deux, au même titre qu'un *couvert* est un ensemble constitué d'une cuillère, d'un couteau et d'une fourchette? – ou devrait-on plutôt interpréter cette expression comme suit : une Idée est chacune de ces trois choses *à la fois*, elle est un concept, elle est la réalité de ce concept et elle est aussi l'unité des deux? De même que nous pouvons dire qu'Aristote est un philosophe, le maître d'Alexandre et le Stagirite? Or à nouveau ce concept est aussi faux et incohérent que l'autre; n'est-il pas absurde de dire par exemple que l'Idée d'humanité est à la fois : le *concept* de l'humanité, la race humaine toute entière et l'unité des deux?

1. *Ibid.*
2. *Ibid.*

Hegel poursuit néanmoins : « en ce qui concerne la nature du *concept* en tant que tel, il est déjà, comme concept, l'unité de déterminations distinctes, et par là *totalité concrète* »[1]. Je dois contredire Hegel : il s'agit là une fois encore d'une erreur maintes fois répétée, chez bien des logiciens. Elle place Hegel, dans son refus de reconnaître des concepts composés, en contradiction avec lui-même, puisque chaque concept est diversement déterminé (par des caractères ou des composantes). S'il y a bien des concepts *simples*, de quel droit les appeler des «*totalités concrètes*»?
83 | On pourrait laisser passer. Mais notons comment Hegel explique, en prenant l'or pour exemple, l'unité des différents caractères que contient un concept : « car la plus infime particule d'or a un poids spécifique (?), une couleur (?) »[2]. Pour définir un mammifère comme un animal qui engendre ses petits, on pourrait dire que la plus infime partie d'un mammifère engendre ses petits, etc.

Un peu plus loin : « le concept se *nie* en tant que cette unité et universalité idéelle, et ce que celle-ci renfermait en elle-même, il le laisse aller dans l'*objectivité* autonome réelle »[3]. Sur cette expression et d'autres du même genre, sur le renversement du concept en son contraire, je rejoins le jugement de Schelling : « tout ceci ne peut ni se penser ni s'imaginer, tout au plus | peut-on l'énoncer (préface à Victor Cousin, etc. p. XII)»[4]. Hegel en vient avec de telles expressions à cette conclusion : « l'idée est la *vérité* et elle est *toute vérité*»[5]. Or voici ce que j'en pense : une Idée est un *concept*, par conséquent seulement une *composante* d'une proposition, et non une proposition *à part entière* ; elle n'est donc pas une *vérité* et encore moins la collection de *toutes* les vérités. Et de même que concepts et propositions (ou vérités) ne peuvent être pris l'un pour l'autre, on devrait moins encore confondre une *vérité* et la *chose* à laquelle elle se rapporte ; on ne devrait donc jamais dire que l'Idée est quelque chose de réel, et encore moins « ce qui seul est véritablement effectif »[6]; on ne devrait pas dire que quelque chose d'existant a la vérité, car la vérité n'est que prédicat des propositions ; on ne devrait pas plus dire que tout ce qui existe a la vérité, et l'a parce qu'elle est existence de l'Idée. De tels usages inappropriés du langage découlent de concepts confus et ne peuvent que faire croître la confusion

1. Hegel, *Cours d'esthétique*, *op. cit.*, p. 148.

2. *Ibid.*, p. 149.

3. *Ibid.*, p. 150-151.

4. F. W. J. Schelling, *Vorrede zu einer philosophischen Schrift des Herrn Victor Cousin über französische und deutsche Philosophie*, Stuttgart et Tübingen, Cotta, 1834.

5. Hegel, *Cours d'esthétique*, *op. cit.*, p. 151.

6. *Ibid.*, p. 152.

dans nos pensées. Au lieu de dire « ce qui se manifeste phénoménalement n'est pas encore pour autant vrai parce qu'il a une existence intérieure ou extérieure, mais il est vrai seulement *pour autant que* cette réalité corresponde au *concept* »[1], on devrait plutôt avancer : ce qui apparaît n'est ni vrai ni faux. C'est une illusion de dire que : une « *manifestation* phénoménale en laquelle s'objective, au lieu du concept total, seulement quelqu'un de ses côtés *abstraits*, lequel, peut se *rabougrir* »[2]. Tout ce qui est comme ce qui n'est pas, lorsqu'il s'agit de *quelque chose*, correspond à certains concepts, et s'il ne leur correspond pas, alors ce ne sont pas *ses* concepts. Je ne peux laisser passer cette affirmation : « beauté et vérité sont la même chose »[3], quoique je sache bien qu'avant Hegel on a pu dire que le beau était vrai. Ce fut toujours dit de manière inappropriée; au mieux peut-on concéder l'interpréter approximativement comme suit : un objet qui nous procure le plaisir du beau, ne doit pas, aussi longtemps que nous le contemplons dans ce but, causer le désagrément de nous décevoir. Quand par exemple dans un drame tout justifie notre attente d'un certain dénouement, que nous ne trouvons pas finalement, cette déception nous est alors désagréable, et nous dénions toute beauté à cette pièce en nous exprimant ainsi : *cette pièce manque de vérité*.

| Hegel reconnaît quant à lui que le vrai se distingue du beau, il exige que le vrai soit beau pour autant que « dans cette sienne existence extérieure, il est *immédiatement* pour la conscience et que *le concept reste immédiatement en unité avec sa manifestation phénoménale extérieure* »[4]. Tout ce qui est beau n'a pas besoin de cette manifestation phénoménale extérieure, en outre, nous voici face à un nouveau talisman, le terme *immédiat*, qui rend des services éminents à notre philosophe, grâce à l'indétermination où il sait le maintenir. Il est pourtant acquis qu'en aucun objet, on ne peut connaître *immédiatement* (au vrai sens du terme) l'unité entre la manifestation phénoménale extérieure et le concept, mais que cette connaissance se produit toujours par la médiation de séries de représentations; en ce qui concerne le beau, ces dernières ont la particularité de ne pas exiger que nous en soyons distinctement conscients. 84

Voici ce qui est dit sur l'entendement : « Il est impossible pour *l'entendement* d'appréhender la beauté … il en reste ainsi toujours au *fini*, à

1. *Ibid.*, p. 151-152.
2. *Ibid.*, p. 152.
3. *Ibid.*
4. *Ibid.*

l'unilatéral et au *non-vrai* »[1]. On comprend parfaitement pourquoi Hegel diffame ensuite l'entendement. Sa philosophie a en effet toutes les raisons d'honnir l'entendement et tout ce qui pousse à la compréhensibilité (*Verständlichkeit*) (aux concepts clairs). Quelle que soit la manière dont on *nomme* nos facultés, quoi que l'on attribue à l'*entendement*, à la *raison*, à une simple faculté d'*intuition* (*intellectuelle*), il reste que la *réalité* est autre chose que l'*idéalité*, le *sensible* autre chose que le *concept*, l'*objectif* autre chose que le *subjectif*, et que l'on ne devrait pas confondre de tels objets même pour plaire à un philosophe qui ne se comprend pas lui-même.

Il est difficile de prouver que « le beau est en soi-même *infini* et *libre* »[2], sans prendre ces paroles importantes en un sens déterminé hautement inapproprié ou plutôt en un sens hautement indéterminé et flottant. Qu'y a-t-il d'infini et de libre dans un bel ovale? Hegel fait un emploi terriblement abusif de ces termes, notamment du terme infini*, posant comme infini ce qui n'est en fait envisagé que comme illimité; il refuse au contraire de reconnaître comme infini ce qui l'est vraiment, simplement parce qu'on ne l'envisage pas comme illimité dans tous ses aspects. Le beau « n'en doit pas moins apparaître comme totalité en elle-même *infinie* et comme *liberté* dans son existence, dès lors que le beau est le concept qui ne s'oppose pas à son objectivité en se portant ainsi contre elle dans l'opposition de la finitude, mais au contraire fait alliance avec cette objectalité (*Gegenständlichkeit*) et, du fait de *cette unité et de cet accomplissement immanents, est infini en lui-même* »[3]. Comme si cela suffisait pour parler d'un vrai infini! Comme si la différence entre un objet beau et celui qui ne l'est pas ne résidait pas en un simple degré! – Sa preuve de la liberté du beau subit la même erreur, elle consiste en ce qui suit: « le concept ne permet pas à l'existence extérieure dans le beau de suivre pour elle-même des lois *propres* »[4]; et il en va de même quant à ces preuves qu'il avance: « le beau,
85 | si nous l'envisageons en relation à l'esprit *subjectif*, ne peut être ni pour l'*intelligence* non libre qui s'obstine à rester dans sa *finitude*, ni pour la finitude du vouloir »[5]. On ne pourrait forcer ni exagérer davantage les affirmations et les inférences ici proposées!

* Voir l'explication de ce concept dans la *Théorie de la science*, vol. 1, § 87 [*Théorie de la science*, *op. cit.*, p. 240 *sq.*]

1. Hegel, *Cours d'esthétique*, *op. cit.*, p. 153.
2. *Ibid.*
3. *Ibid.*
4. *Ibid.*
5. *Ibid.*, p. 154.

Nous apprenons en outre que Hegel exige d'un objet beau qu'il « *fasse apparaître dans son existence son propre concept comme réalisé* »[1] ; il doit se présenter comme « à lui-même *sa propre fin* »[2], il ne doit apparaître « ni comme assailli et contraint par nous, ni comme combattu et vaincu par les autres choses extérieures »[3], il doit avoir « diversité » et « *unité immanente* »[4], qui « doivent apparaître en lui comme produits à partir d'eux-mêmes et non du fait d'autres objets »[5], il doit enfin posséder « la *nécessité*, posée par le *concept*, de la coappartenance des côtés particuliers et l'*apparence de leur liberté comme* de parties générées *pour elles-mêmes* et non pas seulement pour l'unité »[6] – Je pose d'abord la question : tout objet, même le plus laid, ne fait-il pas apparaître son propre concept comme une existence réalisée ? Un Thersite n'apparaît-il pas comme un Thersite ? On a souvent exigé que l'objet beau apparaisse comme étant à lui-même sa propre fin, or, comme je l'ai montré, c'est une erreur. Exiger que l'objet beau ne soit ni contraint ni vaincu, ni par nous ni par des choses extérieures signifie tout à fait autre chose que ce qui a été expliqué ci-dessus, à savoir que *l'œuvre d'art ne devrait pas être regardée selon une contrainte* (que l'œuvre aurait imposé à l'artiste). Il s'agit d'un propos neuf, mais est-il pour autant vrai ? Les tragédiens doivent en décider, eux dont nous trouvons beaux, je crois, les héros et les héroïnes, même lorsqu'ils subissent la menace du monde extérieur et la puissance du destin. Musiciens, peintres, sculpteurs, architectes, accorderont difficilement que la multiplicité et l'unité du beau puissent agir comme d'eux-mêmes et non par la médiation d'autre chose. Quand nous contemplons une belle cathédrale, nous vient-il à l'idée qu'elle ne se soit construite « par d'autres choses », qu'elle se soit produite elle-même ? Une dernière exigence : le beau doit être « la *nécessité*, posée par le *concept*, en liaison avec les côtés particuliers et l'*apparence de leur liberté* comme de parties générées pour elles-mêmes et non pas *seulement* pour l'*unité* »[7]. Cette thèse avance bien quelque chose de vrai, disant ce que l'on sait déjà : d'une part, l'objet beau doit posséder une certaine régularité, de l'autre il ne doit pas laisser deviner sa contrainte (à savoir ne pas transgresser une règle à

1. *Ibid.*, p. 156.
2. *Ibid.*
3. *Ibid.*, p. 157.
4. *Ibid.*
5. *Ibid.*
6. *Ibid.*, p. 158.
7. *Ibid.* Bolzano joue avec le terme hégélien en le modifiant par rapport à la citation initiale.

cause d'une autre). Jetons un coup d'œil général à ce que dit Hegel si gauchement dans toute cette section « sur le concept de beau » : nous nous sommes heurtés à des propos singuliers que de notre propre point de vue nous devions jugeons faux; nous en avons rencontré qu'il a empruntés à d'autres sans les justifier; enfin, quand apparaissent des remarques justes, elles ne sont pas neuves et instructives quant à la chose mais confuses quant à l'expression, sans accéder jamais à une détermination précise de ce concept.

86 | Il n'est pas sans intérêt pour conclure de comparer ce que ailleurs, dans la *Philosophie de la religion*, Hegel dit sur le beau : « Car le beau est essentiellement le spirituel qui s'extériorise sensiblement, qui se montre dans l'être-là sensible, mais de sorte que celui-ci ne se montre pas lui-même, mais représente en même temps quelque chose d'autre que lui-même. » [1]. Ainsi, Méphistophélès serait beau, parce qu'il est indubitablement quelque chose de spirituel qui se manifeste dans le sensible, de telle sorte que le sensible manifeste néanmoins tout autre chose que ce qu'il est.

§ 55

Parmi les élèves de Hegel qui, sur des points cruciaux, ont très tôt osé contredire leur maître, il y a en esthétique Chr. H. Weisse[2]. Il considérait la méthode de Hegel comme la seule qui soit vraie et salutaire, il condamnait toutefois les résultats auxquels son maître était parvenu (assez étrangement) grâce à elle*. Le maître n'a finalement pas appliqué sa méthode dans son *Esthétique*, ce qui s'explique ainsi : « ceux qui possèdent à un degré extrême la virtuosité de la méthode dialectique, ne sont pas ceux qui parviennent à la *plus profonde compréhension* des concepts esthétiques dans toute leur clarté ». – Weisse (dans son *Système de l'esthétique*, Leipzig, 1830), cherchant à corriger ces importantes erreurs, nous livre des conclusions tout à fait inattendues sur la nature du beau, nous n'en donnons

* Une évaluation de cette méthode se trouve dans la *Wissenschaftslehre*, Bd. IV, § 718; voir aussi du Professeur Exner, *Die Psychologie der Hegelschen Schule*, 1842.

1. G. W. F. Hegel, *Vorlesungen über die Philosophie der Religion*, Frankfurt a. Main, Suhrkamp, 1970-1971, t. 16, p. 337; trad. fr. G. Marmasse, *Leçons sur la philosophie de la religion*, t. 2, Paris, Vrin, 2010, p. 354 : je remercie G. Marmasse pour son aide fournie dans l'établissement de cette référence éditoriale complexe. Le texte éditié hégélien varie, Bolzano ne cite pas le texte littéral, la traduction française est donc ici adaptée.

2. Chr. H. Weisse, *System der Aesthetik als Wissenschaft von der Idee der Schönheit*, Leipzig, Hartmann, 1830.

à nos lecteurs qu'un aperçu, celles de la première section « de la beauté en tant que telle ».

Présupposant (§ 4) que le concept de *beauté* possède *l'idée d'une vérité spéculative*, il suit (§ 9) que « *la première définition* de la beauté doit s'énoncer ainsi : *elle est une vérité surmontée*, à savoir non pas non-vérité, mais *vérité plus haute que la vérité elle-même* » (!). Il s'ensuit (§ 10) qu'elle est « *d'une nature absolument spirituelle*, et que sa *substance immédiate* (!) est *l'imagination* (Phantasie) » ; d'où il s'ensuit encore (§ 11) qu'elle n'est « pas elle-même sacrée mais elle confère la béatitude, et de ce fait, elle est par essence *objet* pour un *sujet* ». Selon le § 12, elle est « par essence *une multiplicité absolue, à savoir sans limite d'objets beaux* ». Chacun d'eux (§ 13) est « *singularité infinie* (?) ». – « Le beau pensé comme *Individuum indivisible* (?), est de ce fait (§ 14) par essence *microcosme et mystère*. Sa réalité doit (§ 15) être à la fois la *réalité* d'une chose *particulière, naturelle* et *finie* ». – Selon le § 16, « la beauté se manifeste *par essence* et non incidemment comme un *attribut* ou une *propriété* des choses finies. En tant que tel, elle est *quantitative* ; mais elle se trouve toutefois (§ 17) ainsi dans un rapport de | différence avec ce qui croit comme en *opposition*, voire 87
en *contradiction*. La beauté est de ce fait non pas une qualité *essentielle* de la chose, mais une propriété *externe* de cette chose, ou encore son *phénomène* et sa *forme* ». Ainsi (§ 18), elle est « par essence *règle* ou *canon* ». Ce canon est (§ 19) « d'une part identique aux rapports de mesure du phénomène fini, d'autre part il est la *négativité* explicite du concept de rapports de mesures fini, il consiste en un rapport du beau *infini ou irrationnel* ». Enfin (§ 20), il faut que « la différence entre la *généralité* du beau et sa *singularité* infinie se manifeste comme opposition et contradiction, d'où s'ensuivent les concepts du *sublime*, de la *laideur*, et du *comique* ». Il faut avouer que l'élève a surpassé le maître ! Il vaut d'autant moins la peine de faire l'effort d'analyser dans le détail ces allégations, qu'on ne peut savoir si leur auteur – en progrès constant – s'en tient à elles ou si (ce que nous espérons !) il ne les a pas déjà *dépassées !*

§ 56

Apparentées à cette définition que nous avons déjà si souvent rencontrée, sous diverses formes (chez Plotin, Schelling, Suabedissen, Hegel parmi d'autres), il faut compter encore celles-ci :

Ficker (*Esthétique*, Vienne, 1830) affirme que le beau est « présentation d'une idée dans une forme intuitive correspondante, qui provoque l'activité harmonieuse des facultés de notre âme »[1]. Il faut reconnaître ce dernier ajout comme une amélioration, il lui manque toutefois d'être convenablement déterminé. Dire qu'harmonieux est prédicat de l'activité des facultés de notre âme, c'est là s'exprimer de manière indéterminée, puisque le concept de beauté dans sa signification la plus stricte l'inclut déjà. À mon avis, au lieu de désigner les « facultés de l'âme », il faudrait parler seulement des « facultés de connaître », car solliciter des facultés qui ne soient pas orientées vers la connaissance ne relève pas selon moi de la pure beauté.

À peine un an plus tard, Carus (dans ses *Lettres sur la peinture de paysage*, Leipzig, 1831) avance à son tour une définition[2] : « la beauté consiste dans la présentation de l'esprit divin dans le monde des sens, ou pour le dire autrement, dans la fusion intime de la nature et de la raison ». Je ne sais, puisque l'auteur ne le certifie pas lui-même, si cette deuxième expression n'est qu'une autre forme de ce qui a été dit juste avant; je dois avouer néanmoins qu'aucune des deux ne me suffit. En ce qui concerne la première, on sait de ce qui précède pourquoi; « une fusion intime de la nature et de la raison » me semble par ailleurs une manière de s'exprimer extrêmement indéterminée, car les mots nature et raison ne sont-ils pas équivoques dans cette opposition en quelque sorte explicative ? Faut-il que toute la beauté de la nature appartienne aussi à la raison ?

Chez le docteur Friedrich Fischer (*Doctrine de la nature de l'âme*, Basel, 1834, p. 417), nous lisons que « la beauté est un accord réussi de la
88 présentation du for intérieur dans l'extérieur[3]. | Nous appelons *beau* en effet toute expression réussie et achevée du for intérieur, que cela soit en mots, sons ou figures visibles ». Je crois qu'il n'est possible de trouver l'expression d'une pensée dans toute beauté, par exemple dans la célèbre beauté des lignes de Hogarth, que dans la mesure où la régularité du beau est expression de la règle, et cette dernière règle, une pensée. Cette définition ne se laisse toutefois pas inverser : on ne peut sûrement pas nommer beau *toute* « expression réussie et achevée du for intérieur », comme pleurer, rire, montrer la fierté ou la colère sur un visage.

1. F. Ficker, *Aesthetik oder Lehre vom Schönen und von der Kunst in ihrem ganzen Umfange*, 2., verm. u. verb. Aufl., Wien, Heuber, 1840, § 15, p. 31

2. C. G. Carus, *Neun Briefe über Landschaftmalerei*, geschrieben in den Jahren 1815-1824, Leipzig, Fleischer, 1831 ; C. G. Carus et C. D. Friedrich, *De la peinture de paysage dans l'Allemagne romantique*, trad. fr. E. Dickenherr *et alii*, Paris, Klincksieck, 2003, p. 76-77. Bolzano ne cite pas avec exactitude le texte.

3. F. Fischer, *Die Naturlehre der Seele* (*für Gebildete dargestellt*), Basel, Friedrich, 1835, p. 417.

Le docteur W. C. Weber (*Esthétique*, 2 parties, 1834-1835) définit le beau comme « vie divine en soi indivisible, se révélant dans le phénomène dans des objets individuels; elle y révèle sa plénitude libre et indépendante, son accord avec elle-même et son existence pleinement satisfaite »[1]. Je ne vois pas ce que gagne cette définition dans ses propres ajouts face à d'autres dont elle est issue, et pourtant bien plus simples.

Chez Eschenburg, dont les *Esquisses d'une théorie et d'une littérature des beaux arts du discours* ont été totalement remaniés par le docteur Moritz Pinder, le beau est décrit comme « présence immédiate de l'idée dans un phénomène singulier »[2], ce en quoi il est clair que l'expression : *présence*, déterminée en outre par *immédiate*, n'améliore en rien ce qui a été dit auparavant, puisque l'une est purement imagée et l'autre carrément fausse. Winter et Bratránek définissent à la manière de Schelling la beauté comme consistant pour le premier dans « le reflet d'une Idée de la raison idéale »[3] et pour le second comme « vérité de l'esprit manifestée dans la nature »[4]. – Ce ne sont que paroles neuves sur de vieux concepts !

§ 57

Les définitions qui suivent ont quelque chose d'un peu plus singulier, nous voulons terminer notre essai en les présentant brièvement.

Hausmann (*Doctrine générale du goût*, Zerbst, 1830) dit : « est beau ce qui dans une forme et une présentation des sens plaît à la fois au sentiment intime et à l'entendement »[5]; une recension de Iéna souhaite ajouter « en stipulant une détermination générale ». – Il conviendrait au contraire de mon point de vue de se souvenir que ce qui plaît aux sens ne relève pas encore en tant que tel du beau. La distinction ici opérée entre le sentiment intime et l'entendement n'est fondée que sur un point de vue psychologique faux, car tout ce que nous connaissons au travers de ce sentiment dit intime, peut vraisemblablement être connu aussi par l'entendement.

1. W. E. Weber, *Die Aesthetik aus dem Gesichtspunkte gebildeter Freunde des Schönen*, Leipzig et Darmstadt, Leske, 1834, vol. 1, p. 43.

2. J. J. Eschenburg, *Entwurf einer Theorie und Literatur der schönen Redekünste*, 5e éd., Berlin, Nicolai, 1836, p. 7.

3. H. Winter, *Dichterlehre als philosophische Theorie der wissenschaftlichen Dichtkunst*, Kasan, 1839, § 8, p. 12.

4. F. T. Bratránek, *Zur Entwicklung des Schönheitsbegriffes*, Brünn, Rohrer, 1841.

5. C. Fr. Hausmann, *Allgemeine Geschmackslehre für Liebhaber der schönen Künste sowie für Lehrer in höheren Schulen*, Zerbst, Kummer, 1830, § 2, p. 10.

Il ne faut attribuer ici la satisfaction ni aux sens, ni au sentiment, ni à l'entendement, mais à la faculté de sentir.

89 | Le Français Damiron (*Cours de philosophie*, tome 4, Bruxelles, 1834) se place en contradiction avec nous Allemands en posant le beau au-dessus du bien, comme son degré supérieur, voire comme l'accomplissement du bien[1].

Chez Bobrick (*Libres exposés sur l'esthétique*, Zürich, 1834), la beauté est « un contraste tel que: soit l'opposition des éléments en contraste l'emporte sur l'identique qui existe entre eux, soit cet identique cache justement ce qui s'oppose, sans pour autant le manifester comme unité »[2]. On ne comprend pas ce que l'auteur (un élève de Herbart) veut affirmer quand il dit que dans le beau doit se trouver un contraste. Ce qu'il attend de la propriété d'un tel contraste est encore plus étrange: l'opposition l'emporterait sur l'identique ou au contraire l'identique cacherait l'opposition sans pour autant en manifester les éléments comme unité. Il présuppose que l'un des deux cas se présente presque toujours, alors que l'autre, où ce qui s'oppose se trouve à égalité avec l'identique, ne peut se produire que très rarement; en effet, il ne se produit que lorsque parmi bien des rapports possibles, un seul se réalise. On aurait alors plutôt attendu que l'auteur cherche là la beauté, vu qu'elle n'est pas fréquente mais rare, qu'il la cherche quand s'installe un équilibre entre les deux parties et non pas que l'une l'emporte sur l'autre. Je ne comprends pas très bien en outre comment, dans le cas où la somme des éléments identiques « cache » ce qui diffère, on pourrait empêcher que des éléments en contraste se manifestent comme unité.

A. E. Umbreit propose cette définition (*Esthétique*, première partie, Leipzig, 1838) : « la *beauté* est *vie et monde*, et comme eux, elle se forme de l'intérieur vers l'extérieur afin d'exposer à l'intuition ses propres relations à l'*humanité dans toute sa plénitude* »[3]. – Il y a là trois points dont il poursuit l'explication :

« 1. *La beauté est monde et vie*. Chaque intuition d'un degré supérieur de la beauté suscite un *mouvement vital infini* autour de nous et en nous. – Ne voyez vous pas monde et âme s'élever devant vous, comme si *jaillissaient des figures* par milliers et milliers? Ne les entendez-vous pas vous dire: Ne nous reconnaissez-vous pas? Nous sommes pourtant de

1. J. Ph. Damiron, *Cours de philosophie*, Bruxelles, Hauman, 1834-1837.

2. E. Bobrick, *Freie Vorträge über Aesthetik*, Zürich, Ziegler, 1834, p. 49.

3. A. E. Umbreit, *Aesthetik*, Leipzig, Barth, 1838.

vieilles connaissances, que vous n'avez cessé de fréquenter, auxquelles même vous appartenez ! ».

« 2. *Exposition pleine et entière du contenu vivant de la beauté pour l'intuition.* Il faut que cet acte d'exposition soit *un acte de mise en forme venant de l'intérieur.* Nous devons trouver la teneur de l'objet immédiatement dans la possibilité de son intuition, et ce n'est *que* dans un tel cas que l'intuition *satisfait* notre conscience. C'est pourquoi l'essence de la beauté est *inexprimable* : chaque teneur ne s'exprime que par elle-même, il nous reste à voir et à interpréter ».

« 3. *Les relations humaines.* – Des rapports *déterminés* entre le monde et la vie sont ici exprimés, rapports qui quand ils sont *saisis clairement,* constituent le contenu positif | de la beauté. Il s'agit de l'expression du **90**
rapport central de l'humanité au monde et à la vie. Nous en sommes toujours conscients, nous savons tout ce qui vit et se meut et est, nous le savons en relation à nous-même ; non pas par seule pensée ou seule volonté, mais par *plénitude de notre phénoménalité* ».

L'auteur cherche à rendre sa définition « vraiment distincte » en prenant des exemples. « Pourquoi tout est-il si beau chez un bel homme ? Parce que nous retrouvons en lui la plénitude de l'humanité dans toute sa manifestation. Un bel homme ne donne-t-il pas à voir en lui toutes les relations infinies qu'il a avec le monde ? C'est une vie pleine et riche de l'existence que nous rencontrons grâce à lui ! ». « Nous rencontrons aussi à l'évidence chez de beaux animaux une vie pleine et fondée en elle-même, ainsi que l'expression de relations à l'humanité dans sa plénitude », affirmations que Umbreit prouve à partir des métaphores si souvent inspirées par les animaux : « hardi comme un lion, patient comme un agneau », etc. « une belle région ; nous nous sentons ici former un tout avec le monde extérieur » – « Combien de paysages ne vous semblent-ils pas beaux précisément parce qu'ils vous invitent, parce qu'ils répondent à votre envie, à votre activité ? » – L'exemple d'une « belle rose » et de quelques beautés moindres met l'auteur dans l'embarras à ce qu'il semble ; il se permet néanmoins d'y appliquer sa définition tout en « laissant faire tout un chacun » ; il nous enjoint simplement d'observer sans cesse à quelle saison et à quel endroit fleurissent les roses. Il suffit ici d'indiquer que la définition de Umbreit et sa manière de philosopher sont dans l'air du temps, (il s'y compte lui-même) et qu'il n'a aucune idée de la distinction pourtant si importante entre beauté pure et beauté mixte.

L'*Esthétique d'un point de vue chrétien* (Stuttgart et Tübingen, 1839)[1] du docteur G. M. Dursch a attiré mon attention sur le profond sens moral de son auteur. Il s'exprime ainsi sur le concept du beau, p. 8 : « Le beau, au sens large comme au sens propre, est tout être ou toute vérité d'une forme appropriée à son être ou d'une figure organique; est belle toute créature organique du cristal à l'homme; l'esprit humain et le monde spirituel sont beaux; la beauté la plus élevée et la plus accomplie est Dieu ». Et de manière plus profonde encore p. 10 : « Quand l'être ou le vrai apparaissent en tant que figure individuelle, ou quand le cercle, le carré deviennent une structure organique, ils ont tous le caractère de la beauté. Le beau au contraire est vrai car il est un être dans une forme individuelle, ou encore il l'est pour autant qu'il est un être. Considéré en soi et pour soi le beau n'est pas encore bon, car il n'est pas encore saisi en relation avec son activité conforme à la nature. L'esprit libre peut agir contre sa nature et sa destination, devenir méchant; il cesse alors d'être beau et vrai. Il n'est plus vrai car il n'est plus l'être qu'il devait proprement être. C'est pourquoi ce qui est bon, est beau et vrai ». Page 14 enfin : « afin de prévenir des erreurs
91 d'interprétation du | concept de beau qui vient d'être avancé, à savoir l'être d'une forme appropriée, il faut remarquer que l'on ne veut pas dire que la forme est ici ce qui est essentiel ou primordial dans le beau. L'être est le vrai, ou comme le dit Schelling, le concept éternel, précédant toute chose, conçu dans l'entendement infini. C'est pourquoi l'être est aussi l'idée, c'est ainsi que d'autres esthéticiens nomment ce qui est essentiel au beau. En comprenant sous le terme « être » les idées éternelles ou concepts, la signification de l'expression « être » dans la définition du beau s'éclaire d'elle-même. Seule cette forme ou manifestation (*Erscheinung*), qui *rend sensible* une idée éternelle ou un concept éternel est dite belle, ou encore ce moyen approprié qui permet que ces derniers accèdent à la manifestation. S'il manque l'être ou l'idée à la forme, elle devient comique ou bizarre; et si l'idée ne correspond pas à une forme appropriée, cette forme ne parvient pas à sa pleine manifestation ». Docteur Dursch confirme dans son ouvrage, comme on l'a déjà dit, être un penseur et un homme de haute valeur, et pourtant il ne peut se défaire lui non plus des lacunes de notre actuelle manière de philosopher! Après avoir consacré plusieurs pages (page 5 à 14) à l'*être* et au *vrai* (qu'il considère comme des concepts réciproques), dont il déduit les concepts du *beau* et du *bien*, il se demande enfin si son lecteur peut deviner ce qu'il entend par « être en une forme

1. G. M. Dursch, *Aesthetik oder die Wissenschaft des Schönen auf dem christlichen Standpunkt*, Stuttgart et Tübingen, Cotta, 1839.

appropriée », et « quelle est la signification de l'expression « être » dans la définition du beau ». Que fait-il – de toute façon un peu tardivement – pour prévenir les erreurs, voire pour lever celles qui sont déjà introduites ? Il se contente de deux choses : il s'assure d'abord qu'on ne comprenne pas la forme comme ce qui est essentiel ou primordial dans le beau ; il recommande ensuite de « comprendre sous le terme « être » les idées éternelles ou concepts ». Or la première remarque ne sert qu'à nous déconcerter : puisque la définition donnée du beau stipulait qu'il s'agissait de l'être en une forme appropriée, il nous fallait alors considérer une forme appropriée comme quelque chose qui appartenait par essence au beau. Comment ne pas nous égarer maintenant en entendant que la forme n'est plus essentielle ? La deuxième remarque est superflue car nous avons à maintes reprises dans ce qui précède eu à lire les formules : tout être est vrai, tout ce qui est vrai est être. – or on peut bien nous répéter cela cent fois, nous ne pouvons l'accepter comme vrai : le concept de l'étant et celui du vrai s'excluent l'un l'autre. Je voudrais savoir par ailleurs pourquoi un cercle ou un carré ont le caractère de la beauté quand ils deviennent des structures organiques. J'aimerais également savoir ceci : comment avancer à la fois que le beau au sens large exige une forme appropriée à son être ou une figure organique et tout aussitôt que la forme la plus haute et la plus accomplie du beau est Dieu ?

Un célèbre étranger enfin, l'abbé Lamenais, fait la joie de nos philosophes modernes ! Dans son *Esquisse de la philosophie* (édition allemande, Paris, 1841)[1], il s'accorde assez avec eux dans sa manière de philosopher, au point d'emprunter quelques unes de leurs formules. Dans son chapitre sur | le beau (vol. 2, p. 265-268), on lit : « On pourrait philosophi- 92
quement (?) dire que le beau est le vrai, dans la mesure où il est simultanément conçu dans sa manifestation par l'intelligence, et senti par amour » – « En fait, pas de beauté sans vérité. Le concept du beau n'inclut pas simplement le vrai en lui, mais plutôt le vrai révélé » – (cela sonne comme : *pas seulement tous, mais aussi quelque uns !*) – « on pourrait le définir comme forme du vrai » « Le beau doit troisièmement être conçu par l'intelligence, et puisque le vrai révélé est ordre et unité dans la multiplicité » (d'où cela vient-il ?), « l'ordre est donc essentiel au beau et il y a partout de la beauté là où règne l'ordre » (d'où vient le droit d'inverser cette proposition ?) ; « enfin, le beau conçu par l'intelligence doit être simultanément senti par amour ; car tous les êtres (tous ? même ce qui est sans vie ?

1. F. Lammenais, *Grundriss einer Philosophie*, Paris et Leipzig, Renouard, 1841. Traduction allemande de *Esquisse d'une philosophie*, 1841.

même les animaux ?) seront attirés par le beau naturellement, tendront à s'unir avec lui.

Parfait ! Notre abbé n'est-il pas déjà à mi-chemin vers le panthéisme de la culture allemande moderne ? Ne parle-t-il pas de *formes divines-universelles* et n'admet-il pas les *produits* et les *avatars* de cette culture ?

En voilà assez concernant ces *définitions sans clarté du beau*. On pourrait les appeler *modèles de laideur* ; elles ne satisfont pas une seule des exigences requises par le bon sens humain, quand il prétend parvenir à des *définitions*.

SUR LA DIVISION DES BEAUX-ARTS. UN MÉMOIRE ESTHÉTIQUE [1]

| § 1

135

Vu que, dans le premier de ces *Traités d'esthétique*, j'ai considéré comme nécessaire de discuter de manière très détaillée le concept du *beau*, on devrait s'attendre à ce que l'*esthétique* ne soit pas pour moi grand chose d'autre qu'une « *théorie du beau* » – comme c'est le cas pour la plupart de ceux qui en traitent actuellement. Et pour moi aussi, c'est ce qu'elle est effectivement, au moins au sens où je m'accommode de cette définition, tout comme je me suis accommodé de la définition habituelle des mathématiques comme théorie des grandeurs*. De la même manière qu'on appelle cette dernière en allemand *Théorie des grandeurs*, on pourrait donc très bien donner à l'esthétique le nom allemand de *Théorie de la beauté*. Mais tout autant ici que là, il est besoin de déterminer encore plus précisément en quel sens on prend l'expression *Théorie d'un objet*. On ne doit pas la prendre au sens le plus étroit, où l'on entend par théorie d'un objet seulement une collection des vérités connues qui le concernent directement ou qu'on prononce à leur sujet. Car (pour parler maintenant seulement de l'*esthétique*, les mathématiques ne sont pas le sujet ici) l'examen des composantes du *concept* de beau au sens strict – ne concerne pas le beau

* Il est vrai que l'auteur avait cherché dans ses *Contributions à une exposition fondée des mathématiques* de 1810 une autre définition qu'il n'a pas honte de revoir aujourd'hui. [B. Bolzano, « Contribution à un exposé mieux fondé de la mathématique 1810 », in *Premiers Écrits*, *op. cit.* [N.d.T]].

1. Dr. Bernard Bolzano, *Über die Einteilung der schönen Künste. Eine ästhetische Abhandlungen der königlichen böhmischen Gesellschaft der Wissenschaften*, 5. Folge, 6 Bände (1848-1850), Prag, Borrosch et André, 1851, p. 135-178. Traduction de Nicolas Rialland, relue et corrigée par Carole Maigné et Jan Sebestik.

lui-même. On peut encore moins considérer comme des recherches sur le beau les recherches que l'on trouve inévitablement dans tous les manuels d'esthétique : sur le sublime, le ridicule, l'humoristique, le romantique, le touchant, le sentimental et bien d'autres choses. Sinon, on risque de se convaincre que les objets cités dépendent du concept du beau comme ses types (*Art*). C'est une erreur qui est apparue si clairement qu'il me semble suffisant ici de simplement l'indiquer. Il est encore plus manifeste que toutes les enquêtes purement *historiques*, que l'on trouve en nombre dans beaucoup de manuels d'esthétique ou en tout cas dans des écrits que l'on inclut dans la littérature esthétique (par exemple les recherches sur l'art ancien et moderne, sur l'authenticité de telle ou telle œuvre d'art, les biographies des artistes, etc.) ne devraient pas être tenues pour des recherches esthétiques si on ne veut pas donner à l'expression *Théorie du beau* une signification par trop élargie.

Mais cela arrive, et nous obtenons un concept qui satisfait à toutes les exigences de l'usage de la langue en vigueur jusqu'à présent si nous défi-
136 nissons l'*esthétique* comme une | *collection scientifique et ordonnée* de toutes les vérités dignes d'intérêt qui, ou bien *concernent directement* le beau, ou bien *dépendent si bien* de lui que soit il ne pourrait pas du tout être compris sans elles, soit elles ne pourraient pas du tout l'être sans lui, lesquelles vérités sont susceptibles d'une *application* des plus fructueuses.

À travers cette définition, se justifie aussitôt que

a) ce doit être une des premières tâches de l'esthétique que de s'enquérir des composantes du *concept du beau*, qui certainement n'est pas simple. Car c'est seulement grâce à une détermination précise de ce concept que nous serons en mesure de *distinguer* le beau de tant d'autres objets qui lui ressemblent mais qui en même temps ne lui sont pas substituables, de mentionner ses qualités générales aussi bien que d'indiquer avec exactitude ses différents *types*. À partir de cette définition, on comprend

b) pourquoi on regarde la théorie des *beaux-arts* comme une des composantes les plus importantes de l'esthétique, si bien que quelques-uns peuvent même aller jusqu'à substituer à l'esthétique une théorie de l'art. En effet, le problème que la *théorie de l'art* cherche à résoudre pour indiquer la façon dont les différents types d'œuvres d'art peuvent être produits le plus parfaitement possible, est également l'une des *fins* les plus utiles aussi bien que l'une des plus élevées que l'esthétique, dans le concept que nous en avons, sert à atteindre. Car l'application la plus importante dont les principes concernant le beau sont susceptibles est celle qui permet aux artistes d'apprendre comment ils doivent procéder pour, grâce aux productions de l'art, éduquer spirituellement des milliers de leurs frères et les rallier à la bonne cause de la moralité et de la religion, quand ceux-ci semblent se soucier seulement de leur plaisir. Mais si grand soit le mérite que l'on fixe à une théorie de l'art établie à cet effet, on ne doit pas pour autant croire qu'elle épuise *toutes* les fins de l'esthétique. Car seuls quelques individus sont destinés à devenir artiste. En revanche c'est à tous qu'une théorie du beau peut être utile si elle fournit des consignes quant à la manière dont nous devons prendre plaisir à n'importe quelle beauté venant à notre rencontre, non seulement celle de l'*art* mais aussi celle de la *nature*. De telles consignes, et plus généralement ce que l'on nomme à bon droit *Calobiotique* ou Art de la belle vie et que l'on définit comme l'art de mener notre vie entière de la manière la plus belle possible et de prendre le plus de plaisir possible à toute beauté qui vient à notre rencontre en elle – tout cela on verra qu'il s'agit d'après notre définition d'une discipline dépendant de l'esthétique*.

| c) Enfin, il en va de beaucoup d'enquêtes purement *historiques* **137**
comme du récit des différents points de vue et concepts des savants sur le beau et ses lois, comme du récit du sort rencontré par l'art chez différents peuples à chaque époque, comme de la description des réalisations de l'art les plus remarquables, des œuvres d'art qui ont existé ou qui existent encore, comme de la description des vies des artistes eux-mêmes ou des objets semblables que l'on a considérés de tout temps comme inclus dans l'esthétique. Leur inclusion dans ce domaine est aussi totalement légitime d'après notre définition, car c'est seulement pour celui qui est familier de l'essence et des lois du beau que l'examen de ses types peut avoir un intérêt et c'est seulement à lui qu'il peut être vraiment utile.

* C'est Wilhelm Bronn qui, le premier, a cherché à attirer l'attention du public sur cette science méconnue jusqu'alors : d'abord dans un écrit paru chez Gerold à Vienne, *Für Kalobiotik als neu ausgestecktes Feld menschlichen Strebens* (1er tome en 1835, 2e tome en 1838), puis dans le livre *Kalobiotik, Kunst schön zu leben, wissenschaftlich aufgefaßt* (Leipzig, R. Bünder, 1839) et enfin dans le périodique dont il s'occupe, *Für Kalobiotik*, un supplément au journal édité par Rudolf Glaser, *Ost und West* (Prague) depuis 1844. Ainsi, il faut lui reconnaître le mérite de toutes les discussions qui ont eu lieu sur cet important sujet.

§ 2

Les *beaux-arts* sont donc, sinon les seuls, du moins l'un des objets les plus importants dont l'esthétique ait à s'occuper, et c'est pourquoi le *concept* d'un bel art, et avec lui le concept d'une belle œuvre d'art comme produit de ce bel art, doit trouver sa détermination dans cette science. Ces deux concepts sont parfaitement fixés dans l'usage de la langue et nous attribuons à quelqu'un la possession d'un bel *art* ou (ce qui revient au même) le nom d'*artiste* quand il *possède l'aptitude à produire par son activité libre et intentionnelle des objets dépendant avec certitude du concept du beau, de telle manière que leurs belles qualités sont la conséquence directe du procédé de production qu'il a agencé précisément à cette fin et pas à une autre.* Ces objets eux-mêmes, nous les appelons les *œuvres* (plus ou moins parfaites) *des beaux-arts* ou *œuvres d'art*. Le lien de *dépendance* exigé dans cette définition entre les beaux agencements de l'œuvre d'art et le procédé de telle ou telle nature suivi par le producteur, aussi bien que la référence au caractère intentionnel, sont quelques caractéristiques que nous ne pouvons pas laisser de côté, pour autant que la définition n'est pas trop longue. Car quand un apprenti nous livre l'épreuve d'une gravure, c'est sûr, personne ne lui donnera le nom d'artiste, même s'il est indéniable que nous sommes redevables à son travail de l'existence d'un objet peut-être très beau. Nous lui refusons ce nom parce que les agencements, où nous voyons la beauté essentielle de la feuille, n'ont pas été produits par le procédé spécifique de production de cette empreinte, mais ne proviennent que de la manière singulière dont le graveur ou l'inventeur du dessin a procédé. Cependant, ce lien *causal* entre les beautés de l'œuvre et le procédé du producteur ne suffit pas, il faut encore que ce dernier les ait *prévues* et qu'il ait agencé son procédé dans l'*intention* déterminée d'atteindre ces beautés. Car personne ne regardera jamais comme une œuvre de l'art, mais bien plutôt comme une œuvre du hasard, l'écume si trompeuse sur la gueule d'un cheval que le peintre a dû produire en jetant son pinceau sur la toile dans un accès de colère[1]. Et nous ne sommes pas
138 | enclins à reconnaître la présence d'une véritable œuvre d'art là où quelqu'un produit quelque chose de vraiment beau sans le préméditer, seulement parce qu'un tel comportement lui est devenu une habitude et une seconde *nature* grâce à un exercice régulier. De là aussi l'opposition que

1. Allusion approximative à l'anecdote concernant Protogène racontée par Pline, *Histoire naturelle*, livre XXXV, 36 (Paris, Les Belles Lettres, p. 80). Plus précisément, dans le récit qu'en fait Pline, la difficulté concerne l'écume sur la gueule d'un chien, et le peintre y jette sur la toile non pas son pinceau mais son éponge.

nous faisons entre l'*artistique* et le *naturel* ou ce qui nous est *devenu naturel* grâce à l'art de manière seulement progressive. Par cette opposition, nous ne cherchons d'ailleurs pas du tout à amoindrir la beauté et la valeur de ce dernier naturel. C'est en lui que réside un avantage méconnu de la fréquentation assidue des bons écrits : nous ne nous permettons rien de grossier et de méprisable nulle part, que ce soit dans les événements les plus banals, ceux qui ne méritent pas qu'on fasse l'effort de prêter une attention particulière à la forme de notre comportement, ou dans les moments où une grande agitation nous met dans l'impossibilité de penser aux modalités de notre action ou de procéder de manière plus noble. C'est aussi ce que voulait dire le poète par ces mots :

----- didicisse fideliter artes
Emollit mores, nec sinit esse feros [1].

§ 3

D'après cette définition, les éléments suivants sont déjà inclus dans le concept d'*art*: nous suivons certaines règles dans son exercice et nous posons devant nous des fins grâce à quoi l'œuvre produite contient précisément telles beautés plutôt que telles autres. Ces règles ne nous sont pas toujours distinctement conscientes, mais il est toujours possible, grâce à une réflexion aiguisée, de les ramener à des concepts clairs et distinctement exprimés. Telle sera la tâche privilégiée que la théorie de l'art se fixe. Celle-ci doit nous dire avec le plus de distinction possible *comment* les belles œuvres d'art adviennent; elle doit décrire l'artiste, en partie comment il procède pour les produire, en partie comment il devrait procéder pour à l'avenir les produire encore plus parfaitement.

§ 4

Cependant, beaucoup de gens affirment que les beaux-arts ne *peuvent* pas s'enseigner. S'ils avaient raison, alors le concept que je désigne comme théorie de l'art serait contradictoire. Ce qui ne *peut* s'enseigner, ne peut faire l'objet d'une science chargée de l'enseigner. Mais ce n'est pas tout à fait vrai. Certes, celui que la nature n'a pas doté d'un talent singulier ne

1. « L'étude assidue des arts libéraux adoucit les mœurs et en réprime la rudesse », Ovide, *Pontiques*, livre II, 9, 47-48, trad. fr. J. André, Paris, Les Belles Lettres, 1993.

peut pas produire une œuvre d'art digne de ce nom grâce à de simples règles et des prescriptions écrites. Mais il ne s'ensuit pas du tout qu'aucune consigne quant à la manière dont ils exercent leur art ne puisse être utile aux artistes, aussi bien aux débutants qu'à ceux qui sont déjà confirmés.

139 | 1. D'abord, toute œuvre des beaux-arts produit, outre celui de nous délecter par sa beauté, bien d'autres effets, et ceux-ci ne doivent pas être laissés de côté. Dans certains cas, ils sont peut-être ce qu'il y a de plus important, tant et si bien que la beauté y apparaît comme quelque chose de secondaire et doit être regardée comme telle. Comment ne rien dire sur ces effets et sur le rapport existant entre eux et la beauté, sur la manière dont on poursuit simultanément des fins si différentes ou sur la manière dont l'une peut être sacrifiée au profit de l'autre ? Un artiste débutant ne doit-il pas se familiariser avec tout cela, même s'il s'en écartera dans ses moments d'enthousiasme ?

2. Une œuvre d'art devant être accessible à la jouissance du plus grand nombre, il lui faut conserver dans le monde extérieur une présentation stable ou se renouvelant de temps en temps. Cela ne peut avoir lieu que lorsque l'artiste sait modifier la matière brute que la nature lui offre pour qu'elle exprime les idées qui vivent en lui. Plus il y parvient parfaitement, et plus nous admirons son œuvre. Personne ne dira que pour cela, pour cette partie *technique* de l'art, il n'est pas besoin d'avoir beaucoup d'habileté et de connaissances et celles-ci s'obtiennent seulement par l'enseignement.

3. Mais combien de connaissances l'artiste doit posséder pour seulement produire *intérieurement* le modèle (*Vorbild*) qu'il doit avoir en tête quand il agit artistiquement sur le monde extérieur, et pour lui procurer cette perfection dont son œuvre sera toujours seulement une faible reproduction (*Nachbild*) dont lui-même sera le moins satisfait ! Et comme il doit s'en être rendu familier pour être capable d'agir d'après elles sans même en être devenu distinctement conscient ! Le beau est, comme nous le savons, conforme à la règle et ne l'est que lorsque les règles conformément auxquelles nous le concevons ne peuvent être devinées ni trop facilement, ni non plus trop difficilement à partir de la considération d'une de ses parties. Si c'est une œuvre de l'activité *humaine*, alors nous sommes en outre fondés à attendre qu'elle soit produite en vue d'une fin rationnelle et nous ne la trouvons jamais vraiment belle si nous ne pouvons pas nous représenter à partir de toutes ses parties et ses agencements, au moins obscurément, quelle fin elle peut bien avoir. Croit-on maintenant que toutes ces exigences suffiraient à l'artiste, s'il n'avait pas réfléchi souvent et beaucoup aux œuvres du même type que les siennes, et sur les

agencements qui ne doivent pas manquer de s'y trouver? S'il n'avait pas suivi auparavant des « *études* », des études sérieuses? Croyez vous que tout lui soit tombé du ciel? Que les Muses accordent leur inspiration même à ceux qui ne demandent pas le moins du monde leurs faveurs? Il est tout à fait vrai que l'artiste lui-même, souvent, ne sait pas dire exactement par quel enchaînement de représentations une certaine idée lui est venue, mais personne n'espère pourtant recevoir plus que de simples et heureuses idées *isolées* sans valeur, personne ne prétend réussir à organiser une œuvre d'art complète, composée de plusieurs parties, s'il n'a pas auparavant pendant
des années rassemblé les réflexions sur son objet, | et il va de soi qu'entre **140**
beaucoup d'artistes richement dotés par la nature, celui qui nous livrera l'œuvre d'art la plus parfaite sera celui qui aura pénétré le plus profondément dans la nature du beau et dans les conditions de sa création.

4. Mais tout cela est déjà démontré par l'expérience elle-même. Même le plus grand génie – ainsi nous l'apprend l'histoire des beaux-arts à chacune de ses pages – même les esprits excellents, quand ils ne reçoivent aucun enseignement ni aucune indication dans leur art, quand ils n'ont eu sous les yeux aucun modèle ni aucune étude préparatoire d'après lesquels ils auraient pu exercer et former leur jugement, comme ceux qu'on appelle les *poètes naturels* (*Naturdichter*) ou *autodidactes*, même ceux-là n'ont jamais rien accompli d'achevé dans son style. Bien plutôt trouvons-nous toujours dans leurs travaux, outre de nombreuses beautés insurpassables, des défauts grossiers et des erreurs qu'ils auraient certainement évités dans d'autres circonstances. Et si la simple étude de *quelques* modèles, de quelques essais encore très imparfaits a été utile aux artistes débutants, d'où cela pourrait-il venir, sinon du fait qu'ils tirent de l'examen de ces exemples une forme de théorie qu'ils suivent dans leur propre travail? Qu'ils voient d'après l'impression que leur fait l'œuvre devant eux ce qui est beau et ce qui ne l'est pas, ce qu'ils doivent imiter et ce dont ils doivent se méfier? Et si cette théorie certainement encore très incomplète leur est devenue utile, comme nous le voyons à la haute perfection de ses résultats, comment croire inutile une théorie de l'art qui se fixe pour tâche de mettre au jour les fondements derniers de la satisfaction que nous prenons au beau et qui ne veut déduire ses prescriptions aux artistes que de ceux-ci? Comment une telle théorie de l'art ne pourrait-elle pas bien plutôt être une boussole sûre dans leur comportement pour les deux parties, les artistes aussi bien que ceux qui les jugent, les critiques, et offrir un fondement solide pour leurs jugements?

§ 5

Pourtant, s'il y a d'un côté des savants qui veulent refuser à la théorie de l'art tout usage réel et même la possibilité d'exister, ces derniers temps n'ont pas manqué non plus de gens pour nourrir une représentation si exagérée de l'étendue et de l'importance de cette science qu'ils tombent dans l'erreur symétrique : affirmer que la théorie de l'art, ou plus précisément la Calobiotique est d'un rang et d'une étendue semblables si ce n'est encore plus élevés que la *morale*, qu'elle étend finalement son domaine à toute action de l'homme décidée par libre volonté, parce que cette action doit être considérée comme un objet compris sous les préceptes de la calobiotique, parce qu'elle doit se présenter comme une œuvre d'art. Car, demandez vous, toute action semblable n'est-elle pas en mesure de se voir accorder un certain degré de beauté, si nous y prêtons seulement une attention expresse ? Et ne pourrait-il pas être exigé de nous, comme une obligation mais autant que cela nous est possible, d'avoir pour modèle le
141 fait d'atteindre ce type de perfection ? Il y a là | quelque chose de vrai. Nous autres hommes sommes en effet blâmables et nous nous privons de beaucoup de plaisir dans la vie en songeant trop rarement à la façon dont, avec un peu d'attention, ce que nous faisons pourrait être agencé de manière bien plus belle et par là aussi de manière plus réjouissante pour nous et pour les autres. C'est pourquoi j'ai félicité plus haut W. Bronn qui a eu pour mérite propre d'indiquer cette erreur et de faire tant de propositions pour la corriger. Cependant, ce serait une exagération violente (et d'ailleurs ce savant digne de respect ne s'en rend nullement coupable) que d'exiger à propos de toutes ou presque toutes les actions décidées selon un libre choix et pouvant être agencées selon notre désir, que nous les agencions plutôt en prenant en considération distinctement les lois du beau et que nous les élevions ainsi au statut d'une sorte d'*œuvre d'art*. Tantôt la chose dont il s'agit est trop négligeable et fugace pour ne pas nous rendre *ridicules* en examinant comment respecter les règles de l'art ; tantôt au contraire c'est quelque chose de si lourd de conséquence et nous avons si peu de temps pour y réfléchir que ce serait une *faute* de seulement songer à cette question. Béni soit celui qui connaît bien les lois générales du beau et qui a pris l'habitude lorsqu'il agit, même dans de tels cas, de faire ce qui est approprié sans y penser. Nous pourrons ainsi attribuer à son action la beauté. Mais le plus beau en elle sera toujours le bien moral et son adéquation à toutes les fins, si bien qu'il reste nécessaire de ne suivre aucune consigne spécifique quant à la façon dont de telles actions peuvent être agencées de belle manière. Suivre des consignes spécifiques visant le beau

sera légitime seulement là où *il s'agit de produire un objet tel que nous pouvons avoir du temps pour lui, que nous savons en outre lui assurer une durée telle et lui procurer une capacité à s'adresser aux autres telle que l'on s'attend à ce que plusieurs hommes la considéreront tôt ou tard avec un plaisir et une utilité d'autant plus grande que nous lui aurons donné de beaux agencements.*

À partir de cette proposition générale on peut juger à quelles productions de l'activité humaine une théorie de l'art n'excédant pas son domaine, ou une esthétique en général, non seulement est en droit de donner des indications mais même doit le faire. Par exemple, elle ne se mêlera pas de la façon dont nous devons marcher et nous tenir debout, tenir nos mains et agencer mille autres choses. On ne veut pas dire que rien de beau ni de laid ne puisse s'y trouver, mais plutôt elle se mêlera seulement de ce qui, à d'autres égards, peut être recommandé comme adapté, de ce que l'on doit définir comme beau – et son contraire à bon droit comme laid, de tout le reste que l'on doit regarder et congédier comme indifférent. La théorie des beaux-arts prétendra encore moins prescrire avec quels menus mouvements nous devons plonger pour sauver quelqu'un dans des eaux tumultueuses, avec quels gestes et quels mots nous pouvons exprimer la douleur infinie qui nous saisit lorsque un être aimé disparaît. Car ni ici, ni là | nous ne devons être d'humeur à **142**
seulement prêter attention à ses préceptes. Et n'y a-t-il pas déjà de toute façon trop d'hommes qui ont perdu tout naturel à force d'observer trop précisément ce qu'ils nomment les lois de l'art raffiné de vivre et qui, par là justement, au lieu de pouvoir nous inspirer un sentiment plus agréable, se rendent plutôt antipathiques ?

§ 6

Il reste néanmoins que le rapport entre la *théorie de l'art* et l'*esthétique* est aussi étroit que nous l'avons dit au § 1 : ce doit donc être l'une des tâches les plus importantes de cette dernière que de livrer une *vue d'ensemble* sur tous les arts qui méritent le nom de *beaux-arts* et d'en fixer correctement le concept. C'est ce qu'on s'est appliqué à faire jusqu'à maintenant, et même chez Umbreit qui nie la nécessité d'une telle division pour l'esthétique, une telle vue d'ensemble ne manque pas[1]. Comme, pourtant, les tentatives ont été si divergentes les unes des autres jusqu'à maintenant, en particulier eu

1. *Cf.* Umbreit, *Aesthetik*, Leipzig, A. Barth, 1838. Cf. *Du concept de beau*, § 57.

égard au *principe de division* adopté, qu'on me permette à moi aussi de présenter mes propres réflexions sur ce sujet.

Avant tout, je crois, comme d'autres le reconnaissent déjà, que l'on doit distinguer les arts *simples* et les arts *composés* et pour la tâche qui nous incombe ici, qu'il ne s'agit pas tant de n'oublier aucun des arts possibles issus d'une composition que de n'oublier aucun des arts simples.

Mais quand définissons-nous un *art* ou ce qui en est issu, une œuvre d'art, comme *simple* ou comme *composé*? – Certes, si je réponds qu'un art est composé lorsque nous devons unir dans son exercice l'activité de deux autres arts ou plus, tout le monde me suivra. Mais je remarque que cette définition ne nous dit rien tant que nous n'avons pas d'abord déterminé ce qu'est un art *unique*, ce que sont deux tels arts ou plus. J'affirme qu'il ne dépend pas de notre bon plaisir de reconnaître la présence d'un seul et unique art ou de deux ou plus. Bien plutôt, cela doit se décider selon un principe que je formule ainsi : *Seuls les procédés d'exécution qu'on ne peut légitimement séparer en raison de leur nature, qui peuvent encore moins être partagés par plusieurs individus et dont cependant les consignes s'y rapportant doivent être acquises à travers un apprentissage suivi sous peine sinon de ne pouvoir ni être comprises ni être appliquées, doivent être regardés comme appartenant à un art unique.* Je sais à l'avance que ces paroles en feront sourire beaucoup avec commisération et qu'ils les repousseront. Mais sur quel principe ? J'ose le dire : seulement parce que c'est beaucoup trop convaincant pour le sens commun, et se présente de manière bien trop immédiate qu'il ne convient au goût de *notre temps*. Comme je suis habitué à ne pas abandonner, pour de telles raisons, un avis qui m'est apparu exact après l'avoir examiné de manière répétée, j'en reste à ce que j'ai dit, tant qu'on ne m'aura pas appris quelque chose de mieux, et je définis simplement un art comme *simple* lorsqu'il prescrit des procédés
143 d'exécution qui dépendent si intimement les uns des autres qu'ils | peuvent seulement être légitimement accomplis par un seul individu, et que les consignes les concernant doivent être acquises à travers un apprentissage scolaire suivi, parce que dans le cas contraire, elles ne peuvent être ni véritablement comprises ni utilement appliquées. C'est seulement lorsque une œuvre d'art exige, pour sa production, des procédés d'exécution dont s'occupent différentes personnes, ou en tout cas des procédés qui sont dans un rapport si lointain qu'il est utile d'acquérir les instructions les concernant de manière séparée, qu'alors je peux dire l'œuvre d'art *composée* et appeler l'art qui apprend à la présenter *composé*. En parlant ainsi, je veux seulement procéder dans le même esprit que ceux à qui nous devons l'invention des divers beaux-arts ou plutôt le premier exposé de

leur théorie. Car s'ils ne donnaient pas non plus un *nom* spécifique à chaque art que je considère, d'après la définition que j'ai donnée, comme un art *simple* et subsistant en soi (là où effectivement c'est peu important), s'ils omettaient aussi de traiter aussitôt de la théorie de cet art dans un traité spécifique et subsistant en soi (une chose qui, aussi longtemps que l'étendue d'une telle théorie était très négligeable, pouvait n'être pas faite, par modestie ou bien d'autres égards), ils isolaient pourtant avec sûreté, grâce à une *séparation spécifique*, ce qui appartient en propre à un art simple. Ainsi la tenue d'un discours, la *déclamation*, est incontestablement un art spécifique et subsistant en soi, que l'on a distingué depuis toujours de l'art de composer le discours. Mais même dans un discours composé de mots déterminés, on distingue depuis toujours deux choses : les *pensées* qui s'y rencontrent et leurs expressions verbales. Pour l'un (*de inventione*) comme pour l'autre (*de elocutione*), on recevait des indications spécifiques, par quoi l'on prouvait, si ce n'est en le disant explicitement, du moins par la manière spécifique de procéder, que l'on apprenait deux arts différents. La même chose s'est produite dans les traités de *poétique* et le fait que même les gens les plus vulgaires appellent la traduction d'un poème dans une autre langue non pas un *nouveau poème* mais le *même poème,* nous montre distinctement qu'ils regardent déjà la *collection de pensées* s'y trouvant exprimées pour un poème en soi, et donc pour une œuvre d'art, de si grande valeur d'ailleurs que le mérite de celui qui a fait passer ces pensées dans une autre langue est à peine digne d'être évoqué en comparaison de celui attaché à l'invention de ces pensées elle-même.

§ 7

Selon moi, il y a autant de sortes différentes d'*arts simples* que de *consignes* pour une activité artistique qu'on a intérêt à distinguer et à traiter comme des totalités indépendantes. De même, il y a autant d'*arts composés* que de consignes pour une activité artistique qu'on a intérêt à *unir* et à constituer ainsi en totalités utiles.

| En parcourant l'ensemble de ce que l'homme a pu produire par son 144
activité libre et intentionnelle (cela va de soi : jamais sans plus ou moins d'aide du monde extérieur environnant, sans lequel il ne survivrait pas) et en examinant d'après les indications du § 6, pour chacune de ces productions, si peut s'y présenter une œuvre d'art et si on peut avoir intérêt à introduire une *consigne* propre à ce type de productions ou si elle existe déjà, nous pouvons bien espérer qu'aucun des arts importants n'échappe à

notre attention – surtout ceux qu'on connaît déjà de nos jours et particulièrement ceux qu'on doit considérer comme des arts simples. Cependant il ne nous est pas possible d'examiner une par une l'innombrable quantité de productions humaines existantes : on ne le peut qu'à travers certains genres. Lors de notre examen de cet ensemble, il sera donc plus pertinent, pour en énumérer les genres, d'observer que nous considérons toujours comme un genre *simple* en général et plaçons en tête des genres simples le genre dans lequel on trouve au moins quelques productions qui sont plus simples que les productions des autres genres. Ainsi par exemple, le genre des *représentations* contient en général des produits plus simples de l'esprit humain que le genre des *propositions*, car toute proposition est encore composée de représentations. Nous placerons donc le genre des seules représentations avant celui de toutes les propositions, non pas parce qu'on espère que *tous* les arts qui s'offrent à nous dans l'examen de ce genre soient des arts simples (en vertu du fait que leurs productions appartiennent au genre des simples représentations), mais parce qu'on espère que les arts simples dont les productions sont de ce genre – si elles existent – s'offriront plus facilement à notre regard ainsi plutôt qu'en partant à leur recherche sans nous servir d'un tel fil conducteur.

§ 8

Néanmoins, le point de vue ici indiqué sur la plus ou moins grande simplicité d'un art ne peut en aucun cas être le *seul* dont nous avons besoin pour un aperçu ordonné de tous les beaux-arts. Bien plutôt, il nous est indubitablement nécessaire de prêter attention à quelques autres choses, dont on peut démontrer qu'elles ont permis le développement de ces arts.

1. La *première* et la plus importante de ces attentions concerne la *fin*, soit que nous exigions qu'une certaine production de l'artiste en atteigne une, soit que l'artiste lui-même en ait présupposée une dans son travail. Sont généralement déterminés et fixés à l'avance, à travers cette fin, nombre d'agencements que l'artiste doit donner à son œuvre et par lesquels on loue la conformité de l'œuvre à sa fin ; seules quelques-uns, peut-être très peu, sont laissés à son libre choix, et encore n'est-ce jamais que de manière proportionnée à cette fin ou au moins sans lui être contraire. Selon
145 la propriété de ces fins, l'œuvre doit posséder | des agencements très différents. On a même assez souvent besoin d'une indication particulière pour les connaître et une fois qu'on les connaît pour les réaliser dans son travail. S'il existe des fins dont la poursuite n'est pas seulement permise en

elle-même, mais plutôt dont on doit souhaiter pour le bien de l'humanité qu'on se les fixe très souvent et aussi qu'on les atteigne, on ne contestera pas qu'une consigne pour de telles œuvres puisse légitimement constituer une *théorie de l'art* spécifique. On l'a en effet toujours su. Les principaux arts constitués jusqu'à présent se distinguent fondamentalement par les différentes fins que leurs réalisations doivent atteindre avec la plus grande beauté possible. Mais je ne peux pas être d'accord si (comme Krug[1] l'a fait) on tire occasion de cette distinctions entre les arts pour les diviser en deux genres : l'un où ils auraient pour fin le *beau absolu*, c'est-à-dire aucune autre fin que la beauté (le plaisir de satisfaire notre goût), l'autre où ils auraient pour fin le *beau* seulement *relatif*, c'est-à-dire qu'ils devraient encore se soucier d'autres fins. Il n'en va pas ainsi. Au contraire, tout acte d'un être humain raisonnable – et la production d'une œuvre d'art encore plus, qui est le résultat de tant de réflexion – doit encore être décidé et réalisé en vue d'une autre fin que la seule production du plaisir procuré par la considération de sa beauté. En effet, si la fin était la même pour toutes les œuvres d'art, elle ne pourrait fonder à elle seule aucune différence dans notre travail. Toutes les œuvres d'art (les œuvres d'art absolues) devraient véritablement paraître semblables les unes aux autres. Ou bien si nous agencions l'une ainsi et l'autre autrement, cette modification n'aurait aucun fondement rationnel. Elle apparaîtrait alors comme infondée. Nous la verrions alors d'abord comme une erreur attachée à cette prétendue œuvre d'art et elle devrait exciter notre déplaisir. Si une seule des épîtres ou des odes d'Horace par exemple ne nous laissait deviner aucune fin singulière que le poète aurait cherché à atteindre, si ce n'est celle de vouloir présenter quelque chose de vraiment beau, ne devrions nous pas pour cette raison même les tenir pour des œuvres d'art ratées ?

§ 9

2. Tout comme la différence des fins que les œuvres d'art doivent atteindre fournit un principe de division très important pour beaucoup d'arts, la différence des *moyens* par lesquels les artistes les atteignent offre un principe de division non moins important pour beaucoup d'autres.

1. Wilhelm Traugott Krug, *Versuch einer systematischen Enzyclopädie der schönen Künste* [Essai d'une encyclopédie systématique des beaux-arts], introduction, § 18, Leipzig, Hempel, 1802, p. 50.

Par moyens, je n'entends pas seulement les objets comme les *outils* ou les *règles* dont les artistes doivent se servir dans leur travail, mais aussi les *composantes* ou la *matière* avec lesquelles il est chargé de *composer* son œuvre d'art. Un tel moyen, ce ne sera pas seulement l'instrument de musique servant à l'exécution de la musique d'un artiste, mais aussi les
146 flacons de couleurs nécessaires à la production d'une peinture. | Ces exemples montrent déjà quelle influence importante exerce sur le procédé de l'artiste la diversité des moyens à sa disposition, et c'est même ce qui rend nécessaire plus d'une indication ou d'une théorie de l'art spécifiques.

§ 10

3. Finalement, il faut encore prendre en compte notre *nature humaine limitée* et la *différence des forces et dispositions aussi bien du corps que de l'esprit*. Nous en exerçons certaines, et nous ne pouvons simultanément en exploiter d'autres, que nous laissons dépérir. Chacun ne possède pas les mêmes dispositions et les mêmes forces pour effectuer un certain type d'action libre et rationnelle. Bien plutôt, l'un excelle pour faire ceci, l'autre pour faire cela. C'est pourquoi il est devenu nécessaire de séparer les arts et leurs consignes. Ainsi, chacun peut choisir celui ou ceux pour lesquels il trouve en lui un talent naturel.

§ 11

Après ces préalables, nous pouvons maintenant avancer librement dans la résolution de notre problème en commençant par répondre à la question : *Quelles sont les productions les plus simples de l'activité humaine libre qui puissent mériter le nom d'œuvre d'art ?*

Toute œuvre d'art doit être quelque chose de réel mais elle n'a pas besoin d'être un objet existant dans la *réalité extérieure*, c'est-à-dire un objet qui peut être perçu par les *sens externes*. Car même parmi les productions qui, prises en elles-mêmes, sont de simples événements dans notre *intériorité*, il y en a quelques-unes – nous l'avons déjà vu au § 7 – que tout le monde regardera généralement comme des œuvres d'art, et dont nous possédons d'ailleurs la théorie de l'art depuis des siècles (comme la poétique ou la rhétorique d'Aristote).

Tous les phénomènes de notre intériorité, quand ils sont réduits à leurs composantes simples, peuvent être reconduits à l'un ou plusieurs des types suivants (certes, je ne peux pas le démontrer ici mais dois plutôt le supposer déjà démontré ailleurs)*. Soit ce sont de simples représentations (qui elles-mêmes peuvent être soit des concepts purs, soit des intuitions pures, soit des représentations mêlées), soit ce sont des propositions complètes (qui doivent être vraies ou fausses et auxquelles appartiennent aussi les inférences (*Schlüsse*) à titre seulement de type particulier) et les deux – représentations aussi bien que propositions – nous les saisissons sous le nom commun de pensées (qui incluent aussi ces représentations et propositions qui nous font encontre de manière obscure et sont le plus souvent appelées sentiments). Je distingue encore les sensations, lesquelles peuvent être divisées en agréables, | désagréables et mêlées, des souhaits **147**
(désir ou répulsion) qui découlent de ce que nous ressentons comme l'effet de sa cause, et finalement les décisions de la volonté, laquelle décide librement entre ce que nous souhaitons et ce que nous devons faire.

Il n'est même pas nécessaire d'indiquer ici que ni les sensations ni les souhaits ni les décisions de la volonté, quelle que soit la beauté qu'ils puissent posséder en eux-mêmes, ne doivent être regardés comme de véritables œuvres des beaux-arts dans la signification fixée *supra*. Autrement dit, on n'a pas besoin d'indiquer qu'il ne serait pas adéquat d'établir un art ou une théorie spécifique chargés de déterminer la manière dont nous pourrions donner à nos sensations, nos souhaits et aux décisions de notre volonté le plus haut degré possible de beauté.

Car pour ce qui concerne d'abord nos sensations et nos souhaits, tout le monde sait que ce ne sont pas tellement des productions de notre activité libre et intentionnelle, mais plutôt qu'ils apparaissent en nous sans notre concours, et même souvent contre notre volonté. Certes, nous avons une influence considérable sur le développement de nos sensations et de nos souhaits quoique de manière indirecte. Mais ai-je besoin de préciser que cette influence est déterminée et fixée comme les lois des mœurs l'expriment, de manière si complète qu'aucun espace de jeu ne subsiste pour les règles du beau ? Quand pourrions-nous bien par exemple nous efforcer d'éveiller en nous un désir seulement parce qu'il est beau, et non pas parce qu'il nous comble nous-même tout en étant utile au bien-être des autres ? Ou pour parler encore plus précisément : faudrait-il chercher la

* Concernant plusieurs des concepts mentionnés ici, on peut se reporter aux passages correspondants de la *Théorie de la science*.

beauté d'un désir dans une autre propriété que dans celle qu'on vient d'évoquer ?

Pour les décisions de notre volonté, certes, le terme même indique qu'elles sont des productions tout à fait libres de notre intériorité. Néanmoins, il est encore plus indéniable qu'elles n'ont pas d'autre beauté que celle de leur moralité, cette moralité dans laquelle est déjà contenue (*begriffen*) leur conformité à la raison, leur intelligence et toutes les autres perfections que l'on voudrait leur ajouter pour augmenter leur beauté.

§ 12

Ainsi, il ne nous reste plus qu'à considérer les quelques événements de notre intériorité, que j'ai précédemment distingués en deux types grâce aux concepts de « représentations » et de « propositions » et que j'ai réunis sous le terme de « pensées ».

Par conséquent, commençons par examiner s'il y a bien des arts de la simple représentation, c'est-à-dire si on peut parfois appeler « œuvre d'art » la simple production d'une représentation (composée, cela va de soi) ? Si nous y réfléchissons un peu, nous verrons clairement que ce ne sont pas quelques œuvres d'art, mais toutes celles qui consistent en un objet de la réalité extérieure, que leur producteur ne pourrait absolument pas produire par son activité libre et intentionnelle s'il ne pouvait au préalable
148 en produire dans son intériorité une représentation très détaillée. | Et c'est même là, dans la production de cette représentation, que repose, nous ne disons pas la totalité mais sans aucun doute une grande partie et parfois la plus grande partie de son art. Comme nous le savons, cette représentation est déjà en elle même une œuvre d'art. Pour sa production, l'artiste a suivi de nombreuses règles avec une conscience plus ou moins distincte. S'il est doué de raison, il doit se réjouir de les trouver indiquées et démontrées avec exactitude dans une théorie de l'art (*Kunstlehre*). Nous devons par conséquent supposer, quel que soit le nombre d'arts et d'œuvres d'art différents des sens externes que nous rencontrerons par la suite, qu'il y a autant d'arts et d'œuvres d'art leur correspondant pour le sens interne, pour la simple représentation *. C'est pourquoi il suffira, pour notre fin présente, de l'avoir signalé ; on n'exigera pas de nous d'énumérer ces arts un par un.

* Je me suis réjoui de découvrir que le Dr Hebenstreit s'était emparé de ce point de vue dans son encyclopédie de l'esthétique (articles « Musique », « Partition », etc.) [W. Hebenstreit, *Wissenschaftlich-literarische Encyklopädie der Ästhetik*. Ein etymologisch-kritisch Wörterbuch der ästhetischen Kunstsprache, 2. Ausg. Wien, Gerold, 1847. [N.d.T.]]

§ 13

Je ne vois aucun autre type d'œuvres d'art de la simple représentation que celui évoqué *supra*, mais je ne saurais en présenter l'impossibilité à partir des concepts ici établis. Car même l'œuvre d'art qui pourrait donner le plus l'apparence d'être constituée de simples représentations, le poème, me semble après un examen plus approfondi être composé de part en part de propositions. Mais ces propositions, le poète ne nous les présente pas dans l'intention que nous les prenions pour des vérités, mais plutôt afin qu'elles donnent lieu dans notre âme aux sentiments, aux sensations, aux souhaits, aux décisions de la volonté que leur contemplation peut exciter en nous alors même que nous mettons totalement de côté leur vérité. Si ce concept de la poésie est exact (ce qui sera explicité plus avant dans un prochain traité)[1], alors nous trouvons dans le *poème* le premier type d'œuvre d'art constituée de propositions complètes.

> Vient la grâce, source de tous les dons agréables,
> prêtant au faux les attraits plaisants du vrai
> dont l'éclat séduit le monde.
>
> Pindare, *Olympiques*, 1[2]

§ 14

S'il y a des collections de propositions qui méritent toute notre attention, sans même examiner si ce qu'elles disent est vrai ou faux, et même si cette fausseté est avérée, alors il va de soi que les collections de propositions qui expriment des vérités sont d'autant plus dignes de notre considération dans certaines circonstances. La connaissance de vérités importantes peut rapporter beaucoup à l'homme, peut lui rapporter infiniment ! | Car toute sa valeur et tout son bonheur s'enracine dans ses vues et 149
ses convictions. L'humanité sera sauve quand elle en sera au stade où chaque vérité utile pourra être trouvée dans un manuel approprié, chaque fois présentée de la manière la plus facile à saisir, démontrée de la manière la plus convaincante et en outre dotée de tant d'attraits et de beautés par

1. Apparemment, ce traité n'a pas été écrit.

2. Bolzano ne cite pas le texte de Pindare lui-même, mais son adaptation en allemand par Johannes Minckwitz, cf. *Gedichte*, Leipzig, E. Kummer, 1847, p. 45. On a traduit littéralement cette traduction allemande. On lit plutôt chez Pindare : « Le Génie, à qui les mortels doivent tout ce qui les charme, les met en honneur, donne crédit à l'incroyable bien souvent ! » (*Olympiques*, trad. fr. A. Puech, Paris, Les Belles Lettres, 1931, v. 30 *sq*, t. I, p. 27-28).

l'utilisation des moyens à notre disposition, que celui qui possède seulement le talent nécessaire se sente le plus puissamment attiré par et attaché à la lecture de ces livres ! Mais pour que cette fin soit atteinte, et une fois atteinte ne nous échappe plus en raison du progrès continu du savoir humain – qui rend possible et nécessaire un progrès continu dans ces manuels –, il nous faut commencer par faire en sorte que les consignes pour la rédaction de tous ces livres – dont chacun doit constituer une vraie œuvre d'art en son genre (*Art*) – si elles n'existent pas déjà, soient écrites très vite. Mais on a déjà réellement reconnu la nécessité de telles consignes et il existe de semblables théories de l'art depuis longtemps ; il faut seulement souhaiter qu'on les perfectionne encore davantage. Cela peut être obtenu en partie en déterminant plus précisément qu'auparavant le nombre de théories de l'art et quelle tâche chacune doit remplir.

§ 15

Les vérités dont la connaissance est nécessaire à l'humanité, se divisent en deux : il s'agit soit de vérités conceptuelles pures, soit de vérités d'expérience (des propositions composées de représentations mêlées). Celui qui sait bien manier les unes ne possède pas nécessairement la disposition pour apprendre à traiter des autres. Mais même dans le domaine des vérités empiriques il faut distinguer les cas où il nous faut décrire de simples objets simultanément présents devant nos sens, ceux où il nous faut raconter des événements se succédant dans le temps, et ceux où il nous faut déduire les conséquences de faits immédiatement certains ou devant être tenus pour certains en ayant recours à toutes sortes de vérités conceptuelles pures. On est sûr au moins de ceci : un certain nombre de personnes sont vouées par vocation à l'un ou à l'autre type de vérités seulement, et il est en leur obligation de se l'approprier avec la plus grande perfection possible. Finalement il n'est donné qu'à certaines personnes d'agir sur les facultés de sentir et de désirer des autres, et de donner naissance chez ceux-là à de bonnes décisions morales – tandis qu'à d'autres personnes, cela n'est nécessaire que dans leurs rapports. C'est donc certainement à bon droit que nous distinguerons, à côté de la poésie, au moins les cinq arts de la simple pensée suivants (arts des combinaisons de propositions) :

1. Les beaux-arts du concept, dans lesquels j'inclus ici l'art de ces associations de pensées qui donnent à voir des vérités conceptuelles pures (comme la philosophie et les mathématiques) d'une manière telle que grâce à leur beauté elles présentent en même temps d'authentiques œuvres d'art.

2. Les arts de décrire ou les arts de la belle description.

3. Les arts de raconter ou les arts du beau récit.

| 4. L'art de susciter les vérités empiriques. 150

5. L'art de susciter des sensations, des souhaits et des décisions de la volonté déterminés par le simple rappel de certaines vérités.

§ 16

Dans ce qui précède, j'ai présupposé à plusieurs reprises que des relations diverses existaient entre ces arts de la simple pensée, mais c'est là une chose universellement reconnue. Combien de fois l'orateur ne se voit-il pas obligé, dans un seul et unique discours, ici de développer des vérités conceptuelles pures, là d'en appeler à l'expérience, de citer des faits, de suivre des démonstrations et finalement d'agir sur la faculté de sentir de son auditeur par l'émotion, etc. ? Ce qui selon moi est encore loin d'arriver assez souvent, c'est l'utilisation de l'art de la poésie dans toutes les œuvres destinées à l'*enseignement*. Les théories d'une science sont parfois arides ou difficiles pour une faculté de compréhension encore jeune, par exemple en mathématiques. Dans l'apprentissage de certaines d'entre elles, comme les théories morales et religieuses, il s'agit non pas de les saisir simplement par l'entendement mais de nous en rendre vraiment familiers, afin de nous en souvenir chaque fois que nous devrons agir. C'est pourquoi il est d'autant plus nécessaire dans ces cas là de ne pas exposer de semblables vérités séparées de tout ce qu'il n'est pas nécessaire de prendre en compte si l'on veut découvrir leurs rapports logiques. Autrement dit, il ne faut pas les exposer totalement *in abstracto*, mais bien plutôt de telle manière qu'elles entrent en contact avec la plus grande quantité possible d'autres vérités, et par leur nature sensible avec toutes les représentations attirantes. Par conséquent il faut les exposer sous les habits et les formes les plus diverses. Pour la plus grande partie, on peut les extraire du monde réel (de l'histoire, etc.), mais les présentations vivantes de la poésie, les récits, les discours, etc. leur donnent la plus grande force d'attraction, non pas seulement envers les jeunes gens mais aussi à tout âge.

§ 17

Les arts de la simple pensée dont nous avons parlé jusqu'à présent sont tous atteints d'une grande imperfection : leurs productions ne possédant aucune existence extérieure, ce ne sont pas des œuvres d'art du même type que d'autres. Elles ne peuvent pas directement, telles qu'elles nous font encontre dans notre âme, être connues de tous et causer le plaisir d'autres personnes. L'homme (à l'exception de quelques cas rares, comme les sourds de naissance par exemple, etc.) est habitué à une langue et même à une langue sonore, si bien qu'il ne peut pas rendre ses propres pensées présentes à lui-même et se les représenter vraiment distinctement s'il ne les fixe pas auparavant dans certains mots déterminés de cette langue et si, sans les exprimer forcément à voix haute, il ne se les rend pas présents intérieurement. On comprend ainsi pourquoi l'inventeur d'une belle collection de pensées ne parvient jamais vraiment et jamais facilement à regarder à
151 loisir ses | productions d'un œil neuf, que ce soit pour en jouir ou pour les perfectionner, car il a imaginé et fixé en lui pour chaque pensée le mot par lequel elle doit être exprimée. Trouver les mots appropriés pour nos pensées n'est pas un travail très facile, même dans le cas où nous ne devons pas former ces mots nous-mêmes mais seulement les trouver dans un vocabulaire déjà disponible. C'est même l'essentiel de ce à quoi il faut être attentif. Il y a tant de façons d'exprimer une seule et unique pensée dans une seule et unique langue, et aucune ne peut être considérée comme totalement équivalente à l'autre. Car l'une, par la simple singularité de ses sonorités, agit sur nous différemment de l'autre ; l'une est liée par l'usage à telles représentations voisines et ainsi de suite. Si l'on doit réunir plusieurs mots ou plusieurs suites de mots, alors entrent en outre en ligne de compte les rapports qui s'établissent entre eux ou entre elles, et qui exigent qu'on y prête attention. Certains mots peuvent se côtoyer et mal s'accorder, tantôt à cause de leur sonorité, tantôt à cause de la longueur de leurs syllabes, tantôt pour d'autres raisons, ou bien au contraire ils peuvent, réunis, produire un tout qui possède son attrait propre. Tout cela se produit et on peut même le sentir (quoique peut-être dans une moindre mesure), y compris quand nous n'exprimons pas à voix haute la collection de mots que nous formons pour exprimer notre collection de pensées, mais que nous nous les représentons en silence. Bien entendu, si nous possédons pour cette occupation un talent

innée, ainsi qu'une bonne consigne et si nous ne manquons ni d'assiduité ni d'effort, nous pouvons parvenir à une collection de mots qui possède sa beauté singulière et mérite tout à fait d'être qualifiée d'œuvre d'art en son genre. Mais cette collection de mots, dans la mesure où nous ne prononçons aucun des mots qui, reliés, la composent, dans la mesure où nous ne les présentons pas non plus à travers des signes écrits, cette collection possède tout aussi peu d'existence dans la réalité extérieure que la simple collection de pensées dont elle rend compte. Bien plutôt, elle est encore elle-même une simple chose de pensée, même s'il s'agit d'une chose de pensée essentiellement différente de la chose de pensée dont elle est l'expression dans la langue. Cette chose de pensée – pour autant qu'elle soit assez belle en général pour mériter le nom d'œuvre d'art – appartient au type d'œuvre d'art que nous avons nommé au § 12 les œuvres de la simple représentation. En revanche, la collection réelle de mots, que nous ne faisons ici que penser, appartient aux œuvres d'art de la réalité extérieure. Venons-en ici à ces dernières.

§ 18

Après avoir traité jusqu'à présent des arts de la simple pensée, nous nous tournons vers ceux dont les productions sont par essence dotées d'un être tombant sous les sens, un être dans le monde extérieur. Nous pourrions les appeler pour cette raison *les arts des sens externes*. Tous les objets qui possèdent une existence tombant sous les sens externes se divisent toutefois en deux groupes.

| En effet, ou bien nous les considérons comme quelque chose de **152**
durable, terme sous lequel nous comprenons seulement quelque chose qui, au moins dans le court temps où nous la contemplons, ne souffre aucune modification que nous puissions remarquer touchant son essence. Ou bien nous les voyons comme de simples modifications, des phénomènes au sens restreints du terme, c'est-à-dire comme quelque chose qui, durant le temps même où nous l'observons, prend différentes propriétés que nous considérons comme essentielles. Manifestement, il y a des œuvres du premier comme du second genre, comme nous le montrent les exemples d'une statue et d'un morceau de musique. Nous pourrons par conséquent diviser les arts entre ceux qui produisent des œuvres *durables* et ceux qui produisent des œuvres *éphémères*.

§ 19

Nous devons pourtant lier à cette division une deuxième, tirée de la propriété des sens à travers lesquels on perçoit les œuvres d'art. Déjà dans le premier traité j'ai indiqué pour quelles raisons les perceptions des sens prétendument inférieurs pouvaient difficilement être propices à susciter en nous ce sentiment spécifique qui s'appelle la satisfaction prise au beau. On peut éviter de chercher un authentique bel art parmi ceux qui veulent uniquement nous délecter ou dont les objets satisfont uniquement les besoins des sens inférieurs. Par là, on ne veut pas rabaisser la valeur de ces arts ni oublier que l'un d'eux, l'art culinaire, mérite toute notre attention pour peu qu'il reconnaisse sa vraie destination et la suive, c'est-à-dire se fixe pour tâche d'apprendre aux hommes comment préparer des aliments à la fois savoureux et bons pour la santé, de manière telle qu'on gâche le moins de matière utilisable possible.

Nous ne pouvons donc chercher les arts qu'on appelle authentiquement les beaux-arts – si leurs productions doivent être perceptibles par nos sens externes – que parmi ceux qui travaillent pour l'*œil* ou l'*oreille*. Commencer ici notre examen par l'un ou par l'autre ne peut pas faire en soi une grande différence. Cependant, il me semble plus pratique de commencer par les arts s'adressant à l'oreille, et de faire suivre les arts s'adressant aux yeux. Le sens de la vue peut nous apparaître sous bien des rapports plus important et même plus noble. Mais ici, il s'agit simplement d'un aperçu ordonné des beaux-arts qui doit montrer en même temps comment l'un a pu apparaître après l'autre. Or il règne un rapport incomparablement plus intime entre la simple pensée et les productions adressées à l'oreille – parmi lesquelles nous devons certainement mettre au premier rang la langue sonore – qu'entre la simple pensée et les productions s'adressant à l'œil. De plus il y eut certainement beaucoup plus tôt des chants ou de la musique que des sculptures, des dessins ou des peintures. Enfin, nous pouvons présenter les œuvres d'art de la pensée à notre perception directement ou très rapidement par la simple médiation des
153 | mots, donc par une production adressée à l'oreille, et les présenter à notre perception visuelle seulement de manière indirecte (par l'intermédiaire de l'écriture). Tous ces faits permettent donc de plaider en faveur de la préséance de l'oreille sur l'œil.

§ 20

Nous occupant maintenant des arts qui s'adressent à l'*oreille*, que l'on appelle aussi les arts *sonores*, il me semble nécessaire de commencer par nous souvenir qu'en vérité, nous devons prendre en considération seulement les œuvres d'art qui ne sont pas autres chose, c'est-à-dire les œuvres qui ne sont pas simultanément et pour partie également les œuvres d'un autre art, comme l'un des arts de la pensée dont on a déjà parlé. En particulier, nous ne devons pas considérer une œuvre d'art dans laquelle les sons adressés à nos oreilles sont en même temps des mots qui désignent une suite cohérente de pensées, laquelle constitue à elle seule une œuvre d'art. Nous ne devons pas non plus considérer les œuvres d'art sonores dans lesquelles l'artiste, en choisissant intentionnellement les sons et leurs rapports – et même si ces sons ne sont pas des mots –, appelle en nous une suite de pensées qui, à défaut de valoir comme un sommet, peut au moins être regardée comme une pensée poétique. Mais même dans ce cas, l'œuvre d'art devrait être considérée comme composée. Finalement nous ne devons rien prendre en considération de ce qui fait effet sur nos yeux lors de l'exécution d'une œuvre d'art sonore, comme la belle et noble figure de l'artiste lui-même, ses mouvements et sa tenue, et cela aussi longtemps que nous voulons juger de la valeur de la seule œuvre d'art sonore.

§ 21

La *première* question qui se présente ici est de savoir si les productions adressées à l'ouïe qui prétendent au nom d'œuvre d'art peuvent appartenir à ce type d'œuvres d'art désignées au § 18 comme durables. De telles productions ne pourraient consister qu'en une collection de sons qui, pendant tout le temps de leur écoute, dureraient avec toujours la même force, la même hauteur et la même pureté en s'accordant de la manière la plus juste. J'admets qu'un son unique (cf. *Du concept du beau*, § 19, n°1) – et donc à plus forte raison une collection de sons en harmonie – puisse lui aussi être écouté avec satisfaction, et même avec une satisfaction comme nous en ressentons à la contemplation du beau. Mais il n'en demeure pas moins, je pense, que le degré de cette satisfaction resterait toujours moindre. La perpétuelle uniformité d'une combinaison de sons que nous ne devrions pas considérer comme l'œuvre du hasard mais comme la production intentionnelle d'un artiste, ne nous apparaîtrait pas comme conforme à une fin. De là que nous ne devrions pas être inclinés non plus

à reconnaître cet accord comme une véritable œuvre d'art réussie. Car à l'écoute d'une telle composition, la pensée ne devrait-elle pas nous assaillir, qu'un plaisir bien plus grand aurait pu nous être procuré avec la
154 même dépense de forces | qu'exigent ces sons perpétuellement constants, si on les avait fait varier de façon appropriée ? Que par conséquent regarder cette production comme une œuvre de l'art aurait quelque chose d'inapproprié et donc de contraire à la beauté ?

Nous ne saurions donc être blâmés si nous exigeons de la part d'une production qui veut se présenter comme une œuvre d'art adressée à l'ouïe, qu'elle soit un ensemble de sons se modifiant de manière diverse face aux oreilles de l'auditeur.

Mais ici aussi, il faut distinguer au moins deux types d'œuvres d'art sonores, eu égard tout d'abord à leur degré d'achèvement :

a) Celles auxquelles l'artiste s'est efforcé de donner autant de beautés que possible sans suivre, concernant la durée ou la hauteur des sons utilisés, une règle que l'auditeur lui-même devrait remarquer et qu'on devrait regarder comme une beauté propre à sa totalité ;

b) Celles dotées de ce genre de beauté.

Les œuvres d'art sonores du premier type on peut les appeler *libres* et les autres *contraintes* [1]. Quand seule la *durée* des sons utilisés suit une règle que l'auditeur peut remarquer, et que ce faisant la satisfaction qu'il tire de la totalité de l'œuvre s'en trouve augmentée, on peut dire de l'œuvre d'art qu'elle a du rythme. Quand seule la *hauteur* du son suit une telle règle, alors on peut dire qu'elle a une *mélodie* ou qu'elle est mélodique. Et si les deux à la fois ont lieu, c'est une *musique* ou un morceau de musique.

§ 22

Voyons *deuxièmement* la plus ou moins grande composition d'une totalité sonore. La plus simple se trouve manifestement là où on entend à chaque instant un seul et unique ton, et là où les divers tons, dont doit être

1. Bolzano reprend une distinction qu'on retrouve en littérature aussi bien qu'en musique, tout en en modifiant le sens. En allemand, « *gebundene Rede* » littéralement le « discours lié » désigne un discours dont l'écriture est liée au respect de certaines règles métriques. Il s'agit du discours en vers opposé à la prose. En français, on opposera plus volontiers le discours libre au discours contraint. En musique, l'allemand oppose le « *gebundene Schreibart* », littéralement le « style lié », au « *galante Schreibart* », littéralement le « style galant ».

composé un morceau sonore selon le § 21, se détachent les uns des autres dans une succession temporelle. On peut appeler un morceau sonore de ce type un morceau *à une seule voix*. Chacun sait que de telles œuvres réclament un art ou une consigne spécifique. En effet, dans bien des cas, on ne manie pas plus d'une seule voix – et on ne doit pas le faire. Et il faut le plus souvent débuter par l'apprentissage de cet art simple avant d'être capable de manier plusieurs voix. Nous pouvons donc les appeler les *arts sonores simples*.

On en manie davantage, et une œuvre d'art composée s'en suit, quand plusieurs sons (discernables par l'auditeur) s'offrent à notre perception, non simplement dans une succession temporelle mais aussi simultanément. On parle alors de morceau sonore *à plusieurs voix*. Je noterai juste que selon les circonstances il peut être contraint ou libre; dans le premier cas il peut alors avoir aussi du rythme, c'est-à-dire être de la musique.

Personne ne contestera que, là où se produisent tantôt des consonances, tantôt des dissonances (et là où parfois certains sons sont même totalement supprimés par des interférences), des lois spécifiques, parfois très | déve- **155**
loppées, viennent à s'appliquer et engendrent la nécessité d'une consigne spécifique.

§ 23

Voyons *troisièmement* les *moyens* dont on se sert pour produire les sons se développant dans un morceau sonore. Il faut ici distinguer les morceaux sonores vocaux et instrumentaux. Les premiers sont les morceaux sonores dont la totalité des sons est produite par la seule voix humaine – sans présupposer par là que ces sons produisent certains mots compréhensibles au sens desquels il faudrait prêter attention. Au contraire, c'est seulement à cette condition, comme quand on se sert des notes du solfège, qu'on peut encore considérer comme simple l'œuvre d'art sonore produite. Car là où on chante des mots cohérents et compréhensibles, qui doivent déjà en eux-mêmes mériter notre attention, l'œuvre d'art est une œuvre d'art composée. Nous en parlerons plus tard. On pourrait alors arguer qu'un morceau sonore interprété par une voix humaine a – pour cette raison même – quelque chose d'inapproprié: il offrirait à notre perception des sons purement incompréhensibles, sortis d'une voix à qui conviendrait quelque chose de plus de noble, parce que cette voix est humaine. Et pourtant il est indéniable que, jusqu'à présent, pour les besoins de l'enseignement, on a trouvé pratique le recours à un simple solfège et qu'il y a des milliers de compositions des plus grands musiciens que nous trouvons belles et charmantes même sans texte ou avec un texte incompréhensible.

Ces morceaux sonores vocaux qui, quand ils possèdent mesure et mélodie peuvent souvent aussi s'appeler des chants, s'opposent à ceux que nous nommons morceaux sonores instrumentaux : tous ceux où l'on utilise outre la voix humaine – ou même sans elle – toutes sortes d'autres outils (instruments de musique) pour leur faire produire une diversité de sons par une action plus ou moins libre et intentionnelle exercée sur eux (on dit qu'on en *joue*).

Si l'on doit juger quels différents arts ou consignes sont nécessaires à l'usage de ces différents moyens de produire une œuvre d'art acoustique, alors nous devons avant tout distinguer deux cas : celui où le morceau sonore à produire doit en même temps être inventé et celui où il est déjà inventé et se trouve disponible pour celui qui doit l'exécuter avec autant de précision que le permet l'usage des signes inventés jusqu'à aujourd'hui (notes et autres semblables).

Dans le premier cas, celui où le compositeur et l'interprète ne font qu'un, personne n'a encore mis en doute la nécessité d'une consigne spécifique, au moins pour la composition, et donc la nécessité d'un art de l'invention des œuvres d'art sonores en général.

Dans le deuxième cas en revanche, se pose alors la question de la part laissée à l'activité libre et intentionnelle de l'interprète (peu ou beaucoup). Il s'agit également de savoir si les règles d'exécution (la partition) à sa disposition et l'instrument dont il doit se servir (au cas où il s'agit de
156 musique | instrumentale) ont pour propriété de lui laisser faire certaines choses selon sa préférence et de lui permettre de contribuer par sa connaissance de certaines lois du beau à augmenter la beauté du morceau sonore présenté. Si ce n'est pas le cas, l'habileté technique dont il a besoin dans le maniement de son instrument peut bien être très grande et elle peut bien être obtenue seulement par consigne et exercice, on ne pourra pourtant pas qualifier son jeu d'authentique belle œuvre d'art et l'enseignement dont il a besoin ne constituera pas une authentique théorie de l'art (*Kunstlehre*).

Mais pour ce qui concerne la voix humaine en particulier, le bienveillant créateur nous a laissé un espace de jeu si vaste dans la manière dont un homme sain peut l'utiliser que le compositeur ne peut pas déterminer avec précision, *via* des signes et des indications simplement écrits, comment nous devons exécuter à son sens cette totalité constituée d'un grand nombre de sons. Ici le goût propre de celui qui l'exécute doit donc toujours jouer un rôle. Et une consigne pour ce type exécution, c'est-à-dire une théorie de l'art, non pas seulement pour l'invention mais aussi pour la simple exécution de morceaux sonores vocaux déjà inventés et disponibles sous forme écrite, est indispensable.

§ 24

4. Dirigeons enfin notre attention sur l'*effet* que vise l'inventeur d'une œuvre d'art acoustique. Parmi les genres importants, nous trouverons alors essentiellement les suivants :

a) Les morceaux sonores qui doivent exciter en nous le sentiment du *sublime*, par exemple l'admiration pour la toute-puissance de Dieu, sa sagesse, sa bonté et ainsi de suite ;

b) Les morceaux sonores qui produisent de douces *émotions*, par exemple qui doivent nous incliner à la réconciliation avec nos ennemis, à la pitié et aux bonnes actions ;

c) Les morceaux sonores qui doivent nous *dérider* et nous rendre joyeux dans notre vie.

L'expérience enseigne qu'un seul et même artiste possède rarement la capacité d'atteindre avec la même maîtrise, par le seul pouvoir des sons, des fins aussi différentes que celles évoquées ici. Des consignes spécifiques pour chacun des types spécifiques d'œuvres d'art seront donc nécessaires. On le voit bien ici : les fins les plus importantes (parmi celles déjà évoquées) atteignent leur plus haut degré de perfection quand on perçoit la voix humaine dans un morceau sonore, dans des *mots* contenant un sens digne en lui-même d'attention et pas dans une vocalise simplement compréhensible.

Dans ce cas, une œuvre d'art se présente à nous qui mérite qu'on loue sa beauté non seulement pour ses sons en tant que tels mais aussi pour les pensées que ces sons comme mots appellent en nous : cette œuvre d'art est produite par la réunion de deux arts, un art sonore et un art de la simple pensée.

157 | § 25

Considérons maintenant ces œuvres d'art composées. Elles sont issues en général de la réunion d'un art sonore et d'un art de la simple pensée : l'un soutient l'effet de l'autre.

Mais en y regardant de plus près, on voit qu'il y a deux manières essentiellement différentes pour l'art sonore de se lier à un art de la simple pensée afin de produire une œuvre d'art.

L'une d'elles, que je pourrais appeler la liaison *directe*, a lieu quand les sons qui envahissent nos oreilles sont choisis de telle sorte que même s'ils ne présentent pas un seul mot compréhensible, et encore moins une phrase cohérente, ils appellent pourtant en nous, en s'imprimant, certaines suites de pensées prévues par l'artiste, qu'on peut regarder comme un type d'œuvre d'art de pensée. Celui qui se souvient de la suite de pensées tantôt graves tantôt joyeuses, excitée dans son imagination parfois par un seul accord, et encore plus souvent par la succession de quelques sons ne pourra pas nier que c'est possible. D'un côté, il est vrai que cela dépend pour beaucoup du degré d'éducation de l'auditeur : bien des effets singuliers et inconnus de l'artiste peuvent survenir, selon nos différents vécus et d'autres circonstances. D'un autre côté, il n'en reste pas moins vrai qu'il existe certaines lois fondées sur la nature de l'homme et sur le contexte qui nous a vus grandir. Grâce à elles, on peut prévoir avec beaucoup de certitude que certains sons et certaines liaisons de sons donneront lieu en nous à tel ou tel autre sentiment ou suite de pensées, qu'un cortège funèbre nous viendra à l'esprit quand par exemple nous percevrons les premiers sons d'une mélodie habituellement entendue lors d'un enterrement et que nous penserons au conflit et à la confusion quand la musique sortira du rythme. Je veux bien admettre que ces suites de pensées dirigées dans leurs cours tantôt par ici, tantôt par là, excitées intentionnellement par l'artiste, constituent seulement dans les cas les plus rares une œuvre d'art de la pensée très parfaite. Mais elles peuvent quand même être assez bonnes pour produire en nous des sensations, des souhaits et des décisions de la volonté vraiment conformes à leur fin et soutenir l'effet que l'artiste visait dans son morceau sonore. D'après leur contenu, nous devrons le plus souvent les compter au seul nombre des poésies. Elles seront en effet composées d'une suite de pensées et de propositions qu'on ne peut en aucun cas considérer comme vraies mais on peut penser que leur présentation engendre en nous des sensations, des souhaits, des décisions de la volonté que nous reconnaissons comme conformes à leur fin. Mais si nous possédons l'aisance suffisante en matière de pensée, si nous disposons

d'une large quantité de connaissances importantes concernant toutes les disciplines du savoir humain (vérités morales et religieuses, vérités de l'histoire et de l'histoire naturelle, etc.), alors il se peut bien que les représentations que l'artiste judicieux engendre en nous – directement par ses sons et | par leurs rapports avec beaucoup d'autres représen- 158
tations –, une collection de pensées pour laquelle la poésie n'est qu'un à-côté, à laquelle la poésie ne sert que d'habit. Certes, cette collection ne peut en aucun cas être regardée comme une œuvre d'art achevée dans une quelconque discipline mais on peut la considérer comme un bon projet, comme le projet pour une réalisation artistique appropriée tantôt en philosophie, tantôt en histoire, tantôt en morale ou même dans une autre science. Voilà donc la première manière, qu'on a appelée *directe*, pour l'art sonore de s'unir à un art de la pensée. L'œuvre d'art de la pensée n'est pas produite ici véritablement par l'artiste, ou du moins pas par lui seul et sans la participation de l'auditeur. Pourtant elle reste son œuvre parce que c'est lui qui nous l'offre, de manière intentionnelle, en produisant cette suite de pensées en nous par ses sons et en lui donnant cette direction déterminée. En effet, si nous retirons un plus grand profit qu'il ne le soupçonnait de son morceau sonore, si nous lui devons des perspectives ou des décisions de la volonté salutaires – qu'il n'aurait jamais espérées produire –, quand bien même la valeur et l'utilité de ses œuvres en seraient changées, n'est-ce pas là encore son mérite puisque son intention était bonne ? Nous pouvons donc sans coup férir définir le morceau sonore que l'artiste nous propose comme une œuvre d'art composée, c'est-à-dire comme une œuvre non seulement de l'art sonore, mais aussi de l'art de la pensée qui le soutient.

La deuxième manière, ou manière *indirecte* dont les arts sonores peuvent s'unir aux arts de la pensée pour produire une œuvre d'art commune est connue de tous. C'est quand nous transposons l'œuvre d'art de la simple pensée en une œuvre d'art de mots et que nous proférons ces mots de manière audible et belle, si bien qu'il est plus ou moins légitime de la considérer comme une œuvre d'art spécifique, même s'il s'agira d'une œuvre d'art sonore.

§ 26

À la question « Quand avons-nous le droit de définir une œuvre d'art donnée comme une œuvre *composée* de ce premier type? », on trouve la réponse dans ce qui a déjà été dit. Il faut que les sons et leurs combinaisons aient été choisis et ordonnés par l'artiste dans l'intention déterminée d'exciter dans l'âme de l'auditeur des pensées qu'on peut regarder comme une sorte d'œuvre d'art et à défaut au moins comme une sorte de *poésie*. À la question « Existe-il beaucoup de ces œuvres d'art et en existe-t-il de différentes sortes? », je crois devoir répondre que les plus grands maîtres de l'art sonore ne se contentent que rarement ou jamais des productions où ce n'est pas le cas. Toutes les grandes compositions musicales contiennent – plus ou moins – des éléments poétiques et même dans la mélodie la plus simple à laquelle un maître a trouvé suffisamment de valeur pour la livrer au monde sous son nom, vous pourrez trouver des traces de poésie. Presque toutes les œuvres d'art énumérées des § 22 au § 25, que nous avons consi-
159 dérées comme des œuvres d'art sonores simples, | ne le sont donc qu'aussi longtemps qu'elles demeurent à un degré inférieur. Traitées par un maître à la hauteur, elles s'élèvent jusqu'à devenir ces œuvres dont nous parlons ici. C'est pourquoi il n'est pas utile que nous énumérions leur nom à nouveau. Il va de soi que les consignes pour la production de ces œuvres d'art d'un type parfait sont nécessaires dans la mesure où elles ne sont pas superflues pour les autres.

§ 27

Considérons maintenant la deuxième manière dont les arts de la pensée se lient à un art sonore. Je ne retire rien de ce que j'ai dit au § 5 sur ce qu'aurait d'inapproprié le fait pour l'esthétique de s'immiscer directement dans notre manière de nous comporter et de parler au quotidien. Mais j'exige que nous prenions soin, dans tous les cas où nous fixons une œuvre d'art de la pensée dans des mots afin de la communiquer à d'autres, de fixer cette belle pensée dans des mots beaux eux-aussi ou, comme on dit proverbialement, de présenter les pommes d'or sur un plateau d'argent. Même cette collection de mots – qui, aussitôt qu'elle n'est plus seulement pensée mais effectivement exprimée comme elle y est véritablement destinée, se fait objet audible – doit donc apparaître comme une œuvre d'art. Et elle doit apparaître comme une œuvre d'art adressée à *l'oreille*, non seulement belle par son contenu mais belle aussi par sa manière de faire effet sur notre ouïe. On ne veut pas dire par là que toute œuvre de ce type doit être conçue en vers et en rimes et encore moins que l'on doit quand on les interprète effectivement les *chanter,* etc. Qui ne jugerait ce procédé inapproprié au plus haut point et de mauvais goût pour un mémoire philosophique ou un *discours* de paraître produit actuellement dans l'âme non pas selon son *contenu de pensée* mais selon son expression ? Nous pouvons cependant trouver certaines beautés à l'incarnation d'un tel produit de l'esprit. Elle ne doit pas sonner faux, elle ne doit pas éveiller des représentations voisines intempestives, une certaine harmonie doit régner entre les pensées et leur expression. Ce qui est le plus important dans la pensée doit être également mis en avant dans l'expression, etc. Une théorie qui enseigne tout cela ne doit certainement pas être regardée comme superflue. Mais il sera d'autant plus pertinent de distinguer cette théorie de celle qui sert à inventer les simples pensées. Car celui qui possède l'aptitude à produire une belle collection de pensées ne possède pas toujours celle de revêtir ces pensée de mots qui en sont dignes, et celui qui sait le faire n'est pas toujours capable de les prononcer, surtout lorsqu'il faut les chanter dans les formes.

Je me permettrai d'appeler les œuvres d'art qui naissent de la combinaison conforme à sa fin d'un art de la simple pensée (§ 15) et d'un ou plusieurs arts acoustiques en général : les œuvres d'art *du mot, de la langue sonore* ou (parce que d'autres l'ont fait avant moi) les œuvres | d'art élo- 160
quentes ou les œuvres de *l'éloquence*. J'en distinguerai différentes sortes, selon deux points de vue.

1. D'après la propriété de la *collection de pensées* – les œuvres sont issues de la transposition de ces collections dans une langue sonore adaptée – je distingue les œuvres d'art sonores suivantes :

a) le poème fixé en mots et dont on fait la lecture publique,
b) les collections de vérités conceptuelles pures traitées de la même manière,
c) les descriptions traitées de la même manière, ou
d) les récits traités de la même manière, ou
e) les démonstrations empiriques traitées de la même manière, et finalement
f) le discours au sens strict, qui vise à produire des sensations, des souhaits et des décisions de la volonté déterminés par la présentation de certaines vérités.

2. D'après la propriété de *l'expression langagière* et des autres arts adressés à l'oreille la soutenant, je distingue les œuvres d'art sonores suivantes :

a) les présentations libres; elles conviennent aux œuvres d'art citées aux rubriques b, c, et f;
b) les présentations contraintes qui se tiennent seulement à un rythme, nommées vers, par exemple les épigrammes;
c) celles qui se tiennent seulement à une mélodie comme la manière dans l'Église catholique ici ou là de chanter l'évangile, les épîtres, etc.;
d) celles qui suivent rythme et mélodie, nommés chants au sens strict ou chansons.
e) et finalement les chants accompagnés de musique instrumentale.

Celui qui se souvient de ce qui précède doit remarquer de lui-même que de nombreux arts simples différents doivent rentrer en jeu pour produire l'une ou l'autre des œuvres d'art ici énumérées.

§ 28

Conformément à la décision prise au § 19, considérons maintenant les arts dont les productions sont saisies par le *sens de la vue*. Nous pouvons les appeler en général les arts *optiques*. À leur propos, il ne fait donc pas de doute qu'il doit en exister au moins deux genres : ceux qui présentent quelque chose de *durable* (ou du moins qui ne se modifie pas sous nos yeux de manière visible) et ceux qui présentent une *modification* se déployant sous nos yeux. Mais le fait que notre œil, comme on le sait, peut distinguer non seulement des couleurs mais aussi des *formes* (*Formen oder Gestalten*) fournit un second principe de division pour les arts optiques. Celui-ci détermine à lui seul trois cas très différents dans lesquels on peut rencontrer les œuvres d'art optiques. En effet :

1. L'artiste peut présenter à nos yeux des *couleurs*, une ou plusieurs, de telle manière qu'un sentiment du beau est produit en nous, juste par la propriété de ces couleurs elle-même, soit que nous fassions totalement
161 abstraction de la façon dont elles se limitent réciproquement, | soit que la couleur remplisse si bien la totalité de notre champ de vision que, pour notre sensibilité, la couleur semble effectivement illimitée et que nous prêtons attention seulement à l'impression que leur succession produit.

2. Ou bien l'artiste peut aussi faire entrer plusieurs couleurs simultanément dans notre champ de vision, mais les choisir de manière à ce qu'elles nous soient presque indifférentes comme simples couleurs et qu'elles servent seulement à nous faire voir, par la manière dont elles se limitent les unes les autres, des *formes* (*Gestalten*) que nous contemplons avec satisfaction. Car chacun m'accordera avec un peu de réflexions que les formes ne peuvent pas être perçues par nos yeux sans qu'une couleur (toute couleur a de la luminosité) et même sans que plusieurs couleurs, au moins deux, ne nous soient simultanément montrées. Car seules les lignes, par lesquelles deux couleurs perçues simultanément par nous se limitent l'une l'autre, font en elles-mêmes une forme et donnent aussi bien aux surfaces qu'elles incluent qu'à celles qu'elles excluent une forme déterminée. La forme qui doit attirer notre attention selon l'intention de l'artiste et que nous devons trouver belle, ce peut-être tantôt la ligne qui sépare ces couleurs, tantôt la surface qu'elles incluent, tantôt encore la surface qu'elles excluent.

3. L'artiste peut finalement aussi attendre que nous fassions l'éloge de la beauté *des deux choses* que nous venons de séparer : non seulement les formes qu'il recommande à notre attention mais aussi les couleurs choisies pour les représenter.

Cependant, c'est seulement grâce à un examen plus poussé que nous saurons avec certitude si et comment on peut produire de multiples œuvres d'art adressées à l'œil en croisant les trois cas mentionnés et les deux distingués au § 18 (un phénomène soit durable, soit se transformant sous nos yeux) et nous devons donc encore prêter attention à de nombreuses autres différences qu'on peut rencontrer.

§ 29

On pourrait m'accorder, sans que je n'ajoute rien à ce qui a été dit plus tôt, que l'apparition d'une couleur sans forme, d'une couleur qui remplit alors la totalité du champ de vision de l'observateur dans une uniformité complète*, et par conséquent d'une couleur unique, mérite difficilement le

* Au sens strict, même dans ce cas, l'observateur accorderait qu'il voit une forme, celle d'une surface sphérique, pour la raison que dans l'uniformité de la lumière qui lui fait face de toutes parts, il n'y a aucune raison de supposer les objets corporels qui lui renvoient cette lumière plus ou moins proches ou plus ou moins lointains. Si la voute céleste semble plus basse au zénith qu'à l'horizon, c'est parce que la couleur du ciel est sensiblement plus pâle à l'horizon qu'au zénith.

162 | nom de belle production au sens propre, en raison même de son manque de toute diversité, et donc mérite d'autant moins celui d'authentique œuvre d'art. Selon moi, il ne va pas autant de soi qu'il se fixe une tâche impossible, celui qui s'attelle à produire une œuvre d'art par la présentation de plusieurs couleurs qui se succèdent les unes aux autres à des intervalles temporels déterminés et qui remplissent à chaque fois notre champ visuel en totalité, c'est-à-dire celui qui s'attelle à produire un simple jeu de couleurs sans forme, une œuvre d'art qu'on pourrait finalement appeler œuvre d'art chromatique.

Le premier des essais tenté dans cette perspective par L. B. Castel avec ce qu'il appelle son clavecin des couleurs peut bien avoir été un échec, les propositions que Krüger et d'autres ont faites jusqu'à maintenant pour l'améliorer peuvent bien n'avoir mené à rien de très satisfaisant. Qui pourrait pourtant en déduire que les essais à venir devraient échouer eux aussi[1] ? Cependant, il est certain que les couleurs aussi bien que les sons – même si c'est à un degré moindre – peuvent causer notre délectation. La grande ressemblance dans la manière dont les couleurs et les sons sont tous les deux produits, dans la manière dont nous les ressentons, les jugeons et les distinguons est en outre prouvée. Il est prouvé que les couleurs se tiennent dans des rapports tout à fait semblables à ceux des différents sons, que nos yeux sont fatigués de la même manière que nos oreilles par une longue uniformité et qu'après la contemplation de certaines couleurs, ils en cherchent et en attendent certaines autres, etc. Pourquoi donc les couleurs ne seraient-elles pas capables, d'une manière semblable aux sons, c'est-à-dire abstraction faite des formes grâce auxquelles les yeux peuvent les percevoir, par conséquent quand elles nous apparaissent totalement illimitées et pour autant qu'elles se succèdent dans un ordre et un espace-temps appropriés, de nous faire reconnaître que le phénomène déployé à l'instant devant nos yeux a été une œuvre visuelle vraiment belle ? On ne peut nier, et je l'ai affirmé à plusieurs reprises, que le pouvoir d'un son est bien plus fort que celui d'une couleur. Le pouvoir des sons repose vraisemblablement sur le fait qu'ils sont la vibration d'un milieu beaucoup plus grossier et doivent donc affecter beaucoup plus

1. Le père jésuite Louis-Bertrand Castel (1688-1757) développa la théorie d'un clavecin des couleurs ou d'un orgue oculaire où, par un mécanisme complexe, une couleur devait correspondre à chaque son, dans une série d'articles parus dans le *Mercure de France* entre novembre 1725 et juillet 1726. Johann Gottlob Krüger (1715-1758) avait tâché d'en présenter une amélioration dans un article des *Miscellanea Berolinensia* de 1743 (t. VII) intitulé « *De novo musices quo oculi delectantur genere*. [Du nouveau genre de musique qui ravit les yeux] ». [N.d.T.]

fortement nos nerfs : ainsi certains sons peuvent-ils par exemple faire vibrer la cage thoracique et le diaphragme de manière très sensible, et des objets inertes autour de nous peuvent même résonner voire voler en éclats à cause de sons très forts. Mais pas seulement. Elle repose chez nous les hommes d'abord et avant tout sur le fait que presque toutes nos sensations s'expriment par certains sons et certaines combinaisons de sons qui leur sont propres (les sons naturels). La conséquence en est que toute musique, dès qu'elle présente à nos oreilles même quelques-uns seulement de ces sons qui ressemblent d'assez près à ces sons naturels, appelle du même coup dans notre âme ces sensations. Mais cette toute-puissance des sons n'est pas ce sur quoi repose ce que nous nommons la beauté d'une musique au sens le plus propre, sa beauté pure (cf. *Du concept du beau*, § 17). Ainsi le pouvoir des couleurs pourrait être incomparablement moindre sans empêcher qu'il y ait des changements de couleur qui atteignent le plus haut degré de beauté. Pour que l'on ne sous-estime pas trop le pouvoir des couleurs comme simples couleurs, je me permettrai de remarquer seulement avec quelle violence non seulement l'enfant mais même des créatures inférieures à l'être humain se sentent attirés ou repoussés par certaines couleurs. Cette influence magique, quelle | que soit sa source, ne **163**
peut-elle pas persister à un moindre degré, même si nous croyons avec l'âge et l'éducation avoir dépouillé nos facultés spirituelles de toute leur puérilité? – C'est pourquoi je crois que l'on ne devrait pas tenir pour l'instant l'invention d'une forme de *musique pour les yeux (Augenmusik)* comme une chose totalement impossible. Imaginons, ce qui ne serait certainement pas irréalisable, un linteau formé de verre coloré ou (pour parler plus exactement) une partie de sphère vide d'à peu près la forme de la voûte céleste. Elle serait éclairée de l'extérieur d'une manière uniforme et nos yeux se trouveraient devant une ouverture assez étroite pour que notre champ de vision ne dépasse pas l'intérieur du linteau de verre. La vue dont nous jouirions serait alors exactement la même que si la totalité de la voûte céleste était partout recouverte d'une seule et même couleur. Imaginons maintenant plusieurs linteaux de ce genre, de différentes couleurs, et un dispositif permettant de faire entrer dans notre champ visuel tantôt l'un, tantôt l'autre de ces linteaux colorés, sans faire entrer pendant l'échange la lumière extérieure, ou bien mieux : en ménageant une couleur de transition adéquate. Si tout cela était possible, j'ai quelque raison d'espérer que le choix de ces couleurs, associé au choix de la durée appropriée pour chacune d'elles aussi bien que pour la transition de l'une à l'autre pourrait constituer un spectacle, et que bien des spectateurs ne refuseraient pas de lui reconnaître une certaine beauté. Mais c'est seulement si la chose avait

été attestée une fois au moins par un succès que le moment serait venu de décider si une théorie spécifique pour cet art, pour la musique pour les yeux, mériterait d'être instaurée.

§ 30

Celui qui songe à *l'art du dessin* ne peut pas douter qu'il y a parmi les arts travaillant pour l'œil un art qui utilise la couleur comme quelque chose d'indifférent en soi, qui l'utilise seulement en vue d'une fin : nous présenter des *formes* et même des formes *durables* (selon la définition donnée plusieurs fois déjà). Car c'est justement ce que nous exigeons d'un pur et simple *dessin* : qu'il nous présente des formes (*Formen und Gestalten*) qui nous plaisent, indépendamment de la couleur dont se sert le dessinateur pour nous les présenter. Mais la *manière* dont l'artiste produit les formes se présentant à nos yeux est source de différences importantes. Car il y a d'abord une différence capitale entre deux cas. Soit les formes que l'artiste nous amène à nous représenter dans la contemplation de son travail, sont produites par *des corps qui ont réellement en eux-mêmes ces formes* ; soit il y parvient en présentant à nos regards certaines couleurs sur une surface de telle manière que nous recevons – si nos yeux sont préalablement situés à la bonne place (occupent le bon point de vue) – des différentes surfaces colorées des rayons de lumière qui arrivent de la même
164 direction comme si | un corps de cette forme se trouvait en effet devant nous. L'œil peut en effet connaître directement, hormis la couleur de la lumière, sa force ou son intensité et la direction qu'elle suit, mais en aucun cas la distance d'où elle provient. Cette dernière, nous la déduisons à partir d'autres circonstances. Nous ne faisons que la deviner avec probabilité grâce aux *informations* que nous donne *le sens de la vue* : à partir de la plus ou moins grande intensité de la lumière et du plus ou moins grand angle visuel avec lequel un objet dont la grandeur est déjà connue se présente à nous. Lorsque nous posons notre regard sur des surfaces colorées, certains rayons lumineux – en particulier venant de l'endroit où deux couleurs se séparent – peuvent atteindre nos yeux selon la même direction que les rayons lumineux renvoyés par un corps que nous avions l'habitude de voir à un certain endroit. En ce cas, on comprend très bien que doit naître en nous, si ce n'est la croyance qu'un tel corps est là, au moins, d'après les lois connues de l'excitation de représentations semblables, la *représentation* d'un corps ayant cette forme. Cette représentation se produit dans notre conscience non seulement quand les couleurs vues sont celles du corps ayant en général cette forme, mais également quand elles sont toutes

différentes, quand seules les directions des rayons qui délimitent la forme ont précisément le même rapport entre elles*. Si la représentation née ainsi en nous ne nous paraît pas totalement incompréhensible, alors on se dit que sa naissance en nous pourrait être le résultat d'une intention, du coup nous nous fixons pour tâche de connaître d'encore plus près la fin de l'artiste en examinant toutes les parties du travail présenté. Si nous y parvenons, tant et si bien que nous les trouvons toutes conformes à sa fin, alors nous ne serons pas loin de définir ce travail comme une œuvre d'art.

Dans le premier des deux cas évoqués, c'est-à-dire quand l'œuvre d'art est constituée de corps qui ont eux-mêmes la forme qui doit être proposée à notre intuition, on peut au plus haut point l'appeler *travail plastique* et l'art qui nous donne les règles pour la présentation de telles œuvres d'art la *sculpture* (*Plastik*). Nous devons compter au nombre des productions sculptées (*plastische Gebilde*), non seulement les bustes et les sculptures, mais aussi les temples, les palais et même les êtres humains vivants sans oublier d'un autre côté les simples caractères d'imprimerie.

Dans le second cas, on dira que ce travail est *graphique*, on l'appellera *dessin*. Outre les dessins, on doit y compter les épreuves d'une gravure, les silhouettes, les monochromes et autres semblables.

| En même temps on peut remarquer qu'il y a aussi des travaux qui 165
possèdent la forme qu'ils représentent seulement en partie, par exemple le *relief*, qu'on retrouve sur les gemmes et les monnaies, etc. De la grande diversité des œuvres d'art *plastiques* aussi bien que *graphiques* – que l'on considère les objets qu'elles doivent représenter, les moyens par lesquels elles les représentent, ou les fins qu'elles doivent atteindre – il s'ensuit qu'il doit y avoir également un nombre élevé et croissant de consignes et de théorie de l'art s'y rapportant. Nous voulons d'autant moins les passer toutes en revue qu'après tout ce qui a été dit, tout le monde sait lesquelles de ces consignes peuvent légitimement s'appeler d'authentiques théories de l'art.

* Selon ce qu'on vient d'exposer, il serait possible par le simple ordonnancement de couleurs indifférentes d'appeler en nous la représentation d'une forme déterminée seulement dans le cas où nous avons déjà vu souvent des corps ayant une telle forme. Qu'il en soit ainsi en effet, quiconque qui en douterait encore peut aisément s'en persuader par des essais sur soi et les autres. Dans un dessin qui voudrait nous présenter une forme complètement inconnue de nous et que nous n'aurions jamais vue, nous ne saurions pas du tout quelles parties nous représenter plus proches de nous et lesquelles nous représenter plus lointaines et donc nous ne saurions pas quelle forme attribuer à la chose qui nous serait dessinée.

§ 31

Nous avons dit précédemment que dans les *œuvres d'art de la simple forme* les différences de couleur qui se produisent doivent essentiellement servir à rendre visibles certaines formes par leurs délimitations réciproques. En aucun cas nous ne voulions dire par là que l'artiste pourrait choisir ces couleurs au petit bonheur. Ce que d'autres circonstances n'ont pas déjà fixé ni prescrit à l'artiste, il ne doit pas l'agencer de manière arbitraire mais comme l'exigent les lois du beau ou d'autres raisons que le spectateur peut deviner. Car la plus extrême beauté de toute les œuvres humaines consiste dans leur conformité achevée à une fin, pour autant que celle-ci est connaissable facilement et généralement. Ainsi par exemple aucun artiste (à moins qu'il vive en Ethiopie) ne recouvrira la statue d'une Vénus de Médicis de couleur noire mais bien de couleur blanche, argent ou or. Mais peu importe la réflexion avec laquelle l'artiste peut bien choisir les couleurs nécessaires à une œuvre d'art morphique (*morphischen*), rien de tout cela ne peut augmenter le moins du monde la valeur que ces formes ont en elles-mêmes. Il n'est donc pas question, dans le type d'œuvres d'art dont nous venons de parler, *de considérer* les couleurs dont les formes présentées sont recouvertes *comme quelque chose d'appartenant essentiellement à ces formes.* Je laisse à d'autres le soin de trouver un nom pour ce genre d'œuvres d'art morphique car *œuvre d'art morpho-chromatique* est une expression trop peu adaptée.

§ 32

Nous devons avant tout distinguer deux sortes d'œuvres d'art selon que les formes sont présentées de l'une ou l'autre des manières décrites. Car pour la troisième des manières évoquées au § 30, chacun en fait l'application de lui-même.

Considérons d'abord les œuvres d'art qui offrent à la vue des formes produites par des corps qui ont en eux-mêmes ces formes et qui possèdent en outre des couleurs que nous devons juger leur appartenir essentiel-
166 lement. Ici aussi, il faut distinguer deux cas : | pendant que nous dirigeons notre attention sur ces formes, soit elles restent inchangées et au repos, soit elles se modifient en quelque manière.

1. Aux *présentations durables* de ce genre appartiennent :

a) Les formes qui présentent aussi fidèlement que possible un *seul* ou un groupe de *plusieurs êtres humains*, qui sont produites grâce à la pierre, au bois ou à d'autres corps inertes semblables que l'on a su doter de forme et de couleur humaines (sculpture) ou bien grâce à des êtres humains vivants qui se maintiennent dans une position et une posture donnée aussi calmement que possible (tableaux)[1].

b) Les *formes animales* et *végétales* imitées de manière aussi fidèle à la nature que possible grâce à toutes sortes de matières.

c) Les formes humaines, animales et végétales à une échelle réduite ou agrandie.

d) Les bâtiments qui tantôt servent à l'habitation, tantôt ne sont utilisés que pour des grands rassemblements, qu'à des fins religieuses, politiques, scientifiques ou pour le plaisir de la communauté. Y appartiennent encore les places publiques ornées de colonnes et de colonnades, d'arcs-de-triomphe et finalement les monuments dédiés au souvenir de personnes de mérite ou d'événements mémorables.

e) Toutes sortes de meubles et d'outils, par exemple des vases, des cheminées, des tables, des fauteuils et autres choses semblables.

f) Les jardins d'art, les beaux paysages, etc.

Chacun sait que l'on a déjà formé le projet de consignes pour la belle présentation de tous les objets énumérés ici. Cependant concernant plusieurs, on discute de savoir si on peut les reconnaître comme de véritables œuvres d'art. Je trouverai peut-être l'occasion en un autre lieu d'exprimer ici mon propre avis, car ici cela nous mènerait trop loin.

2. Peuvent appartenir aux présentations d'objets du genre de ceux *qui se modifient sous les yeux du spectateur* :

a) Les présentations de différents *mouvements de l'âme humaine*, produites par les simples gestes et mouvements d'un être humain devant nous mais qui reste par ailleurs entièrement muet (mimique)

b) Les présentations de *comportements complets* entre plusieurs êtres humains, à travers les mines et les mouvements, sans parler.

c) Les défilés (processions), les danses, et autres semblables.

d) Les chasses, l'art équestre, les jeux gymnastiques, etc.

e) Les jeux d'eau, les feux d'artifices, etc.

1. En français dans le texte.

§ 33

Il nous faut maintenant considérer le *deuxième* genre d'arts *morphochromatiques*. Celui-ci présente à notre imagination des formes produites
167 par de simples couleurs | disposées sur une surface, mais le choix de ces couleurs doit être regardé comme appartenant essentiellement à l'essence de l'œuvre d'art.

Il pourrait être permis de donner à celles-ci le nom de *peinture* (*Gemälde*) et de nommer l'art de leur production *l'art pictural* (*Malerkunst*).

Mais ici aussi nous devons distinguer deux cas : soit l'œuvre visuelle (*Schauwerk*) présentée *reste immobile*, soit elle se *modifie* sous nos yeux.

1. Dans le premier, on n'a pas tort de distinguer :

a) d'après la propriété de l'*objet* peint en particulier
- α) les peintures de formes humaines avec la plus grande fidélité possible (*portraits*),
- β) les peintures d'animaux, par exemple les scènes de chasse,
- γ) de plantes, par exemple les natures mortes aux fleurs ou aux fruits,
- δ) les peintures de monuments,
- ε) les peintures de paysage, etc.

b) d'après la matière de la couleur et la manière de la traiter,
- α) les peintures à l'eau,
- β) les peintures aux pastels,
- γ) les peintures à l'huile,
- δ) les peintures à l'encaustique,
- ε) les mosaïques, etc.

2. On peut citer comme peintures se modifiant sous les yeux du spectateur : les kineoramas, les fantasmagories, les anamorphoses, les dioramas (de Daguerre et Janue), les panoramas mouvants, etc. Même les peintures qui – parce qu'elles ne sont pas peintes sur un plan, mais sur une surface brisée ou pliée d'une manière déterminée – offrent au spectateur deux ou trois objets très différents selon le point de vue qu'il choisit, doivent se trouver ici.

§ 34

Maintenant, il reste à examiner ce dont sont capables les arts optiques quand ils sont unis aux arts de la simple pensée ou à ceux travaillant pour l'oreille ou encore aux deux à la fois.

Les arts de *la simple pensée* (ce n'est que justice que nous commencions ainsi encore par eux) s'unissent en vue de la production d'une fin commune avec les arts travaillant pour l'*œil* à peu près de la même manière qu'ils s'unissent avec les arts travaillant pour l'oreille, c'est-à-dire comme nous l'avions déjà remarqué : soit *directement*, soit *par l'intermédiaire de la langue*.

1. La liaison *directe*, celle qui est de loin la plus importante, a lieu chaque fois que certaines représentations contenues dans une belle collection de pensées – celles qui le méritent le plus ou en ont le plus besoin – nous deviennent *intuitives* grâce à l'œuvre d'un des arts optiques, c'est-à-dire que nous est procurée l'intuition d'un objet qui est subsumé sous cette représentation. Cette aide au service de notre sensibilité, qu'elle accueille bien volontiers |et qui lui est souvent indispensable, les arts optiques **168**
peuvent nous l'apporter, même si la belle collection de pensées n'est pas encore fixée par son inventeur dans des mots déterminés, même si elle flotte devant lui de manière totalement indistincte. Bien plus, certaines représentations ne peuvent pas nous être transmises par des mots, même les mieux choisis, parce qu'elles ne se laissent pas reconduire à de simples concepts, ou du moins l'on n'y est pas encore parvenu. Ainsi, par exemple, de la représentation de *la grâce et de la dignité* que la possession de l'authentique sagesse et vertu communique à la simple apparence *extérieure* d'un homme, ou encore de la représentation de ces traits tout à fait singuliers avec lesquels la luxure, l'orgueil, l'avarice, la jalousie et les autres vices dénoncent leurs esclaves. De telles représentations peuvent nous être fournies par une simple peinture en un temps beaucoup plus court, de manière beaucoup moins dangereuse et beaucoup plus agréable que d'aucune autre manière, y compris *via* ce grand précepteur que nous nommons *l'expérience*.

2. Toute œuvre d'art de la simple pensée, pour pouvoir être communiquée complètement aux autres, doit être fixée dans des mots. Mais même s'ils sont exposés de manière belle, et même si on les présente à nos oreilles avec le soutien de tous les arts sonores, ces mots ne durent qu'un instant, ils ne peuvent être entendus que par peu de personnes et ils retombent trop tôt dans l'oubli. Il faut donc bien voir que la conservation d'une telle œuvre

d'art pour l'avenir est *assurée* seulement quand la *collection de mots* qui fixe cette *collection de pensées* est *couchée sur le papier*, ou mieux : quand l'*imprimerie* en multiplie les exemplaires. S'il en va ainsi, alors l'œuvre d'art de la simple pensée est devenue un objet perceptible *par les yeux* et redevables des arts *optiques*. Par conséquent on ne reprochera pas à celui qui a déjà rencontré une œuvre d'art de la simple pensée vraiment réussie et qui pense que sa communication au plus grand nombre ne doit pas seulement procurer de la délectation mais peut également contribuer à éduquer et moraliser davantage l'humanité, de former le vœu que ladite beauté contienne aussi sa belle présentation *écrite*. Le soutien qu'un art optique apporte de cette manière à une œuvre d'art de la pensée, c'est la manière *indirecte* dont ces deux arts peuvent être unis l'un à l'autre. L'un se met au service de l'autre de manière simplement extérieure. Il suppose seulement que les hommes se résolvent plus facilement à lire un livre s'il est de belle facture (*Ausstattung*).

Considérons maintenant plus avant les nouvelles œuvres d'art, qui apparaissent d'une manière aussi bien que de l'autre.

§ 35

Ce que l'on vient d'évoquer suffit à voir que les arts optiques peuvent difficilement produire quelque chose de plus grande valeur que ce qui est produit quand ils soutiennent une œuvre d'art de la simple pensée de la
169 manière directe indiquée dans le 1. du paragraphe précédent. | Car peut-il y avoir quelque chose de plus important que de contribuer au développement des facultés les plus nobles résidant en nous, comme notre sentiment moral et religieux quand tout le monde, même l'homme le plus mal dégrossi et même l'enfant, s'y montre réceptif? En effet, même l'homme le plus frustre regarde volontiers des images et des sculptures, se perd souvent pendant des heures dans leur contemplation, s'immerge dans leur sens, dans ce qu'elles veulent leur dire, surtout si nous lui apportons une aide – même minime – en lui fournissant une interprétation sommaire, qu'il accueille avec reconnaissance. Mais ai-je seulement besoin de le dire? Il ne faut pas oublier ici que ce n'est pas seulement une œuvre d'art mais presque toutes les œuvres d'art de la simple pensée énumérées au § 15 auxquelles les arts optiques peuvent utilement s'appliquer. Car les descriptions naturelles et les théories de la nature, les descriptions de la terre, l'ethnologie et la totalité de l'histoire de l'humanité, l'anatomie et la physiologie, la nosologie et beaucoup d'autres sciences et d'arts eux

aussi peuvent être non seulement soutenues par des illustrations, des peintures et des travaux plastiques (*plastische Arbeiten*), des reconstitutions anatomiques (*Phantomen*) bien exécutése, etc. mais encore ceux-ci leur sont-ils en partie indispensables. Si le service que les arts optiques rendent aux arts et aux sciences ici cités est très important, ce n'est vrai pour eux-mêmes que très rarement : ce qu'ils produisent à cette fin, en tant qu'œuvre d'art, a une perfection élevée. On pourrait même se demander, comme on l'a déjà dit, si le nom d'œuvre d'art authentique convient encore pour les productions les plus réussies dans ce domaine. Ce n'est pas le cas lorsque la *poésie* (*Dichtkunst*) s'unit à un art optique et encore moins quand l'intention est de présenter à notre intuition certains idéaux moraux ou religieux.

Ce que j'ai mis en évidence dès le début de ce paragraphe vaut seulement pour les œuvres d'art apparues ainsi. C'est seulement grâce à cette aide, qui est en vérité l'aide de Dieu, que l'art a produit ses *plus grands chefs d'œuvre*, ses chefs d'œuvre vraiment immortels, ou qu'il est sur le point d'en produire de nouveaux. J'ajoute seulement que la réserve de matière à travailler que nous offrent la moralité et la religion, particulièrement la religion chrétienne, et même la religion catholique, est véritablement inépuisable.

Quand pouvons-nous définir qu'un art optique contient de la *poésie ?* Je réponds : seulement quand l'artiste ne nous représente pas l'objet à contempler dans son travail exactement comme il peut être en réalité. Bien plutôt, il lui prête plusieurs propriétés sans chercher à ce que nous les lui attribuions sérieusement. Il veut seulement que nous reportions sur son objet les sentiments, les sensations, les souhaits et les décisions de la volonté que la représentation de ces propriétés éveille en nous. En d'autres mots, un art optique est *poétique* ou contient au moins des *composantes poétiques* quand la représentation de prime abord engendrée en nous lors de sa contemplation (ce que nous voyons) ajoute à l'*objet propre* de l'œuvre des propriétés qu'en | vérité il n'a pas. Nous ne les ajoutons pas **170**
vraiment à cet objet (si nous ne trompons pas sur l'intention de l'artiste), nous les utilisons plutôt, simplement pour exciter des sentiments, des sensations, des souhaits, et des décisions de la volonté adaptés.

Y appartiennent :

1. *Toutes les présentations historiques* (elles peuvent consister en statues individuelles ou en groupes de statues ou en peintures ou encore en simples dessins), si dans chacune de ces œuvres d'art se trouve présenté quelque chose qui ne se fonde sur aucune donnée historique, mais qui a été inventé par l'artiste, par exemple la couleur des vêtements, leur drapé, tous

les éléments de décoration, et bien d'autres choses. D'ailleurs de semblables présentations ont toujours besoin d'une *inscription* pour révéler leur objet, si celui-ci ne se fait pas connaître par des attributs entièrement indubitables ou par certaines formes générales déjà acceptées. En tout cas, il est notoire que l'art de produire des belles peintures historiques, et surtout des peintures *politico-historiques*, a été considéré et exploité comme un art spécifique : la *peinture d'histoire*.

2. *Les images qui doivent illustrer une fable*, où il serait totalement inutile, et même inapproprié que les formes humaines et animales (*Gestalten*) y apparaissant soient des reproductions totalement fidèles à la nature. Bien plutôt, l'activité poétique (*Dichtung*) doit tout adapter aussi précisément que possible à la fin de l'image, qui est la *morale* de la fable.

Un *texte* qui décrit la fable représentée ou, au cas où elle ne serait pas assez connue, le texte de la fable elle-même, est encore plus indispensable ici.

3. En revanche dans les *présentations symboliques ou allégoriques* on voit comme l'une de leurs perfections qu'elles n'aient pas besoin d'indiquer plus précisément l'objet qu'elles veulent représenter.

4. Sont encore poétiques, et à un haut degré, toutes les *présentations d'idéaux*: un objet sensible qui correspond à un *concept exemplaire* (*Musterbegriff*) aussi parfaitement qu'un art optique le permet.

5. Également, toutes *les présentations qui embellissent* quelque peu *des objets réels*, par exemple les portraits qui sans supprimer la ressemblance enlèvent beaucoup de défauts et ajoutent beaucoup de beautés absentes.

6. Les *caricatures*, c'est-à-dire les présentations qui à l'inverse des précédentes, grossissent la laideur d'un individu, en particulier les défauts qui découlent de ses vices, pour produire plus de répulsion vis-à-vis d'eux. Les défauts d'un autre type, ceux qui ne peuvent être l'objet d'aucun effet moral de ce type ni en produire aucun, ne doivent pas être – pour cette raison même – légitimé et ils ne peuvent pas trouver place dans une œuvre d'art authentique.

7. Tout ce qu'on appelle *les pièces à thèse* (*Tendenzstücke*) qui, vu qu'une certaine volonté (*Tendenz*) (ou intention) doit se trouver au fondement de chaque œuvre d'art, ne se distinguent que par l'importance particulière de leur fin et son caractère public.

| 8. Les *images de genre* aussi y appartiennent, pour autant que l'artiste parvient – par sa présentation et sa liaison – à doter ces objets paraissant communs et bas d'une pensée poétique, et c'est possible. 171

9. Finalement les *arabesques* et autres présentations semblables de l'art optique, dans lesquelles ne règne aucune fin sinon de surprendre la simple imagination par leurs juxtapositions si merveilleuses, se trouveraient bien au plus bas degré des œuvres d'art et pourraient à peine être comptées au nombre des œuvres poétiques. Mais la proposition de Hegel d'utiliser ces arabesques comme *allusion symbolique au passage des trois règnes de la nature*, où elles resteraient poétiques, mérite toute notre attention[1]. Cependant, ne serait-il pas possible d'étendre encore cette fin ?

§ 36

J'ai peu de choses à dire sur le *deuxième* type de liaison entre les arts de la pensée et les arts pour l'œil. Il cherche à ce que la *belle* pensée fixée dans des beaux mots soit présentée de manière belle sous sa forme écrite (ou imprimée). De toute façon, on compte la calligraphie (et l'imprimerie depuis son invention en est sans aucun doute une partie) parmi les beaux-arts depuis toujours et on fait parfois grands frais pour la belle facture (*schöne Ausstattuung*) de beaucoup d'œuvres. On ne semble donc pas méconnaître l'importance de cet art. On peut simplement regretter que l'on ne semble connaître convenablement ni la première exigence d'une belle écriture (la simplicité de ses signes), ni la deuxième (la facilité à les distinguer), ni la troisième (leur forme appropriée) ou en tout cas qu'on les observe si peu.

§ 37

Jusqu'à maintenant nous avons seulement examiné les œuvres d'art produites par la liaison d'un art de la pensée et d'un art optique, offrant à notre regard quelque chose de durable (§ 33-36). Seulement il en existe d'autres *qui se modifient sous les yeux du spectateur*. Chaque fois que nous savons lier quelque élément *poétique* à l'une des œuvres d'art optique mentionnées au § 32 n°2 et § 33 n°2, qui consistent en *phénomènes variables*, alors advient une œuvre d'art de ce dernier type. Mais les œuvres

1. G. W. F. Hegel, *Werke*, Frankfurt-am-Main, Surhkamp, 1986, t. XIV, p. 301 *sq.*; trad. fr. J.-P. Lefebvre, *Cours d'esthétique*, Paris, Aubier, 1996, t. II, p. 287 *sq.*

d'art optiques qui se modifient ne consistent fondamentalement qu'en une multitude d'œuvres d'art qui ne se modifient pas ou ne devraient pas se modifier pour un très court instant. Et nous avons déjà vu plus précisément au § 35 comment ces dernières se lient volontiers aux arts de la pensée, en particulier à la poésie (*Poesie*), et que cette liaison en augmente la valeur. Sachant cela, il ne fait donc aucun doute que parmi les œuvres d'art optiques représentant des modifications, il peut y en avoir beaucoup, et il y en a effectivement beaucoup qui contiennent plus ou moins de *poésie* (*Poesie*), et même qui se tiennent en liaison avec encore un autre art de la pensée. Plus l'artiste a dû faire d'effort pour produire de telles œuvres d'art
172 optiques, plus il a dû se soucier | d'augmenter leur valeur par l'aide puissante de la poésie, et alors d'autant plus sûrement a-t-il dû ainsi récolter les applaudissements souhaités. Et les modifications elles-mêmes n'ont-elles pas été l'occasion – dont il a tiré parti – de plusieurs pensées poétiques ? –

§ 38

Les arts de la simple pensée, en particulier la poésie (*Dichtkunst*), se laissent unir avec les arts travaillant pour l'oreille aussi bien qu'avec ceux travaillant pour l'œil. Mais le rapport existant *entre* ces deux arts de la réalité extérieure, en revanche, n'est pas tout à fait aussi direct et intime. Car pour affirmer avec vérité qu'un art sonore et un art optique se sont en quelque manière unis l'un à l'autre, manifestement il ne suffit pas que les deux agissent simultanément sur nos organes des sens. Il ne suffit pas que pendant que nos yeux se dirigent sur une peinture, une musique se fasse entendre et emplisse nos oreilles. Il faut que l'effet que l'un de ces arts produit soit augmenté et perfectionné par l'effet de l'autre. C'est alors seulement qu'il peut être question d'une œuvre d'art composée de la production des deux arts. Que deux arts puissent agir de concert en vue d'une fin commune, cela ne fait pas de doute. En particulier, les œuvres d'art optiques qui se modifient sous les yeux du spectateur sont très susceptibles de se lier avec un art dont les productions sont si fugaces qu'elles ne se laissent fixer d'aucune façon. Les enfants et les jeunes personnes ne se sentent-elles pas presque involontairement portés, quand une musique sautillante et pleine d'entrain leur vient aux oreilles, à se mettre à danser, c'est-à-dire à présenter une œuvre d'art optique se modifiant sous nos yeux ? – Et tout comme dans ce cas l'œuvre d'art sonore appelle pour ainsi dire d'elle-même l'œuvre d'art optique, dans d'autres cas un certain type de musique sera ajouté en pensée par notre imagination à la simple vue d'un mouvement, pour peu qu'il ait du rythme. Là où des modifications se produisent sous nos yeux sans que nous n'apercevions aucun rythme dans la succession des différentes étapes, on ne demandera pas nécessairement de musique qui convient, mais on accueillera toujours volontiers celle qui inspire des sensations adaptées à ceux que réclame la scène qui se tient justement devant nous.

Que signifie que seuls les deux arts des sens externes réunis agissent sans qu'un troisième art (en particulier la poésie (*Dichtkunst*)) n'y collabore ? En tout rigueur ceci : ni ce que notre œil voit, ni ce que notre oreille perçoit ne doit contenir la moindre composante *poétique*. Cela signifie selon notre définition : ni les couleurs et les formes que nous voyons, ni les sons et les suites de sons que nous entendons ne doivent amener notre imagination à produire certaines *pensées* (représentations de propositions) qui, même si nous ne leur attribuons aucune vérité, appellent en nous des sensations, des souhaits, des décisions de la volonté que nous considérons comme voulus par l'artiste lui-même. Chacun comprend que cette particularité d'une œuvre d'art, cette absence de tout contenu poétique | veux-je dire, ne puisse être vanté comme un avantage. On peut bien **173**
espérer au contraire que là où deux arts du sens externes agissent déjà de concert pour produire une œuvre d'art, la poésie ne manque pas de contribuer à augmenter la perfection de l'ensemble, car cette contribution est aisée à apporter et – quand elle est convenable – elle est toujours précieuse. Mais cet ensemble cesse alors d'être une œuvre d'art à laquelle *deux* arts ont contribué – elle devient une œuvre d'art à laquelle *trois* arts ont contribué. Elle appartient donc au genre que nous devons maintenant examiner.

§ 39

Le genre des œuvres d'art dont nous devons enfin parler inclut toutes celles à la production desquelles chacun des trois genres principaux d'arts existants ont contribué. Mais il nous faut rendre hommage à l'esprit d'invention humain et remarquer que nous rencontrons déjà dans les temps les plus anciens et chez les peuples les plus frustres des œuvres d'art de ce type, comme par exemple les danses accompagnées de chants et de musique instrumentale. Selon leur destination originelle, il s'agissait bien de beaux-arts, même si leurs productions étaient imparfaites dans ces débuts, même si elles ne pourraient convenir à notre goût éduqué, même si cet abus des arts pouvait nourrir et satisfaire des plaisirs ignobles par une dégénérescence progressive. Même si nous avons pu faire des progrès jusqu'à aujourd'hui (et non pas sans l'influence bienheureuse du christianisme), nous ne voulons pas nous persuader un instant que notre goût soit parfaitement sûr. Nous voulons encore moins croire que nous avons déjà inventé tous les arts possibles selon la liaison entre tel ou tel art de la simple pensée et tel ou tel art travaillant pour l'oreille ou l'œil. Nous voulons encore moins croire que nos productions seraient parvenues au plus haut point de perfection que l'humanité puisse atteindre dans l'un de ces arts. Pour ce qui concerne l'habileté technique et tout ce qui exerce un simple attrait sensible puissant, nous avons déjà produit des choses incroyables, c'est vrai, en tout cas plus que ce qu'un goût authentique peut trouver beau. Mais dans ce qui nous manque, nous nous tenons encore si en retrait que seule une minorité de nos artistes sait ce qu'il leur reste à faire.

Cependant, dans le genre dont il est ici question, les productions de l'art les plus importantes et les plus courantes parmi nous jusqu'à maintenant sont à peu près les suivantes :

1. La *tenue d'un discours*, laquelle se fait dans des circonstances et à une occasion si importante que nous pouvons bien attendre de l'orateur des mots choisis avec précaution, tout aussi bien que le reste de son attitude et même ses vêtements.

2. La récitation (*Vortrag*) d'un *poème* (*Gedicht*) du même genre.

3. Une *prière* dans les mêmes circonstances que dans le point n°1 : une *prière* récitée publiquement dans la maison de Dieu, ou même *chantée*, avec ou sans accompagnement de quelques sons de l'orgue, etc.

174 | 4. Les *présentations plastiques* ou *picturales* (*bildliche*), durables ou se modifiant devant le spectateur, lesquelles s'accompagnent pour en renforcer l'effet de musique ou d'un *chant* semblable.

5. Les *défilés d'hommes* qui par leur tenue appropriée à cette fin, par certains signes symboliques (drapeaux, flambeaux, etc.) qu'ils portent devant eux, et même par leur *costume*, offrent aux yeux un spectacle édifiant ou émouvant, dont l'effet est encore renforcé par une musique ou des *chants* adéquats.

6. Les défilés semblables, tenus dans un espace qui par sa nature propre contribue à soutenir la fin morale ou religieuse visée, par exemple dans une église décorée à cette fin, dans un cimetière, dans le libre temple de la nature, dans un site qui nous fait sentir la riche bénédiction divine, aussi loin que l'œil puisse voir, etc.

7. Les *danses* avec musique, ballets, allégoriques, historiques, etc.

8. Les *pièces de théâtre* qui ne doivent pas seulement être lues mais (comme on dit) représentées.

Dans les productions citées aux points n°1, 2 et 3, c'est la personne même de l'artiste qui collabore à l'œuvre d'art. Par son propre corps, par ses mines et ses attitudes il présente ce qui doit être perçu dans l'œuvre d'art par les yeux, par sa parole ce qui doit être perçu par les oreilles. Que beaucoup d'apprentissage soit nécessaire pour tout produire d'une bonne manière, très expressive sans pourtant sembler affectée, cela ne prouve que trop distinctement les mauvais choix que font beaucoup d'eux en cette matière. Et personne ne mettra en doute que les productions de l'acteur sont encore plus difficiles. Pour celles des œuvres d'art mentionnées ici qui doivent être représentées par l'union de plusieurs personnes, il y aura bien ici et là quelque chose de très insignifiant ou en tout cas de très facile dans ce que chaque personne doit produire individuellement, et on n'aura besoin d'aucune consigne particulière pour cela. Mais pour celui qui doit inventer et ordonner le tout, une consigne, une théorie de ce type d'œuvre d'art est d'autant plus nécessaire que sa composition est plus grande. Comme il n'y a presque pas de limite à cette dernière, il va de soi qu'on ne peut déterminer le nombre de théories pour les arts composés, nécessaires avec le temps et l'éducation progressive de notre espèce, qui pourront voir le jour.

§ 40

On a inséré le tableau suivant, afin de faciliter pour le lecteur l'aperçu du plan que l'auteur a suivi dans la division des beaux-arts.

175 | APERÇU DES BEAUX-ARTS

I

Les arts du sens interne ou simples *arts de la pensée*, dont les productions sont de simples *collections de pensées*.

A. *Les arts de la simple représentation*, qui produisent de simples *représentations* d'œuvres d'art du sens externe. Il y en a autant que d'arts du sens externe.

B. Les arts qui produisent des *collections* complètes *de propositions*, et en particulier :

1. Les *collections de propositions dont la vérité reste en suspens, les poésies* (art poétique).
2. Les *collections de propositions* qui ont une *prétention à la vérité*. Y appartiennent :

<table>
<tr>
<td>a. le bel art du concept, qui vise la connaissance de vérités conceptuelles pures,
b. l'art de décrire,
c. l'art de raconter,
d. l'art de démontrer des vérités empiriques,
e. l'art de toucher et d'émouvoir.</td>
<td>Dans la mesure où pour tous il s'agit seulement des collections de pensées dans la conscience de l'artiste, sans expression verbale.</td>
</tr>
</table>

II

Les arts du sens externe, dont les productions ont une *réalité extérieure*. Ceux-ci sont :

A. *Les arts adressés à l'oreille* = arts du *son* ou arts *sonores*, dont les productions sont perçues par l'oreille. Nous distinguons :

1. selon le degré d'achèvement :

   a. les morceaux sonores *libres,*
   b. les morceaux sonores *contraints* et en particulier,

α. contrainte liée au simple rythme = les *morceaux sonores rythmiques,*
β. contrainte liée à la simple *hauteur* = les *mélodies,*
γ. contrainte liée au *rythme* et à la *mélodie* = la *musique,*

2. selon la *façon dont ils sont composés* :

a. les morceaux sonores *à une seule voix,*
b. les morceaux sonores *à plusieurs voix,*

3. selon les *moyens* de leur production :

a. par la voix humaine = *morceaux sonores vocaux,*
b. par les instruments = *morceaux sonores instrumentaux,*
c. par les deux à la fois = *morceaux sonores vocaux et instrumentaux* ;

4. selon leur *effet* :

| a. éveil de sentiments *sublimes,* 176
b. *émotions* douces,
c. *gaité.*

B. Les arts adressés à l'oreille, unis avec les arts de la pensée et en particulier :

1. *sans l'intermédiaire du mot*, pour l'essentiel seulement avec les *pensées poétiques*, qu'on a rencontrées dans les compositions musicales les plus achevées visant les fins a. et b. de la partie précédente, par exemple les ouvertures, les entrées (*Entreen*) ;

2. *par l'intermédiaire du mot = les arts éloquents*. Leurs productions sont :

a. selon la propriété de leur *contenu de pensée*

α. les *poésies* (*Dichtungen*),
β. les beaux exposés d'un *contenu philosophique,*
γ. les *descriptions,*
δ. les *récits,*
ε. les *démonstrations,*
ζ. les *discours* au sens strict,

} Qui sont réellement *déclamés* d'une manière qui prétend à la beauté.

b. selon la propriété de leur *expression langagière* :

α. les présentations (*Vorträge*) contraintes,

β. contraintes selon le simple rythme (*Vers*),

γ. contraintes selon la mélodie,

δ. contraintes selon la mélodie et le rythme (*chants au sens strict*),

ε. les chants accompagnés de musique instrumentale. Y appartiennent : les *arias*, les *mottets*, les *récitatifs*, les *cantates*, les *oratorios* (sans entrée de personnages), etc.

C. Les arts adressés aux yeux = les arts optiques ou visuels, dont les productions sont perçues par les yeux. Ce sont :

1. *les simples couleurs sans forme* (*arts chromatiques* ou *arts de la couleur*). C'est seulement lorsque les couleurs se modifient, c'est-à-dire quand elles offrent un *jeu de couleurs changeantes* qu'elles peuvent mériter le nom d'œuvre d'art ;

2. *les simples formes*, obtenues par les couleurs regardées comme indifférentes (comme n'appartenant pas à l'œuvre d'art) = *les œuvres d'art morphiques* (arts plastiques = *arts morphiques*). Ces formes sont présentées :

a. par des corps qui *les ont réellement en eux-mêmes* = *œuvres d'art plastiques* ;

b. par des *surfaces* ayant deux *couleurs* ou plus devant être considérées comme *indifférentes* et à travers la délimitation desquelles la forme est représentée = *les dessins* (*art du dessin*) ;

c. par des corps qui ont en partie en eux-mêmes ces formes = *bas-reliefs*, *haut-reliefs*, et autres semblables ;

3. *les formes et les couleurs* qui doivent être regardées comme appartenant à l'œuvre d'art = *œuvres d'art morpho-chromatiques*. Nous distinguons :

a. les formes produites *par des corps* qui les ont réellement en eux-mêmes et qui se trouvent

177 | α. *au repos*, où nous distinguons :

a. les formes humaines, présentées à travers des objets inertes, pierre ou métal (sculptures) ou bien à travers des êtres humains vivants eux-mêmes (*tableaux*[1]),

1. En français dans le texte [N.d.T.].

b. les formes animales et végétales,
c. les formes à une échelle *réduite* ou *agrandie,*
d. les *monuments*, les habitations, les lieux de rassemblement, les temples, etc.,
e. les *meubles*, les outils,
f. les *jardins artistiques*, les beaux paysages ;

β. ou *en mouvement*, auxquels appartiennent :
a. les présentations de différents mouvements de l'âme de l'être humain, à travers des êtres humains, sans parler (*Mime*), les défilés, par exemple les processions au flambeau, les danses où rien n'est prononcé à voix haute,
b. les jeux gymnastiques, l'art équestre,
c. les jeux d'eau,
d. les feux d'artifices,
b. les formes produites simplement *dans notre imagination* par certaines *peintures de couleur* appliquées sur une surface (*art de la peinture*). Celles-ci se trouvent

α. *au repos*, et nous distinguons :
a. selon la propriété des *objets représentés,*
aa. les peintures d'*êtres humains* (portraits),
bb. les peintures d'animaux (scènes de chasse),
cc. les peintures de plantes (natures mortes aux fleurs ou aux fruits),
dd. les peintures de monuments ,
ee. les peinture de paysage, etc. ;

b. selon la propriété de la *matière colorée* et *la manière de la traiter* :
aa. la peinture à l'eau,
bb. le pastel,
cc. la peinture à l'huile,
dd. la peinture à l'encaustique,
ee. les travaux de mosaïque ;

β. ou *elles se meuvent et se modifient sous nos yeux.* Y appartiennent les kineoramas, les phantasmagories, les anamorphoses, les dioramas, les panoramas mouvants, etc.

D. *les arts adressés aux yeux, unis aux arts de la pensée*

1. *au repos* :

a. *sans l'intermédiaire du mot*. Une nouvelle fois, c'est la *poésie* (*Dichtkunst*) qui s'unit le plus souvent directement avec les œuvres d'art optiques, et en particulier :

α. dans toutes les *présentations historiques* (*peinture d'histoire*),

β. dans les images d'*illustration* (*Versinnlichung*) des fables,

178 | γ. dans les présentations *symboliques* ou *allégoriques* adressées aux yeux,

δ. dans toutes les présentations optiques d'*idéaux*,

ε. dans les présentations embellies qui s'adressent aux yeux,

ζ. dans les images *déformées*, les *caricatures*,

η. les *pièces à thèse*,

θ. dans toutes les *images de genre*,

ι. dans toutes les *arabesques*,

b. *par l'intermédiaire du mot* (Calligraphie) ;

2. en *mouvement* :

Y appartiennent toutes les œuvres d'art incluses sous le C, 3, α, β et b, β pour autant qu'y sont joigne quelque chose de poétique, par exemple les danses lyriques ou allégoriques sans chant ni musique.

E. *Les arts adressés aux yeux et les arts adressés à l'oreille liés ensemble* (le plus souvent quand les représentations offertes aux yeux ont quelque chose qui se modifie), par exemple les défilés (processions), les marches avec des chants ou de la musique, les danses, les arts équestres, les dioramas, les myrioramas qui s'accompagnent de musique pour soutenir la sensation à produire.

F. *Les trois genres d'art unis pour produire un bel ensemble*. Y appartiennent :

1. La tenue solennelle d'un discours,
2. La récitation (*Vortrag*) solennelle d'un poème,
3. La récitation (*Vortrag*) solennelle d'une prière,
4. Les présentations plastiques ou picturales avec musique et chants,
5. les défilés avec chants,
6. les défilés dans un local décoré précisément à cet effet.
7. les *danses*, les ballets, etc.,
8. les *pièces de théâtre*.

LEXIQUE

Ableiten : déduire
An sich : en soi
Anleitung : consigne
Angenehm : agréable
Anschauung : intuition
Anweisung : indication

Begriff : concept
Beschaffenheit : propriété
Bestandteil : composante
Beurteilung : évaluation
Betrachtung : contemplation

Deutlich : distinct
Deutlichkeit : distinction

Einrichtung/eingerichtet : agencement / agencé
Empfänglichkeit : réceptivité
Empfindung : sensation
Erklären/Erklärung : définir/définition

Fertigkeit : habileté

Gefühl : sentiment
Genuss : jouissance
Geschlecht : espèce
Gleichförmigkeit : régularité

Inbegriff : collection
Inhalt : contenu

Kraft : force, faculté
Kunstlehre : théorie de l'art

Leichtigkeit : aisance
Lust : joie

Merkmal : caractère, caractéristique

Nebenvorstellung : représentation voisine

Reizend : charmant
Rührung : émotion

Satz : proposition
Sittlichkeit : moralité

Überfüllt / *Überfüllung* : redondant / redondance
Umfang : extension

Verdeutlichen : rendre distinct, expliciter
Verfahren : procédé
Vergnügen : plaisir

Vergnügung : agrément
Verständigen / Verständigung :
s'entendre/entente sur le sens
Vorschrift : prescription
Vorstellung : représentation

Wahrnehmung : perception
Wechselbegriff :
concept réciproque,
équivalent
Wohlgefallen : satisfaction

Zergliedern : décomposer
Zweck : fin

BIBLIOGRAPHIE

ŒUVRES DE BOLZANO

Über den Begriff des Schönen, Prag, Borrosch et André, 1843 ; également in *Abhandl. der königl. böhm. Gesellschaft der Wissenschaften*, 5. Folge, 3, Prag, 1845 ; *Gesamtausgabe* I, 18 *Mathematisch-Physikalische und Philosophische Schriften 1842-1843*, G. Gabriel, M. Gatzenmeier, F. Kambartel éd., Stuttgart, Fromann-Holzboog 1989 ; trad. tchèque *O dělení krásných umění*, in *Estetika : The Central European Journal of Aesthetics*, 40 (3-4), 2004, p. 169-218.

Über die Einteilung der schönen Künste, Prag, Borrosch et André, 1849 ; également in *Abhandl. der königl. böhm. Gesellschaft der Wissenschaften*, 5. Folge, 6, Prag, 1851.

Untersuchungen zur Grundlegung der Ästhetik, D. Gerhardus éd., Frankfurt a. M., Athäneum 1972 (édition des deux textes précédents avec une introduction de l'éditeur).

Wissenschaftslehre I-IV (sigle WL), Sulzbach, Seidel, 1837, reprint corrigé Scientia, Aalen, 1970 ; *Bernard-Bolzano Gesamtausgabe* (sigle *GA*), Stuttgart-Bad Cannstatt, Fromann-Holzboog, I, 11-14, 1985-1999 ; trad. fr. J. English *Théorie de la science* est un recueil de textes des deux premiers volumes établi par F. Kambartel, Paris, Gallimard, 2011 ; trad. fr. complète des 4 volumes par F. Ruscher est en préparation chez Vrin ; trad. angl. P. Rusnock et R. George, *Theory of science*, Oxford, Oxford University Press, 2014.

LITTÉRATURE SECONDAIRE

ACHAM K., *Geschichte der österreichischen Humanwissenschaften*, 6 Bände, Vienne, Passagen Verlag, 1999-2006.

BAYEROVÁ M., « Husserl-Bolzano I », *Estetika : The Central European Journal of Aesthetics*, 27/2, 1990, p. 105-127.

BERGMANN H., *Das philosophische Werk B. Bolzanos mit Benutzung ungedruckter Quelle kritisch untersucht*, Halle, Max Niemeyer, 1909.

BLAUKOPF K., *Pioniere empiristischer Musikforschung. Österreich und Böhmen als Wiege der modernen Kunstsoziologie*, Vienne, Hölder-Pichler-Tempsky, 1995.

– *Philosophie, Literatur, Musik im Orchester der Wissenschaften*, Vienne, Hölder-Pichler-Tempsky, 1996.

– *Die Ästhetik Bernard Bolzanos*, St Augustin, Akademia, 1996.
– « Denken in Musik. Die historischen Wurzeln der österreichischen Moderne », *in* F. Stadler (éd.), *Wissenschaft als Kultur. Österreichs Beitrag zur Moderne*, Springer Verlag, Vienne, 1997, p. 133-151.
– « Im Geiste Bolzanos und Herbarts. Ansätze empiristischer Musikforschung in Wien und Prag », *in* H. Ganthaler & O. Neumaier (éd.), *Bolzano und die österreichische Geistesgeschichte*, Sankt Augustin, Academia, 1997, p. 237-264.
– « Von der Ästhetik zur Zweigwissenschaft. Robert Zimmermann als Vorläufer des Wiener Kreises », *in* M. Seiler & F. Stadler (éd.), *Kunst, Kunsttheorie und Kunstforschung im wissenschaftlischen Diskurs. In memoriam Kurt Blaukopf (1914-1999)*, Vienne, ÖBV & HTP, 2000, p. 35-46.

CERNOCH W, « Zimmermanns Grundlegung der Herbartschen Aesthetik : Eine Brücke zwischen Bolzano und Brentano », *in* M. Benedikt & R. Knoll (éd.), *Verdrängter Humanismus – verzögerte Aufklärung*, vol. 3, *Bildung und Einbildung. Vom verfehlten Bürgerlichen zum Liberalismus. Philosophie in Oesterreich (1820-1880)*, Klausenburg (Cluj), Triade, 1995, p. 1-30.

CLAUSBERG K., « Wiener Schule – Russischer Formalismus – Prager Strukturalismus », *Idea*, 1983/2, p. 151-180

COMETTI J-P. et MULLIGAN K. (éd.), *La philosophie autrichienne de Bolzano à Musil*, Paris, Vrin, 2001.

DIACONU M., Ševčík Miloš (ed.), *Aesthetics Revisited : Tradition and Perspectives in Austria and the Czech*, Zürich, Berlin, LIT, 2011

DUHN (von) A., « Les remarques de Bolzano sur les couleurs », *Revue de métaphysique et de morale*, n°40, 2003 / 4, p. 463-488.

GANTHALER H. et NEUMAIER O. (éd.), *Bolzano und die österreichische Geistesgeschichte*, Beiträge zur Bolzano-Forschung, Vol. 6, Sankt Augustin, Academia, 1997.

GERHARDUS D., « Bolzanos methodische Grundlegung einer rezeptionstheoretisch aufgebauten Ästhetik », *in* B. Bolzano, *Untersuchungen zur Grundlegung der Ästhetik*, D. Gerhardus (éd.), Frankfurt, Athenäum Verlag, 1972, p. IX-XXXVI.

HLOBIL T., *Geschmacksbilsung im Nationalinteresse. Die Anfänge der Prager Universitätsästhetik im mitteleuropäischen Kulturraum 1763-1805*, aus dem Tschechischen von J. Ostmeyer übersetzt, Erlangen, Wehrahn Verlag, 2012.

HOFMANN R., *Der Begriff des Schönen und der Kunst bei Bernard Bolzano*, Doktorarbeit, Vienne, 1953.

JÄGER G., « Die Herbartianische Ästhetik. Ein österreichischer Weg in die Moderne », *in* H. Zeman (éd.), *Die österreichische Literatur, ihr Profil im 19. Jahrhundert (1830-1880)*, Graz, Akademische Druck- und Verlagsanstalt, 1982, p. 195-219

JOHNSTON W. M., *L'esprit viennois, une histoire intellectuelle et sociale 1848-1938*, trad. fr. P-E. Dauzat, Paris, P.U.F., 1991.

KÜNNE W., « "Die Ernte wird erscheinen...". Die Geschichte der Bolzano-Reception 1849-1939 », *in* H. Ganthaler & Otto Neumaier (éd.), *Bolzano und die österreichische Geistesgeschichte*, Sankt Augustin, Academia, 1997, p. 9-82.

– « Goethe und Bolzano », *in* Akademie der Wissenschaften zu Göttingen (éd.), *Studien zu Geschichte, Theologie und Wissenschaftsgeschichte*, Berlin/Boston, De Gruyter, 2012, p. 79-126.

LANDERER Ch., « Die Geburt der Wiener Schule aus dem Geist des Herbartianismus », *Kunstgeschichte aktuell*, Jg. XXII, 2/05.

– « Bernard Bolzano, Eduard Hanslick und die Geschichte des musikästhetischen Objektivismus », *Kriterion. Zeitschrift für Philosophie*, 1993/V, p. 16-30.

– « Bernard Bolzano, Eduard Hanslick und die Geschichte des musikästhetischen Objektivismus : Zu einem Kapitel (alt)österreichischer Geistesgeschichte », *Kriterion : Journal of Philosophy*, 3(6), 1993, p. 20-40.

– « Österreichische Tradition in der Kunstforschung : Kunsttheorie und Philosophie von Bolzano bis Wittgenstein : Einige Anmerkungen, Conceptus », *Zeitschrift für Philosophie*, 34(85), 2001, p. 235-253.

– *Eduard Hanslick und Bernard Bolzano. Ästhetisches Denken in Österreich in der Mitte des 19. Jahrhunderts*, St. Augustin, Academia, 2004.

– « Eduard Hanslick et le formalisme en Autriche : la voie apolitique de Vienne vers la modernité », *in* C. Maigné et C. Trautmann-Waller (éd.), *Formalismes esthétiques et héritage herbartien. Vienne, Prague, Moscou*, Hildesheim-Zürich-New York, Olms, 2009, p. 73-85.

LIVINGSTON P., « Bolzano on Beauty », *British Journal of aesthetics*, vol. 54, n° 3, juillet 2014, p. 269-284;

– « An Introduction to Bolzano's Essay *on Beautiful* », *Estetika. The Central European Journal of Aesthetics*, LII/VIII, 2015/2, p. 203-228.

LORENZOVÀ H., « Music for the eyes. Bolzano's theory of fine arts », *Umění*, XLIV, 1996, p. 514-519

– « The importance of the philosophical work of Bernard Bolzano in the "history of aesthetics. I et II" », *Estetika : The Central European Journal of Aesthetics*, 23, 1986, p.159-172 et p. 212-225.

– « Bolzano a estetika », *Estetika*, 3/4, 2004, p. 149-168.

– *Hra na krásný život : estetika v českých zemích mezi lety 1760-1860*, Prague, KLP, 2005.

MAIGNÉ C., « Forme, formalisme, science de la forme », in C. Maigné (éd.), *Formalisme esthétique. Prague et Vienne au XIX*e *siècle*, Paris, Vrin, 2012, p. 7-51.

— et C. TRAUTMANN-WALLER (éd.), *Formalismes esthétiques et héritage herbartien : Vienne, Prague, Moscou*, Hildesheim-Zürich-New York, Olms, 2009.

MANSOUR G., « Bolzano : objectivité sémantique et subjectivité de la perception », *Revue de métaphysique et de morale*, 2008/4, p. 551-569.

McCornick P., « Bolzano and the Dark Doctrine. An essay in Aesthetics », *in* B. Smith (éd.), *Structure and Gestalt. Philosophy and Literature in Austria-Hungary and her successor States*, Amsterdam, John Benjamins, 1991.

Morscher E., « Robert Zimmermann – der Vermittler von Bolzanos Gedankengut? Zerstörung einer Legende », *in* H. Ganthaler & O. Neumaier (éd.), *Bolzano und die österreischiche Geistesgeschichte, Beiträge zur Bolzano-Forschung*, Vol. 6, Sankt Augustin, Academia, 1997, p. 145–236.

– *Bernard Bolzano's Life and work*, Sankt Augustin, Academia, 2008.

Mulligan K., « Exactitude et bavardage, Gloses pour une opposition paradigmatique dans la philosophie autrichienne », *Philosophiques* 26/2, 1999, p. 177-201.

— et J-P. Cometti, *La philosophie autrichienne de Bolzano à Musil*, Paris, Vrin, 2001.

Neumaier O., « Die Kunst des bloßen Gedankens », in *Bernard Bolzanos geistiger Erbe für das 21. Jahrhundert*, Sankt Augustin, Academia, 1999, p. 411-438.

Pégny G., « Bolzano et Hegel », *Revue de métaphysique et de morale*, n°78, 2013/2, p. 215-243.

Reicher M., « Austrian aesthetics », *in* M. Textor (éd.), *The Austrian Contribution to Analytic Philosophy*, Oxford, Routledge, 2006, p. 293-324.

Sebestik J., « Préhistoire du Cercle de Vienne», *in* A. Soulez (éd.), *Manifeste du Cercle de Vienne et autres écrits*, Paris, P.U.F., 1985, p. 91-102.

– « Le Cercle de Vienne et ses sources autrichiennes », *in* A. Soulez et J. Sebestik (éd.), *Le Cercle de Vienne, Doctrines et controverses*, Paris, Méridiens-Klincksieck, 1986.

– *Logique et mathématique chez Bernard Bolzano*, Paris, Vrin, 1992.

– « Prague Mosaic. Encounters with Prague Philosophers », *Axiomathes*, nuova serie, anno V, 1994/2-3, p. 205-223.

– « Bolzano, Exner and the Origins of analytical Philosophy », *Grazer Philosophische Studien*, 53, 1997, p. 33-59.

– « Bolzano et Herbart, la proximité impossible », *in* C. Maigné (dir.), « J.-F. Herbart 1776-1841, métaphysique, psychologie et esthétique », *Cahiers de Philosophie de l'université de Caen*, n° 36, 2001, p. 65-83.

Seiler M., « Un «Manifeste de la philosophie autrichienne» : la nomination du philosophe R. Zimmermann à l'université de Vienne (1860-1861) », *in* C. Maigné et C. Trautmann-Waller (éd.), *Formalismes esthétiques et héritage herbartien : Vienne, Prague, Moscou*, Hildesheim-Zürich-New York, Olms, 2009, p. 47-72.

— et F. Stadler (éd.), *Kunst, Kunsttheorie und Kunstforschung im wissenschaftlichen Diskurs*, Vienne, ÖBV und HPT, 2000.

Stachel P., « Leibniz, Bolzano und die Folgen. Zum Denkstil der österreichischen Philosophie, Geistes-, und Sozialwissenschaften », *in* K. Acham (éd.), *Geschichte der österreichischen Humanwissenschaften*, Vol. 1, *Historischer Kontext, wissenschaftssoziologische Befunde und methodologische Voraussetzungen*, Vienne, Passagen Verlag, 1999, p. 253-296.

– « Die Schönheitslehre Bolzanos », *in* K. Acham (éd.), *Geschichte der österreichischen Humanwissenschaften*, Vol. 5, Vienne, Passagen Verlag, 2003, p. 499-518.

– « Bolzano et l'épanouissement de l'herbartisme », *in* C. Maigné et C. Trautmann-Waller (éd.), *Formalismes esthétiques et héritage herbartien : Vienne, Prague, Moscou*, Hildesheim-Zürich-New York, Olms, 2009, p. 17-45.

STÖLTZNER M., « Zur Gegenstandkonstitution in der Ästhetik Bolzanos », *in* M. Seiler und F. Stadler (éd.), *Kunst, Kunsttheorie und Kunstforschung im wissenschaftlichen Diskurs. In memoriam Kurt Blaukopf*, Vienne, ÖBV&HPT, 2000, p. 227-250.

SUS O., « Les traditions de l'esthétique tchèque moderne et du structuralisme de Jan MUKAŘOVSKÝ », *Revue d'esthétique*, 1971/1, p. 29-39

SVOBODA K., *Bolzano estetika*, Nakladatelství Československé akademie Věd, Praha, Řada SV 64, 1954, p. 1-26, trad. all. p. 27-59.

UTITZ E., « L'esthétique de Bernard Bolzano », trad. fr. et présentation de M. Theinhardt, *in* C. Maigné (éd.), *Formalisme Esthétique. Prague et Vienne au XIXe siècle*, Paris, Vrin, 2012, p. 265-277 ; trad. fr. E. Utitz « Bernard Bolzanos Ästhetik », *Deutsche Arbeit. Monatsschrift für das geistige Leben der Deutschen in Böhmen*, Prag, VIII, 1908, p. 89-94.

VESPER A., « Contempler, distinguer. Bolzano sur la conceptualité de la perception esthétique », *in* Ch. Morel (éd.), *Esthétique et Logique, de Leibniz aux contemporains*, Villeneuve d'Asq, Presses du Septentrion, 2012, p. 51-70.

WINTER E., *Der böhmische Vormärz, in Briefen Bolzanos an Příhonský 1824-1848*, Berlin, Akademie Verlag, 1956.

– *Die Sozial- Und Ethnoethik Bernard Bolzanos Humanistischer Patriotismus Oder Romantischer Nationalismus Im Vormärzlichen Österreich : Bernard Bolzano Contra Friedrich Schlegel* : Eine Dokumentation, VÖAW, 1977.

WITTE E., *Logik ohne Dornen. Die Rezeption von A.G. Baumgartens Ästhetik im Spannungsfeld von logischem Begriff und ästhetischer Anschauung*, Hildesheim-Zürich-New York, Olms, 2000.

ZIMMERMANN R., *Geschichte der Aesthetik als philosophischer Wissenschaft, Aesthetik.* Erster, historisch-kritischer Teil. Vienne, Braumüller, 1858.

– *Allgemeine Aesthetik als Formwissenschaft, Aesthetik.* Zweiter, systematischer Teil, Vienne, Braumüller, 1865.

INDEX NOMINUM

INDEX RERUM

TABLE DES MATIÈRES

Achevé d'imprimer par Corlet Numérique - 14110 Condé-sur-Noireau
N° d'Imprimeur : 135680 - Dépôt légal : janvier 2017 - *Imprimé en France*